Winthrop Haskell

Schatten am Horizont

Die Schlacht um den Geleitzug HX-233

Seit 1789

Verlag E.S. Mittler & Sohn GmbH

Hamburg · Berlin · Bonn

Schutzumschlagvorderseite:
Ein 24 Schiffe umfassender Konvoi im Atlantik
Quelle: Philip Kaplan

Ein Gesamtverzeichnis der lieferbaren Titel der
Verlagsgruppe Koehler/Mittler schicken wir Ihnen gern zu.
Sie finden uns auch im Internet:
www.koehler-mittler.de

Bibliografische Information
Der Deutschen Bibliothek
Die Deutsche Bibliothek verzeichnet diese Publikation
in der Deutschen Nationalbibliografie; detaillierte
bibliografische Daten sind im Internet über
http://dnb.ddb.de abrufbar.

ISBN 3-8132-0808-7
©2003 by Verlag E.S. Mittler & Sohn GmbH, Hamburg, Berlin, Bonn
Alle Rechte, insbesondere das der Übersetzung, vorbehalten.
Gestaltung und Produktion: Bettina Schumacher
Druck und Bindung: Freiburger Graphische Betriebe
Übersetzung: Peter Krüger
Printed in Germany

Titel der Originalausgabe: Shadows on the Horizon
Großbritannien 1998
Die Originalausgabe wurde produziert von Chatham Publishing,
99 High Street, Rochester, Kent ME1 1LX, Großbritannien

©1998 by WA Haskell

Inhaltsverzeichnis

Vorwort

In den letzten vierzig Jahren sind viele Bücher und Artikel über die Geleitzugschlachten des längsten Feldzugs des Zweiten Weltkriegs, der Schlacht im Atlantik, erschienen. Viele sind von den an diesen Kämpfen Beteiligten geschrieben worden: von U-Boot-Kommandanten, Offizieren der Geleitgruppen oder von den Seeleuten der Handelsmarine; andere sind von Journalisten oder von Historikern der jeweiligen Seite veröffentlicht worden. Dennoch gibt es nur wenige Berichte, die beide Seiten der Schlacht auf der Grundlage von Augenzeugenberichten und den Erinnerungen von Teilnehmern und von Dokumenten aus alliierten *und* deutschen Archiven beschreiben.

Winthrop A Haskell hat für sein Buch einen – bis heute vernachlässigten – Geleitzug aus einem kritischen Abschnitt der Schlacht im Atlantik im April 1943 ausgewählt, in dem sich das Blatt wendete: den Geleitzug HX-233. Als Teilnehmer an vielen Geleitzügen im Nordatlantik und auf den Routen nach Murmansk interessierte ihn dieser Geleitzug nicht nur, weil er dort mitfuhr, sondern weil dieser von einer gemeinsamen britisch/amerikanischen/kanadischen Geleitgruppe mit Rückendeckung einer britischen Unterstützungsgruppe gut verteidigt wurde. Es waren wenige deutsche U-Boote, die ihn abfangen sollten und nur zufällig durch den Funkspruch eines U-Boots mit Sonderauftrag auf seine Spur gebracht wurden.

Der Autor, der jetzt in Deutschland lebt, konnte nicht nur in den Dokumenten des Bundesarchiv-Militärarchivs in Freiburg, des Traditionsarchivs Unterseeboote in Cuxhaven, des »Public Records Office« in London, der Nationalarchive in Washington und Ottawa forschen, sondern stand ebenso in Verbindung mit den militär-/marinehistorischen Forschungsinstituten in Deutschland, Großbritannien, den Vereinigten Staaten und Kanada. Darüber hinaus entwickelte er enge persönliche Beziehungen zu überlebenden Besatzungsangehörigen der beteiligten deutschen U-Boote, insbesondere des versenkten U-175, sowie der amerikanischen, kanadischen und britischen Geleit- und Unterstützungsfahrzeuge und einiger der beteiligten Handelsschiffe. Er ist in der Lage gewesen, viele der Irrtümer und Fehler früherer Darstellungen zu korrigieren und eine gewissenhafte Analyse dieser Schlacht vorzulegen, wobei er seine Forschungsarbeit in den Dokumenten in großem Umfang mit mündlicher Überlieferung verband.

Daher haben wir dem Autor für eine der besten Geleitzugsdarstellungen des Zweiten Weltkriegs zu danken, die in ganz hohem Maße zu unserem Verständnis der Auseinandersetzung im Nordatlantik beiträgt.

Stuttgart, 2003
Prof. Dr. Jürgen Rohwer
Vorsitzender des Kuratoriums der Stiftung
»Bibliothek für Zeitgeschichte«
in Stuttgart

Danksagung

Die großzügige Hilfe einer Anzahl großartiger Menschen trug entscheidend dazu bei, die folgenden Begebenheiten zu Papier zu bringen, und anscheinend war es richtig, dass die Beteiligten ihre Geschichte so weit wie möglich selbst schilderten.

Ich bin den Überlebenden von U-175 Peter Wannemacher, Gustav Brückmann, Dieter Wolf, Werner Bickel, Karl Kempf, Gerhard Winkler, Walter Schröder, Herbert Schwarze, Phillip Labs, Werner Siegert, Rudolf March und Jean Bamberg höchst dankbar dafür, dass sie mir ihre Erinnerungen mitgeteilt haben. In meinen uneingeschränkten Dank beziehe ich gleichermaßen Fregattenkapitän a.D. Heinz Franke, Ritterkreuzträger (U-148, U-262, U-3509, U-2502), für seine Beiträge ein.

Augenzeugenberichte von Angehörigen des Geleitzugs HX-233 ergänzten in besonderer Weise die offiziellen Berichte. Darunter waren vor allem die der ehemaligen USMMA Deck Cadets Robert D Mattox, James E Bentley und Perry Jacobs. Ich danke James Hoffman, der die Verbindungen zu ihnen hergestellt hat. Anerkennung gebührt auch meinen Vettern Pfarrer Stanley R Haskell für seine Erinnerungen an Barbados und Stanley James Haskell DSM sowie Harry K Rawlings für ihre Erinnerungen an HMS BRYONY, ebenso wie anderen ehemaligen Besatzungsmitgliedern dieses Schiffes und von HMS OFFA (insbesondere William Robertson), von HMS DANIELLA, von HMS BERGAMOT (insbesondere T F J Rogers, Peter Bowen, Vic Whitely und J C Morris). Dank auch an den ehemaligen DEMS Kanonier der FORT RAMPART Charles Collis für seine immer noch klaren Erinnerungen an den 17. April 1943. Ich bin gleichermaßen dankbar, dass mein ehemaliger lang geschätzter Kamerad Arthur Timmons seine eigenen Erinnerungen beisteuerte, ebenso wie die Mitglieder der SPENCER Association Jim Tierney, G S Hall und H D Walker und Besatzungsangehörige der USCG Cutter DUANE Association Albert Viau, R C Golec, Earl L Hyde und Bruno Vendramin.

Für die Beschaffung unschätzbarer Daten mein aufrichtiger Dank an Horst Bredow von der Stiftung Traditionsarchiv Unterseeboote, Korvettenkapitän d.R. Hans Köbberling (U-1022), Fregattenkapitän a.D. Gerd Thäter (U-466, U-3506), Kapitän zur See a.D. Adolf Oelrich (U-92), Wolfgang Kaufmann, Hans Krekelmann, Dr. Maierhöfer vom Bundesarchiv-Militärarchiv, Philip Dutton vom Imperial War Museum und an den ehemaligen Funkoffizier der Handelsmarine James P Derriman für das Aufspüren wesentlicher britischer Dokumente. Für ihren grundlegenden Beitrag habe ich Yves Tremblay und Deborah Shaw vom Kanadischen Geschichtsreferat, R D Squires MBE vom North Russia Club und E R Allan vom Russian Convoy Club gleichfalls zu danken.

Prof. Dr. Jürgen Rohwer, O D Cresswell, Ian A Milar, Captain Charles Dana Gibson und Captain Harold D Huycke gilt meine tief empfundene Dankbarkeit für ihre konstruktiven Vorschläge. Ganz besonderer Dank muss dem Historiker der amerikanischen Küstenwache Scott Price für seine unermüdliche Unterstützung und Ermutigung und dafür, dass er unbezahlbare Einzelheiten von Operationen besorgte, Verbindungen zu ehemaligen Besatzungsangehörigen knüpfte und unschätzbare Dokumente und Fotos aufspürte. Und letztlich schulde ich meiner Frau ganz besonderen Dank für ihre unerschöpfliche Geduld in der Überarbeitung und Korrektur des Manuskripts und dafür, dass sie endlos Änderungen einarbeitete und mich anspornte. Ohne ihren Beitrag wäre das alles nicht möglich gewesen.

Anerkennung und Dank schulde ich folgenden Personen, deren Urheberrecht, Personal, Material und Illustrationen ich benutzen durfte: Adolf March, Peter Wannemacher, Fregattenkapitän a.D. und Ritterkreuzträger Heinz Franke, Gustav Brückmann, S J Haskell DSM, Pfarrer R Haskell, Werner Bickel, dem Public Records Office mit freundlicher Genehmigung des Leiters von Her Majesty's Stationary Office, dem Imperial War Museum, dem Nationalarchiv Kanadas, der amerikanischen Küstenwache, der amerikanischen Marine, dem US Nationalarchiv, der Steamship Historical Society Collection der Universität von Baltimore, Jim Morris, T F J Rogers sowie der Stuttgarter Bibliothek Zeitgenössischer Geschichte.

Dieses Buch ist all denen gewidmet, die auf beiden Seiten ihr Leben gaben. Auf Seemannsgräbern stehen keine Grabsteine.

Einführung

»Die Handelsmarine mit ihren alliierten Gefährten sieht sich bei Tag und bei Nacht, bei gutem oder schlechtem Wetter nicht allein den üblichen Gefahren der Seefahrt, sondern darüber hinaus den überraschenden feindlichen Unterwasser- oder Luftangriffen ausgesetzt. Ihre vorrangige Aufgabe ist es, die Frachtgüter, die lebenswichtig für uns daheim und für unsere Streitkräfte draußen sind, in den Hafen zu transportieren. Und wir verlassen uns auf ihre Hartnäckigkeit und Entschlossenheit, diese harte Aufgabe durchzustehen.«
SIR WINSTON CHURCHILL, 1941

»Ich halte den Schutz unseres Handelsverkehrs für den wichtigsten Dienst, den man leisten kann.«
ADMIRAL NELSON ZU CAPTAIN BENJAMIN HALLOWELL 1804

Es war Deutschland wie den Alliierten von Anfang an klar, dass die Alliierten ohne eine ständige Ergänzung des zivilen und militärischen Nachschubs für England nur eine geringe oder überhaupt keine Möglichkeit hatten, zu überleben oder den Zweiten Weltkrieg zu gewinnen. Die Schlacht im Atlantik, die längste Schlacht auf dem größten einzelnen Kriegsschauplatz der Weltgeschichte, konzentrierte sich auf die alliierten Versorgungslinien. Diese Schlacht begann am 3. September 1939 mit der Versenkung der ATHENIA und dem Verlust von 112 Menschenleben zehn Stunden nach Ausbruch der Feindseligkeiten und endete am 7. Mai 1945, fünf Jahre, acht Monate und vier Tage später mit der Versenkung des S/S AVONDALE PARK, das eine Meile südöstlich May Island im Firth of Forth von U-2336 (KptLt Emil Klusmeir) torpediert wurde.

Die schweren Verluste der britischen, amerikanischen und alliierten Handelsmarinen waren allzu selten Gegenstand der Betrachtung. Siebentausend Angehörige der britischen Handelsmarine verloren 1941 ihr Leben und achttausend 1942. Obwohl es ihnen selten gelang, versuchten die U-Boot-Kommandanten die Kapitäne und Leitenden Ingenieure der versenkten Handelsschiffe gefangen zu nehmen, um zusätzlich noch das erfahrene Personal der Alliierten zu schwächen.

Im Jahre 1941 versenkte Deutschland 717 britische Schiffe mit einem Gesamtverlust von 2.824.056 Tonnen, was zu akuten Lebensmittelverknappungen in Großbritannien führte. Zwischen 1939 und 1941 verlor England zwanzig große Kühlschiffe, und allein in den letzten neunzehn Tagen des Januars 1942 wurden neununddreißig Schiffe getroffen, darunter sechzehn Tanker. In den ersten sechs Monaten desselben Jahres versenkten U-Boote achtundsechzig britische Tanker im Atlantik, sechzehn vor der amerikanischen Küste und siebzehn in der Karibik. U-Boote versenkten zwischen Dezember 1941 und August 1942 alleine in amerikanischen Gewässern 609 Schiffe mit einer Gesamttonnage von 3.122.456 Tonnen.

Im Januar 1942 begann das berühmte U-Bootsunternehmen »Paukenschlag« den alliierten Schiffsverkehr vor der Ostküste der Vereinigten Staaten zu dezimieren, ohne aber mehr Schaden anzurichten, als sein weniger bekannt gewordenes Gegenstück in der Karibik, das Unternehmen »Neuland«. Letzteres begann einen Monat später, dauerte bis zum Ende des Jahres und verursachte 36 Prozent der alliierten Schiffsverluste weltweit. Unglücklicherweise war die amerikanische Marine nicht besser darauf vorbereitet, dem heftigen deutschen Angriff in diesem Seegebiet zu begegnen, sie war genauso unwirksam wie vor der eigenen Küste. Die U-Boote in der Karibik wüteten ungehindert, sie drangen sogar in hell beleuchtete Häfen ein und torpedierten Schiffe an ihren Liegeplätzen. Siebenundneunzig deutsche und sieben italienische U-Boote versenkten auf 146 Feindfahrten die Schwindel erregende Anzahl von 400 Schiffen und beschädigten 56 weitere. Bei nur siebzehn verlorenen Booten hatte Deutschland die wirkungsvollste Schlacht des Krieges geschlagen. Im Mai und Juni erreichte der Kampf seinen Höhepunkt, als 70 Prozent der 109 weltweit vernichteten Schiffe durch U-Boote in der Karibik versenkt wurden. Im Juli versenkten sie im selben Einsatzgebiet sechsundsiebzig Schiffe und beschädigten drei weitere schwer, was 60 Prozent der weltweiten Verluste ausmachte. Siebenundsechzig wichtige Tanker wurden von Mai bis Juli 1942 versenkt und zwölf schwer beschädigt, das war mehr als das Doppelte des Tankerersatzes, den die Alliierten in diesen drei Monaten bauen, zu Wasser lassen oder in Dienst stellen konnten.

Obschon Japan niemals ernsthaft Amerikas Westküste oder seine industrielle Fertigung bedrohte, richteten Admiral King und die amerikanische Marine ihr Hauptaugenmerk auf den Pazifik und ignorierten die ernst zu nehmende Gefährdung alliierter Frachtladungen, darunter die so wichtigen Güter wie Öl, Zucker und das für die aufblühende Flugzeugindustrie lebensnotwendige Bauxit-Erz, die von Zentral- und Südamerika sowie dem karibischen Raum verschifft wurden. Die U-Boote, die unmittelbar aus ihren europäischen Einsatzbasen anmarschierten, bedeuteten einen völlig eigenständigen und hochwirksamen Angriff gegen eben diese Lebensadern und machten dabei gleichzeitig die geniale Begabung des Befehlshabers der U-Boote, Admiral Dönitz, deutlich. Hätte Dönitz die von ihm geforderte Anzahl an U-Booten erhalten, hätte der Krieg ebenso gut ganz anders verlaufen können.

Es sind keinerlei offizielle Aufzeichnungen von Seiten amerikanischer Konzerne über die blutigen Verluste des Jahres 1942 gefunden worden, aber das britische Ministerium für den Transport kriegswichtiger Güter war im höchsten Maße betroffen über die hohe Verlustrate von nahezu achttausend erfahrenen Seeleuten in nur einem Jahr und berechtigterweise besorgt um die Moral. Es ist sicher nicht allgemein bekannt, dass die Bezahlung eines Seemanns endete und sein Urlaub in dem Moment begann, als sein Schiff versenkt wurde. Fallende Bomben und Geschosse sowie die Bedrohung durch Minen und Torpedos waren sein alltägliches Los, und es war für Überlebende nicht ungewöhnlich, erneut zum Überlebenden zu werden, wenn das sie rettende Schiff ebenso durch Feindeinwirkung verloren ging. Dennoch blieb die Moral der Briten im Allgemeinen unerschütterlich, gepaart mit Mut und Korpsgeist und getragen vom nie schwindendem britischen Humor sowie dem ausgeprägten Sinn für Kameradschaft unter den einfachen Seeleuten, Artilleristen und Offizieren.

Auf der Gegenseite standen die U-Bootfahrer, die Elite der deutschen Streitkräfte, ausgewählt nach Befähigung, Intelligenz, Willenskraft, Zähigkeit und ihrem Gleichmut gegenüber der Belastung durch die beengten und vollgestopften Röhren. Vor der Politik schützte sie ihr hoch geachteter Befehlshaber, Admiral Karl Dönitz.

Hitler beklagte sich des Öfteren: »Ich habe ein reaktionäres Heer, eine christliche Kriegsmarine und eine nationalsozialistische Luftwaffe.« Marineangehörigen war es noch nicht einmal erlaubt, in die NSDAP einzutreten. Der für die Marine ungewöhnliche Hitlergruß wurde von den U-Bootfahrern geflissentlich vermieden. Sicherlich gab es unter den Soldaten wie auch unter der Zivilbevölkerung politische

Ansichten jeglicher Überzeugung, aber die Kriegsmarine war die am wenigsten politische aller Teilstreitkräfte.

Der U-Boot-Krieg war ein Kampf um Tonnage für die Deutschen, während die Amerikaner einfach in der Lage waren, mehr Schiffe zu bauen, als die U-Boote versenken konnten. Wenn das Ringen im Nordatlantik um Haaresbreite mit einem deutschen Sieg geendet hätte, so wäre es in der Karibik beinahe gelungen, die Seeverbindungen in die Vereinigten Staaten und letztlich nach Großbritannien zu unterbrechen. Auf der deutschen Seite allgemein bekannt als die zweite »glückliche Zeit«, waren die Versenkungen in diesem Zeitabschnitt weitaus schwerwiegender als die Katastrophe von Pearl Harbor, was aber unter den Teppich der Geheimhaltung im Kriege gekehrt wurde. Genau diese Unfähigkeit, eine Bedrohung zu erkennen und richtig einzuschätzen, war verantwortlich dafür, unbewaffnete oder zu gering bewaffnete Schiffe in den Norden Russlands zu entsenden.

Unterseeboote waren verantwortlich für 2.828 – oder mehr als die Hälfte – der 5.150 alliierten Handelsschiffe, die im Kriege versenkt oder schwer beschädigt wurden. Mehr als 50.000 Seeleute und Artilleristen verloren ihr Leben auf den Handelsschiffen, die Mehrzahl von ihnen durch deutsche Unterseeboote, die darüber hinaus noch 148 alliierte Kriegsschiffe, darunter drei Schlachtschiffe und zwei Flugzeugträger, versenkten.

Kelshall schrieb in seinem Vorwort zu dem Buch »The U-boat War in the Caribbean«:

»Während des Zweiten Weltkriegs wurden siebzehn U-Boote in der Karibik versenkt – zwei Prozent aller U-Bootsverluste des gesamten Krieges. Aber für jedes versenkte U-Boot verloren die Alliierten 23,5 Handelsschiffe. Für die Kriegsmarine war der U-Bootkrieg in der Karibik das kostengünstigste Unternehmen aller Einsätze im Zweiten Weltkrieg.«

Sogar Morison, der ansonsten die amerikanische Marine übertrieben lobt, meint hierzu:

»Der Autor kann sich des Eindrucks nicht erwehren, dass die amerikanische Marine materiell wie mental jämmerlich auf den Überraschungseinsatz an ihrer Atlantikküste vorbereitet war.«

Er war darüber hinaus der Ansicht, dass – sieht man einmal von dem Mangel an eigenen Fliegerkräften als Teil der Vorkriegsvereinbarung mit dem Heer ab – die Marine diese mangelhafte Vorbereitung selbst verschuldet hatte.

Deutsche Statistiken besagen, dass von den 1.131 in Dienst gestellten U-Booten 863 gegen den Feind eingesetzt wurden. Von den 785 untergegangenen Booten wurden 754, mehr als 85 Prozent, versenkt. Von einer Truppe von 39.000 Mann weist das U-Boot-Ehrenmal Möltenort am Ostufer der Kieler Förde die auf Bronzetafeln eingravierten Namen von 28.728 Gefallenen auf. Etwa 18.897 Soldaten starben und 458 U-Boote sanken allein auf dem atlantischen Kriegsschauplatz, das entspricht etwa 74 Prozent der Personalverluste und 70 Prozent der einsatzfähigen Boote.

Diese Verluste lagen weit über denen jeder anderen Teilstreitkraft weltweit. Lediglich etwa 5.000 U-Bootfahrer gerieten in Kriegsgefangenschaft. Captain John M Waters von der amerikanischen Küstenwache hat festgestellt, dass die Zahl der Gefallenen beider Seiten größer war als die der Toten aller Seeschlachten der letzten fünfhundert Jahre zusammen.

Obschon sie seltsamerweise den Mangel an geeigneten Geleitfahrzeugen zu ihrer Verteidigung vorbrachten, haben die Vereinigten Staaten bald nach Kriegseintritt nahezu ihre gesamte Marine vom Schutz der Handelsschiffskonvois im Nordatlantik abgezogen. Die Atlantikflotte unter dem Oberbefehl von Vice Admiral Royal E Ingersoll umfasste sieben Schlachtschiffe, von denen vier erst kürzlich in Dienst gestellt waren, drei Kreuzerdivisionen, acht Flugzeugträger mit vier Tendern, neun Zerstörergeschwader mit siebenundsiebzig Zerstörern und fünf Tendern, fünfzehn Aufklärungsgeschwader mit insgesamt etwa 180 Catalina-Flugbooten, fünfzehn Tender, fünfundvierzig Minenleger und fünf zu sehr schnellen Minenräumfahrzeu-

Das Poster des Künstlers Charles Wood aus dem Zweiten Weltkrieg unterstreicht die Bedeutung der Handelsmarine und ihre Rolle im Nordatlantik. (PRO)

gen umgebaute Zerstörer, achtzehn Flottentanker sowie achtunddreißig Fahrzeuge der Küstenwache, der so genannten »Grönland Patrouille«, die allesamt noch bis zum 5. August 1942 der Marine unterstellt waren. Mit diesem beeindruckendem Aufgebot an geballter Kraft operierte die amerikanische Marine im Nordatlantik in Seegebieten, in denen U-Boote 1942 nicht auftraten, obschon sich die amerikanischen Schiffe aktiv und deutlich sichtbar bereits vor dem 7. Dezember provozierend verhalten hatten. Ein Beispiel der Geleitzug HX-150 mit fünfzig Schiffen unter dem Kommando von Rear Admiral E Manners RN, der am 16. September 1941 auslief, umfasste vier amerikanische Zerstörer in seiner Geleitgruppe. Später übernahmen die britischen und kanadischen Marinen, ergänzt durch eine Handvoll alliierter Kriegsschiffe von Norwegen, Polen, Belgien und dem freien Frankreich, die schwere Last der Konvoisicherung. Als die Amerikaner sich vollständig zurückzogen, mussten zwei Geleitgruppen aufgelöst werden, während die Krise sich immer weiter zuspitzte und bereits Großbritanniens Lebensader bedrohte. Sie kehrten erst spät im Jahre 1943 mit starken Kräften in den Atlantik zurück, als die so genannten »Hunter-Killer«-Gruppen eintrafen, die sich um aus Handelsschiffen umgebaute kleine Geleitflugzeugträger formierten. Das erste dieses Typs, die USS BOGUE (CVE 9), war als Teil der 6. Unterstützungsgruppe eingesetzt, aber ihre Wirksamkeit wurde dadurch nahezu aufgehoben, dass sie im Zentrum des Geleitzugs HX-228 stationiert war, wo sie keinen Raum zum Manövrieren hatte.

Lediglich ein amerikanischer Verband blieb noch im Einsatzgebiet, die gemeinsame amerikanische und kanadische Gruppe A-3 mit dem fast neuen, 1940 fertig gestellten Zerstörer GLEAVES (DD-423) der amerikanischen BENSON-Klasse. Kommandiert wurde das Schiff von Commander J B Heffernan USN, dem ehemaligen Kommandeur des 60. Zerstörergeschwaders. Die anderen Fahrzeuge dieser Gruppe waren der US-Küstenwachkutter SPENCER und die kanadischen Korvetten ALGOMA, ARVIDA, SHEDIAC und BITTERSWEET. Trotz der umfassenden Verbandsausbildung vor dem Auslaufen, die auch Übungen bei Nacht einschloss, stieß der Konvoi ONS-92 im Geleit der Gruppe A-3 auf den Vorpostenstreifen der U-Boot-Gruppe »Hecht« und verlor am 12. Mai 1942 fünf Schiffe in der ersten Nacht nach dem Auslaufen und letztendlich zwei weitere. Der unzweckmäßige Einsatz der Geleitgruppe wurde als Ursache angesehen, und Heffernan bekannte später ganz freimütig, dass er überhaupt nicht gewusst hatte, was da vor sich ging. Aber der Fehlschlag der Gruppe A-3 war vollkommen. Heffernan, der als ranghöchster Offizier eine solche Gruppe erstmalig befehligte, schrieb: »Den Kommandanten jedes einzelnen Geleitfahrzeuges ist die in hohem Maße zufriedenstellende Leistung hoch anzurechnen«, was allerdings einen Proteststurm von allen Seiten, unter anderem vom Konvoikommodore und dem Kapitän des dazugehörigen Rettungsschiffes, hervorrief. Letzterer vermerkte, dass das Versagen des ranghöchsten Offiziers, auf die eingepeilten Funksignale hin einzugreifen, sehr wohl in hohem Maße zu dem Verlust wertvoller Menschenleben und Schiffe beigetragen haben mag. Der Kommodore bemerkte zynisch, dass die GLEAVES nie zur Stelle war, als der Konvoi angegriffen wurde.

Im Kommandostab Westliche Zugänge und im Hauptquartier der kanadischen Marine in Ottawa war man wie gelähmt, auch wenn bereits die früheren verheerenden Verluste in den amerikanischen Küstengewässern das Vertrauen in die amerikanische Marine untergraben hatten. Der ranghöchste amerikanische Offizier in Londonderry, Captain H T Thébaud USN, meldete die Reaktionen der Verbündeten auf die schlechte Führung des Konvois ONS-92 weiter, woraufhin Heffernan schnell und lautlos ein anderes Kommando erhielt. Leider hatte die Handelsmarine wie gewöhnlich einen hohen Preis gezahlt.

Von da an fiel der kärgliche amerikanische Schutz der Nordatlantik-Geleitzüge einer Handvoll der vorzüglichen 110 m langen Geleitfahrzeuge der US-Küstenwache vom Typ »Treasury« zu, der CAMPBELL, INGHAM, BIBB, HAMILTON (versenkt 1942 vor Island), SPENCER und DUANE. Geräumig, wohnlich und mit einer Krankenstation ausgestattet, waren sie seegängige Fahrzeuge. Sie besaßen darüber hinaus eine große Reichweite (7000 Seemeilen bei 13 Knoten), waren schwer bewaffnet, gut ausgerüstet und schnell genug (6200 PS/19,5 Knoten), ein aufgetauchtes U-Boot zu fangen. Mit ihren zumeist noch vor dem Kriege gut ausgebildeten und erfahrenen Besatzungen füllten sie eine lebenswichtige Lücke in der äußerst verzweifelten Schlacht im Nordatlantik.

Heffernan wurde von Commander Paul R Heineman USN abgelöst, der zuletzt Kommandant des Zerstörers USS MOFFETT (DD-362) war, eines Schiffes der PORTER-Klasse im Geleit des Konvois WS-12X, jenes unglücklichen Geleitzugs, der erfolgreich 20.000 britische Soldaten von England nach Singapur überführte, nur um dann am 9. Dezember 1941 gerade noch rechtzeitig einzutreffen, um sie in japanische Kriegsgefangenschaft marschieren zu lassen.

Von Dezember 1941 bis April 1942 war CDR Heineman Kommandant des Zerstörers USS BENSON (DD-423), eines Schwesterschiffs der von Heffernan kommandierten GLEAVES, und geleitete den Konvoi HX-183, dem es gelang, allen Angriffen aus dem Wege zu gehen. Kurz danach wurde er zum Captain ernannt und übernahm Heffernans Aufgabe als ranghöchster Offizier der Geleitgruppe A-3 an Bord des US-Küstenwachkutters SPENCER, der von Commander Harold S Berdine USCG kommandiert wurde. Diese Geleitgruppe versenkte zwei U-Boote und beschädigte mehrere andere in dem zu Recht so genannten »Blutigen Winter« von 1942 auf 1943.

Wahrscheinlich erreichte die Schlacht im Atlantik ihren wahren Wendepunkt kurz nach dem Kampf um die drei ostwärts laufenden Konvois SC-122, HX-229 und HX-229A, die sich aus mehr als 150 Handelsschiffen zusammensetzten und von den Geleitgruppen B-4, B-5 sowie der 40. begleitet wurden. Drei U-Boot-Gruppen griffen sie an: die Gruppe »Raubgraf« mit acht, die Gruppe »Stürmer« mit achtzehn und die Gruppe »Dränger« mit elf Booten sowie acht weitere ungebundene Boote. Die drei Geleitzüge verloren durch die U-Boote zweiundzwanzig Schiffe mit insgesamt 146.596 Bruttoregistertonnen, während ein Schiff vermisst wurde und eins nach einer Kollision mit einem Eisberg sank. Ein Geleitfahrzeug, der brandneue Trawler HMS CAMPOBELLO der »Isles«-Klasse, ging durch eis- und wetterbedingte Beschädigungen unter. Die Verlustliste, auf der die Seeleute der Handelsmarine den größten Anteil stellten, belief sich auf 372 Mann, von denen 68 Soldaten waren. Auf HMS MANSFIELD, der früheren USS EVANS (DD-78), einem alten Vierschornsteinzerstörer, der im September 1940 an England übergeben worden war, fiel ein Mann über Bord und ertrank.

Die Deutschen nannten die U-Boot-Schlachten um die Konvois HX-229 und SC-122 im März 1943 »die größte Geleitzugsschlacht aller Zeiten«, deren Handlungen in zwei vorzüglichen Büchern gut dokumentiert worden sind. Das eine ist »KONVOY« von Martin Middlebrook, das andere »DIE KRITISCHEN GELEITZUGS-

SCHLACHTEN IM MÄRZ 1943« von Prof. Dr. Jürgen Rohwer. Nachfolgende Konvois deuteten bereits den allmählichen Niedergang der deutschen U-Boote und letztlich ihren Rückzug aus dem Atlantik an.

Im letzten Abschnitt des März 1943 zeigte sich das Wetter im Nordatlantik von seiner übelsten Seite mit bis zu elf Windstärken. So abscheulich es auch war, es »rettete« drei Geleitzüge – ONS-170 (auf Westkurs, von England nach New York), SC-123 und HX-230 –, als etwa dreißig U-Boote in diesem Seegebiet nur ein einziges Schiff, einen Nachzügler, versenken konnten. Ein weiteres, das Schiff des Konvoi Kommodore eines anderen Geleitzugs, kenterte und sank mit der gesamten Besatzung.

Der erfahrene Lieutenant Commander (und spätere Vice Admiral) P W Gretton RN sicherte den folgenden Konvoi, HX-231, mit der Geleitgruppe B-7. Obgleich eine geringere Anzahl von U-Booten ausgelaufen war, da nur ein Tanker-U-Boot verfügbar war, kamen zweiundzwanzig U-Boote gegen HX-231 zum Einsatz und konnten drei Schiffe versenken, einen Nachzügler und zwei Vorausfahrer (Schiffe, die aufgrund ihrer höheren Geschwindigkeit vor einem Konvoi herliefen), und beschädigten zwei weitere, verloren dabei aber zwei eigene Boote. Auch HX-232 sah sich schweren Angriffen ausgesetzt und verlor mehrere Schiffe durch U-563 und U-706, aber die Schlacht im Atlantik hatte ihren Wendepunkt erreicht, auch wenn man es zum damaligen Zeitpunkt noch nicht wahrnahm.

Viele der Handelsschiffe, die Anfang April mit dem Geleitzug HX-233 aus New York ausliefen, waren schlachterprobte Veteranen hart umkämpfter Auseinandersetzungen mit U-Booten und dem Wetter im Nordatlantik. Gerade einen Monat zuvor waren elf von ihnen von dreizehn U-Booten abgefangen worden, als sie im Konvoi ON-170 auf Westkurs in Ballast fahrend New York ansteuerten. Dabei handelte es sich um die britischen Schiffe DEVIS, EMPIRE PAKEHA, KAITUNA, CITY OF KHIOS, die belgische VILLE D'ANVERS, die norwegischen VILLANGER und JOHN BAKKE, die amerikanischen ALCOA CUTTER, AXEL JOHNSON, MAYA und ATENAS, einen bejahrten Bananenfrachter, der im Jahre 1908 für die United Fruit Company of New York gebaut worden war. Trotz Gefechte mit U-Booten erreichte Konvoi ON-170 ebenso wie die beiden folgenden, ONS-171 und ONS-172, Neufundland ohne einen einzigen Verlust unter den mehr als einhundert Handelsschiffen. Die Mehrzahl der verfügbaren U-Boote war umgeleitet worden, um die schwer beladenen Konvois SC-122 und HX-229 anzugreifen, woraus sich eine der erbittertsten Geleitzugsschlacht des Krieges entwickelte.

HX-233, der eine südlichere Route als sonst üblich gewählt hatte, wurde früh entdeckt. Auch wenn acht auslaufende U-Boote darauf zusteuerten, darunter auch U-175, ging lediglich ein Handelsschiff verloren, was die Wirksamkeit einer hinlänglichen bewaffneten Eskorte und einer ausreichenden Luftsicherung unter Beweis stellte.

Admiral Dönitz schrieb über diese Schlachten:

»In den großen Geleitzugsschlachten im März hatten die meisten der eingesetzten U-Boote ihre Bestände an Kraftstoff und Torpedos aufgebraucht und waren gezwungen, in ihre Stützpunkte zurückzukehren. Das Ergebnis war Anfang April ein ›U-Boot-Vakuum‹ im Nordatlantik, und es dauerte bis Mitte des Monats, bis wieder einmal eine Gruppe, unter dem Codenamen ›Meise‹, nordöstlich Kap Race bei Neufundland zum Einsatz kam. Gegen Ende April liefen eine ganze Anzahl von U-Booten aus den Häfen in der Biscaya in den Nordatlantik aus. Eines davon

US-Küstenwachkutter SPENCER passiert DUANE (im Vordergrund) in See während des Einsatzes im Konvoi HX-233 im April 1943.
(US-Nationalarchiv)

(U-262, Franke) sichtete 400 Seemeilen nördlich der Azoren einen ostwärts steuernden Geleitzug, der auf einen etwas außergewöhnlich weiter nach Süden führenden Kurs geleitet worden war. Es handelte sich um HX-233, der diesen südlicheren Umweg gewählt hatte, um sicher zu gehen, denjenigen U-Boot-Gruppen ausweichen zu können, die man entlang der Nordroute zusammengefasst wähnte.

Vier weitere, unabhängig ihre Einsatzgebiete ansteuernde Boote wurden auf den Konvoi angesetzt und erreichten ihn einer nach dem anderen innerhalb eines Tages. In der ruhigen und windstillen Wetterlage dieser südlichen Breite wurden alle Boote sofort vom Radar einer außergewöhnlich starken Eskorte aufgefasst und gerieten in anhaltende Wasserbombenangriffe. Die normalen Geleitfahrzeuge waren durch die allgegenwärtige Unterstützungsgruppe OFFA verstärkt worden. Ein Schiff mit 7.487 Tonnen [sic] (FORT RAMPART, tatsächlich 7.134 Tonnen) wurde versenkt und U-176 [sic] unter Kapitänleutnant Bruns ging verloren.«

Auf der Seite der Alliierten erwähnte Captain Roskill eine Gesamtzahl von achtundneunzig U-Booten, die im April 1943 in See standen, sie wirkten
»... fast wie eine Flutwelle ... die Deutschland über die Nordroute verließen
oder aus ihren Stützpunkten in der Biscaya ausliefen. Der erste Angriff dieser neu-
artigen Kräftebündelung des Feindes richtete sich Mitte April gegen HX-233 ...,
und er war überhaupt kein Erfolg. Die Eskorte wurde rechtzeitig durch die Unterstützungsgruppe OFFA (und durch Luftsicherung) verstärkt, nur ein Schiff ging verloren und U-175 wurde versenkt.«
     Konnte man HX-231 noch als »Krisenkonvoi« bezeichnen, so offenbarten si-
cherlich die Schlachten um die beiden nachfolgenden Geleitzüge die zunehmende
technische Überlegenheit der alliierten U-Jagd-Kräfte. Sie nutzten die nach dem
Einbruch in den deutschen ENIGMA-Funkschlüssel entzifferten Kurzwellenpei-
lungen sowie Radar und Asdic und stellten hinreichende Luft- und Seeunterstüt-
zung bereit, sodass sich im Rückblick die Schlacht im Atlantik eindeutig zu Gun-
sten der Alliierten entwickelte. Geleitfahrzeuge von HX-237 orteten Mitte Mai elf
U-Boote und vertrieben diese. Unglücklicherweise gingen drei Schiffe verloren, allerdings zum Preis von drei U-Booten. Das war eine unerträgliche Verlustrate für
die Deutschen. Flugzeuge hielten die U-Boote um den Konvoi herum nieder und
versenkten zwei von ihnen, was ihre entscheidende Niederlage zum Ausdruck
brachte.
     Roskill schrieb über dieses Gefecht:
     »Nach fünfundvierzig Monaten endlosen Kampfes von anspruchsvollerer Art
als die Nachwelt später mühelos zu erkennen vermag, hatten unsere Geleitfahrzeuge und Flugzeuge den Triumph errungen, den sie sich so redlich verdient hatten.«
     In dieser entscheidenden Seeschlacht, vielleicht der bedeutendsten dieses Welt-
kriegs, glich die Handlung im Zusammenhang mit der Überfahrt des Geleitzugs
HX-233 im April 1943 einem Mikrokosmos. HX-233 war ein recht typischer Konvoi in der Brücke aus Schiffen von der Neuen in die Alte Welt, die insgesamt an die
100.000 Handelsschiffe und ihre Ladungen an ihren Bestimmungsort brachte.
HX-233 war aber auch untypisch, weil seine Überfahrt offenbarte, dass sich das
Blatt zugunsten der Alliierten gewendet hatte.
     Das Vereinigte Königreich feierte zu Recht die Fünfzig-Jahr-Feier für diese Ge-
leitzugsschlachten vom 26. bis 31. Mai 1993 an der Merseyside in Liverpool, um
in Erinnerung zu rufen, dass der Höhepunkt der U-Boot-Erfolge etwa im April/
Mai 1943 überschritten war und dass diese Konvoischlachten nicht nur den Wendepunkt der Schlacht im Atlantik markierten, sondern den des Krieges überhaupt.
Ohne den Erfolg im Atlantik wäre der Sieg der Alliierten zwei Jahre später nicht
möglich gewesen. Dass er am 17. April 1943 als Augenzeuge den Verlust eines weiteren guten Schiffes durch einen Torpedo und wenig später die Versenkung eines
U-Boots miterlebte, von dem er erst kürzlich erfuhr, dass es nur noch ein paar Sekunden gebraucht hätte, sein Schiff in einen Feuerball zu verwandeln, und dass er
letztlich eine tiefe Freundschaft zu Überlebenden genau dieses Bootes entwickelte,
bewegte den Autor geradezu, dieses Buch zu schreiben. Eine Prüfung der einschlägigen Literatur wies zahlreiche sachliche Fehler aus, allerdings hat sich die For-
schung sehr stark auf die offiziellen Berichte und Dokumente im Public Record Office, London, im Nationalarchiv von Kanada und im Nationalarchiv der USA in
Washington abgestützt, wie auch auf die Darstellungen von Augenzeugen und Teil-

nehmern beider Seiten. In diesem Buch verlangten Widersprüche oder Weglassungen ein gewisses Maß an Auslegung, sodass der Autor die Verantwortung für jegliche noch vorhandene Irrtümer in seinem großen Bestreben übernehmen muss, die Ereignisse von vor über fünfzig Jahren aufzuklären und ihre historische Bedeutung zu verdeutlichen.

Die deutschen Streitkräfte verwendeten ausschließlich Mitteleuropäische Zeit, die hier angegeben ist, solange es nicht ausdrücklich anders erwähnt wird. Die Zeitangaben der alliierten Schiffe sind Ortszeit oder, wenn es besonders erwähnt wird, Greenwich-Zeit.

1

Das Geleitzugverfahren und der Geleitzug HX-233

Laut Oxford-Wörterbuch ist ein Konvoi »ein Geleit unter militärischem Schutz, das sich normalerweise aus Handelsschiffen oder Passagierdampfern zusammensetzt« oder eine »zusammengefasste Versorgung mit Nachschub und anderem mehr unter militärischer Sicherung«. Ob bewaffnet oder unbewaffnet sind alleinfahrende Handelsschiffe im Kriege höchst verwundbar gegen Angriffe, wohingegen Geleitzüge in Begleitung von Kriegsschiffen häufig einen Angriff abzuwehren vermögen, eine Tatsache, die man erst gegen Ende des Ersten Weltkrieges in vollem Umfang einzuschätzen wusste. Obwohl man sich darüber im Klaren war, als Inselvolk im höchsten Maße von Einfuhren abhängig zu sein, wartete die britische Admiralität bis »fünf Minuten vor zwölf« im Jahre 1917, ehe sie das Geleitzugsverfahren einführte.

Als im September 1939 der nächste Krieg ausbrach, setzte die Admiralität jedoch das Geleitzugsverfahren unverzüglich in die Tat um, allerdings nur bis zu einer Entfernung von 300 Seemeilen vor der Küste des Vereinigten Königreichs. Dort verließen die Geleitfahrzeuge die Handelsschiffe, die nun nach besten Kräften unabhängig Nordamerika ansteuern mussten. Der erste Geleitzug von den Küsten Nordamerikas, der lediglich während eines Teils der Überfahrt gesichert wurde, war HX-133. Acht seiner Schiffe und 102 Seeleute fielen Torpedos zum Opfer. In vollem Umfang gesicherte transatlantische Geleitzüge fuhren nicht vor 1941, und erst nach 1942 verstärkten Unterstützungsgruppen schwer bewaffneter Zerstörer kurzzeitig die Geleitzugssicherung während kritischer Phasen.

Der typische Geleitzug alliierter Handelsschiffe von 1943 bestand aus fünfzig bis sechzig Fahrzeugen in einer Standardformation von neun bis zwölf Kolonnen aus jeweils fünf bis sechs Schiffen. Beim Geleitzug HX-233 wurden die ursprünglich zwölf Kolonnen später auf elf verringert. Durchnumeriert wurden die Kolonnen von Backbord her, die Kolonne 1 stand folglich am weitesten an Backbord, die Schiffe jeder dieser Kolonnen wurden von vorne beginnend durchgezählt. Die erste Ziffer kennzeichnete somit die Kolonne, die letzten Ziffern die Position des Schiffes in seiner Kolonne; somit war die Nummer 11 das Führungsschiff der ersten Kolonne an Backbord und die Nummer 12 das zweite Schiff darin. Der Abstand der Kolonnen voneinander betrug 1.000 Yards, die einzelnen Schiffe darin fuhren 800 Yards getrennt. Das begründete einerseits eine massive Vorderfront, die es allen Schiffen ermöglicht, den optischen Signalverkehr wahrzunehmen, und andererseits bot es den U-Booten eine schmalere Flanke als Ziel. Ein Geleitzug wie zum Beispiel der HX-233 mit über fünfzig Schiffen erstreckte sich über einen Seeraum von mehr als fünf Quadratmeilen, wobei seine Vorderfront vier bis fünf Seemeilen lang war und seine Tiefe eine bis eineinhalb Seemeilen betrug.

Die Geleitschiffe des Konvois wechselten nach Verfügbarkeit: Bewaffnete Trawler, Korvetten, Zerstörer oder sogar Schlachtschiffe kamen zum Einsatz. Der

Typisches Konvoi -Wetter im Nordatlantik, 1942/43.   (US Navy)

Konvoi HX-233 lief unter dem Geleitschutz von zwei kampfstarken US-Küsten-wachkuttern, einem kanadischen Zerstörer und sechs Korvetten und später von ei-ner Unterstützungsgruppe, bestehend aus vier schwer bewaffneten britischen Flot-tenzerstörern. Im Vergleich zu früheren Geleitzügen war dieser in der Tat gut ge-schützt und spiegelte den Aufwuchs und die Verbesserung der alliierten U-Boot-abwehrkräfte im Nordatlantik wider.

Die Gesamtführung eines Konvois lag entweder in den Händen eines britischen Kommandeurs der Geleitgruppe oder des ranghöchsten amerikanischen Offiziers der Geleitfahrzeuge, welcher die Gesamtverantwortung für die Sicherheit und die Verteidigung des Geleitzugs trug. Dem britischen Grundsatz folgend, war der Kommandeur der Geleitgruppe zugleich Kommandant seines Schiffes, nach ame-rikanischer Verfahrensweise waren der ranghöchste Offizier und sein kleiner Stab lediglich für den Konvoi verantwortlich. HX-233 stand unter amerikanischem Kommando, der Ranghöchste, ein amerikanischer Marineoffizier, schiffte sich auf dem US-Küstenwachkutter SPENCER ein, den ein amerikanischer Offizier der Küs-tenwache kommandierte. Die amerikanische Küstenwache ist ein Teil der Streit-kräfte, sie untersteht in Friedenszeiten dem Verkehrsministerium und ist in Kriegs-zeiten integraler Bestandteil der Marine.

Der Konvoi-Kommodore, im Allgemeinen ein reaktivierter Pensionär der Roy-al Navy im Admiralsrang oder ein erfahrener Handelsschiffsoffizier mit einem Of-fizierspatent als Reservist der Royal Navy, trug die Verantwortung für die innere Ordnung des Geleitzugs. Er schiffte sich stets auf einem großen, gut ausgerüsteten Handelsschiff an der Spitze der mittleren Kolonne gut sichtbar für alle Fahrzeuge des Konvois ein. Sein Stab beinhaltete fünf Signalgasten der Royal Navy, da ein ständiger Nachrichtenfluss zwischen den Schiffen für gut funktionierende Geleitzugsoperationen lebenswichtig war. Die nächtliche Nachrichtenübermittlung über Funk war ein ermüdendes und langsames Verfahren, da jeder Funkspruch verschlüsselt und entschlüsselt werden musste. Bei Tageslicht wurden die Nachrichten entweder optisch mittels Aldis Morselampe oder Flaggensignalen aus dem Signalbuch für die Handelsmarine »Mersigs« übermittelt. Bei HX-233 befand sich der Konvoi-Kommodore Dawson auf dem 6.054-Tonner DEVIS, einem Schiff der Lamport & Holt Reederei, Baujahr 1938, 14 Knoten Geschwindigkeit, mit Position 71 im Geleit.

Die operative Abstimmung der Konvoi-Routen mit der US Navy erfolgte in New York im Büro des Hafendirektors, das 60 Prozent des gesamten Schiffsverkehrs von den Vereinigten Staaten aus abwickelte. Bis zum 24. Juli 1943 hatte der Hafen von New York nicht weniger als 12.276 Schiffe ausklariert, was nahezu seine Hafeneinrichtungen und Ankerplätze überbeanspruchte.* Jedes Schiff, das in den Hafen einlief, war Anwärter für einen auslaufenden Geleitzug. Meldungen der Bevollmächtigten der War Shipping Administration in den Auslaufhäfen hielten den Hafendirektor auf dem Laufenden über zu erwartende einlaufende Schiffe, sodass provisorisch zukünftige Konvoiauslaufzeiten nach diesen Listen erstellt wurden. Da sie ständig geändert werden mussten, weil die Schiffe nicht zeitgerecht einliefen oder beladen wurden oder Schwierigkeiten mit der Antriebsanlage oder der Besatzung auftraten, war man gezwungen, diese Listen beständig zu aktualisieren.

---

* Bulletin des Büros für Information der Seeleute (Bureau of Naval Personnel Information), Amt des Hafendirektors. Dritter Marinedistrikt, New York, Dezember 1943.

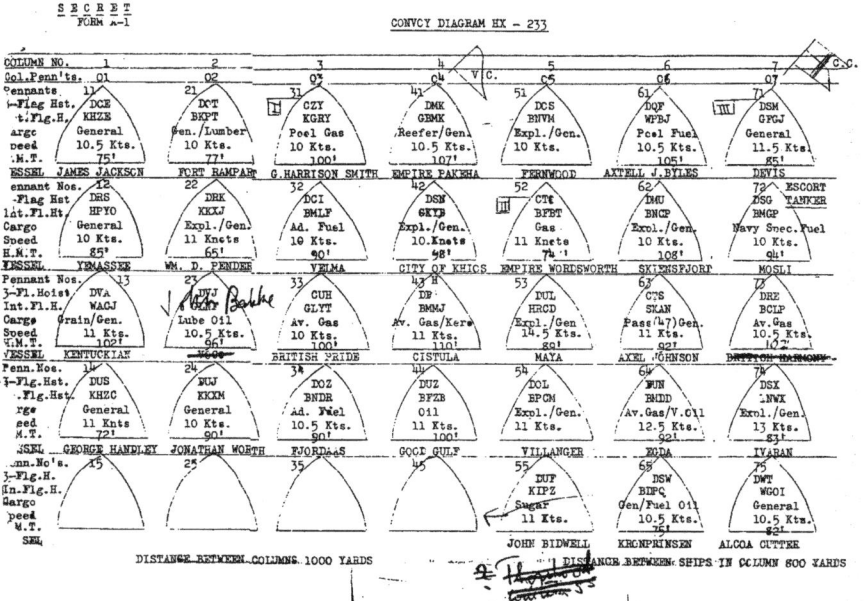

Waren Reparaturarbeiten erforderlich, wurden diese häufig während des Beladens durchgeführt, um Zeit zu sparen. War das Schiff erst einmal beladen, wurde es an einen Ankerplatz verholt, der in der inneren Bucht von New York für auslaufende Schiffe ausgewiesen war, um auf diese Weise die Ladepier für ein anderes Schiff freizumachen. In der Zwischenzeit hatte sich der Kapitän in dem für die Konvoi-Routenführung zuständigen Büro zu melden, wo er seine alten Anweisungen und vertrauliche Dokumente abzugeben hatte. Darüber hinaus musste er Einzelheiten zu seinem Schiff vorlegen, wie etwa zu Ladung, Tiefgang, Bestimmungshafen, Geschwindigkeit, jedweder Sonderausstattung für das Fahren im Konvoi, Besatzung, eingeschifften Artilleristen sowie jeder anderen sachdienlichen Information. Diese Daten wurden dann ausgewertet, klassifiziert und die Eignung des Schiffes für seine Eingliederung in den nächsten zum Auslaufen bestimmten Geleitzug festgelegt, wobei man es in einen Konvoi einsteuerte, der bei dieser Eignung am besten geeignet war, es zu seinem Bestimmungshafen zu geleiten. Auf dieser Basis bestimmte der für den Konvoi und seine Route Verantwortliche die Formation des Geleitzugs, seine Größe und die Position eines jeden Schiffes darin.

Im Allgemeinen nahm einen Tag vor Auslaufen der Kapitän eines jeden Schiffes in Begleitung seines ranghöchsten Funkoffiziers an einer Convoy Sailing Conference (Auslaufkonferenz) im Hauptquartier der örtlichen Marinebehörde teil. Diese war in der Hauptsache eine genaue Anweisung über all die Verfahren, die in See unter verschiedenen Bedingungen befolgt werden mussten.

Den Vorsitz führte der Hafendirektor von New York, Dritter Marinedistrikt. Daran nahmen sowohl der Konvoi-Kommodore teil, der für das Manövrieren und die innere Ordnung des Geleitzugs verantwortlich war, als auch der Kommandeur der Geleitfahrzeuge in seiner Verantwortung für die Sicherheit des Konvois. In New York wurden diese Konferenzen im Hauptquartier des Dritten Marinedistrikts, 17 Battery Place abgehalten und von einem amerikanischen Marineoffizier geleitet. Ein erfahrener britischer Kapitän bemerkte lakonisch:

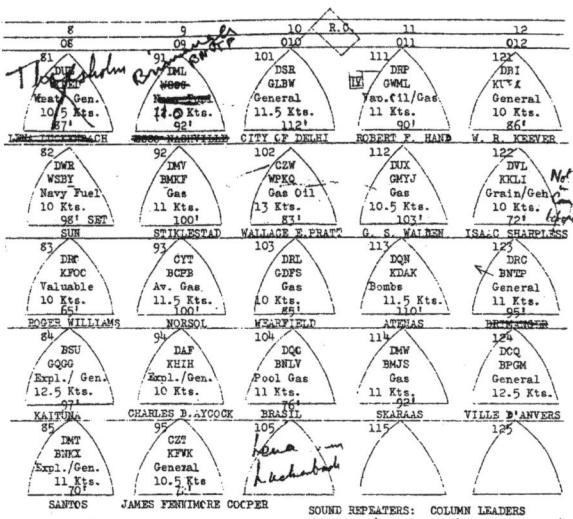

Marschordnung. Die amtliche graphische Darstellung für den Konvoi.   HX-233. (PRO)

»Da war immer eine beträchtliche Anzahl von hohen Offizieren (›Mützen mit Goldrand‹) dabei. Das war typisch für alle amerikanischen Konferenzen, die nach meiner Meinung immer mit Offizieren überladen waren, die alle etwas zu sagen hatten. Darüber lag eine Atmosphäre der Spannung, so als ob jeden Augenblick etwas Aufsehen Erregendes geschehen müsste. Auf den britischen Konferenzen ging es ruhig zu, man erfuhr die Tatsachen ohne große Aufmachung und verließ die Konferenz mit dem Gefühl, dass alles gut ginge auf der Überfahrt.«*

Der Vizekommodore, der auf dieser Konferenz bestimmt wurde, war ein sehr erfahrener Handelsschiffskapitän, der die Verantwortung für den Konvoi übernehmen würde, sollte der Kommodore oder sein Schiff ausfallen. Für HX-233 war H C Smith, der Kapitän der EMPIRE PAKEHA, 8.115 Bruttoregistertonnen (BRT), Position 41 im Geleit, als Vizekommodore bestellt worden. Divisional Commodores (Abteilungskommodore) waren Kapitän W S Stein von der FORT RAMPART auf Position 21, Kapitän P W Barry von der EMPIRE WORDSWORTH auf Position 52 und Kapitän W Pittmann vom Tanker ROBERT F. HAND auf Position 111.

Jeder Kapitän erhielt einen versiegelten Umschlag mit den Fahrtbefehlen, den Namen aller Schiffe im Geleitzug, dem Auslaufverfahren, einer graphischen Darstellung der Marschordnung, Frequenzplan, Verhaltensweise für Nachzügler, sollte ein Schiff vom Konvoi getrennt werden, und einer Beschreibung von Häfen, die das Schiff anlaufen sollte. Eine unabdingbare Maßnahme auf dieser Konferenz war auch die Bekanntgabe des Auslaufplans, der auf Grund der gewaltigen Ausdeh-

* Kapitän W Luckey, Motorschiff LUCULUS, in CONVOY, S. 94.

US-Küstenwachkutter SPENCER, aufgenommen 1943. 1937 in Dienst gestellt, 250 Mann Besatzung.
(US Coast Guard)

US-Küstenwachkutter DUANE. Dieses Nachkriegsfoto zeigt das Fahrzeug mit seiner Rumpfnummer und dem 127-mm- Geschütz.

(US Coast Guard)

nung des New Yorker Hafens sorgfältig abgestimmt werden musste. Jedem Schiff wurde eine präzise Zeit zum Ablegen oder Ankerlichten befohlen. Um den Lotsen und Kapitänen dabei behilflich zu sein, die Sammelpunkte zur Einnahme der Formation im freien Seeraum anzusteuern, wurden Bezugspunkte auf dem Weg dorthin festgelegt mit der Angabe der Passierzeit jedes einzelnen Schiffs, sodass diese in der ordnungsgemäßen Reihenfolge eintreffen konnten.

Unterdessen patrouillierten Flugzeuge und Überwassereinheiten vor der Küste, um zu überprüfen, dass dort draußen kein Feind darauf lauert anzugreifen, ehe die verwundbaren Schiffe jenes Geleitzugs sich sammeln und die Geleitfahrzeuge ihre Positionen beziehen konnten. Hatte der Konvoi sich formiert und jedes Schiff den Zahlenwimpel gesetzt, mit dem es seine zugewiesene Station darin anzeigte, gab der Kommodore den Signalbefehl, mit befohlenem Kurs und Fahrt die Überfahrt zu beginnen. Das Fernmeldeverfahren für den Geleitzug wie auch für Einzelfahrer erlaubte es den Schiffen, Funkstille zu wahren und dennoch in größtem Umfang über die Feindaktivitäten im Bilde zu sein. Die Marschroute wurde von einer Anzahl von Faktoren bestimmt, darunter die letzten Meldungen über die Unternehmungen feindlicher U-Boote, Wetter, Eislage und hydrographische Information mit der Zielsetzung, die Reiseroute an bekannt gewordenen feindlichen Positionen vorbeizuführen und gleichzeitig Ausweichrouten festzulegen, sollten diese notwendig werden.

Geleitzüge wie die der HX-(Halifax-Großbritannien) und ON-(Großbritannien-Halifax) Typen wurden als »schnelle« bezeichnet, die mindestens neun und einen halben Knoten laufen konnten, während »langsame« wie die der SC- und ONS-Typen sechseinhalb Knoten zu laufen vermochten. Die Konvoigeschwindigkeit wurde vom langsamsten Schiff bestimmt. Die HX-Geleitzüge traten die Überfahrt mit etwa achttägiger, die SC-Geleitzüge mit etwa zwölftägiger Zeitversetzung an.

Der kanadische Zerstörer SKEENA, Führungsschiff eines Zerstörergeschwaders, Indienststellung 1937.
Dieses Foto wurde 1944 in Halifax aufgenommen.   (Nationalarchiv Kanada)

Auf diese Weise sollte sichergestellt werden, dass alle drei bis vier Tage ein Konvoi
die westlichen Zugänge des Vereinigten Königreichs ansteuerte. Wie eine regel-
rechte Brücke aus Schiffen erwies sich dieses System als eine wahre Lebensader für
die britische Zivilbevölkerung. Im September 1943 begannen die Konvois, sich
mehr in New York als in Halifax zu formieren, wobei ihre Nummerierungen die
Reihenfolge des Auslaufens verdeutlichte. Dabei war HX-233 mit dem Auslaufha-
fen New York der 233. Geleitzug dieser Serie, die bei Kriegsende nahezu vierhundert Konvois betrug.

Ebenso unerbittlich wie der Geleitzugsstrom war die Bedrohung durch die
U-Boote. Der schnelle Konvoi ON-170 lief am 3. März 1943 mit 52 Schiffen unter dem Geleit der Escort Group B-2 aus Liverpool aus. Unter den Geleitfahrzeugen befand sich die neue Sloop WHIMBREL (abgestellt von der Zweiten Geleitgruppe, die zu diesem Zeitpunkt unter dem Kommando von Lt Commander J W
Moore aufgestellt wurde), die britischen Zerstörer VANESSA und WHITEHALL sowie die britischen Korvetten GENTIAN, HEATHER und SWEETBRIAR der »Flower«-Klasse. Der Kommandeur der Geleitfahrzeuge, Donald Macintyre DSO, RN,
schiffte sich auf WHIMBREL ein, da sein Schiff, der Zerstörer HESPERUS, in der
Werft lag, nachdem er U-357 gerammt und versenkt hatte. Die Wetterbedingungen waren selbst an den Gegebenheiten des Nordatlantiks gemessen mit einer endlosen Folge von Orkanen und Schneestürmen extrem, in denen zumindest zwei
Schiffe schwere Beschädigungen erlitten. Auf der KARAMEA wurde die Deckladung zerschlagen, und auf dem amerikanischen Frachter STEEL TRAVELLER ging
die Mastspitze bei den heftigen Rollbewegungen über Bord.

Mehrere U-Boot-Rudel hatten quer zu den möglichen Konvoirouten ihre Patrouillentätigkeit aufgenommen, und am 11. März befahl der BdU (*Befehlshaber der U-Boote*) der Gruppe »Raubgraf«, einen Aufklärungsstreifen nordöstlich Neufundlands einzunehmen. Die Alliierten, die in den deutschen Funkschlüssel eingebrochen waren, entschlüsselten das Funksignal und befahlen ON-170 auf einen Ausweichkurs. Da aber den Geleitfahrzeugen der Kraftstoff zur Neige ging, weil das schlechte Wetter die Kraftstoffübernahme von begleitenden Tankern verhindert hatte, war ON-170 gezwungen, den alten Kurs beizubehalten. Am 13. März sichtete U-603 den Geleitzug, und der BdU setzte die Gruppe »Raubgraf« darauf an. Wiederholte Funkpeilungen der WHIMBREL und geschickte Gegenangriffe hielten die U-Boote in Schach, und wie durch ein Wunder fand ON-170 eine Lücke, die durch das Versagen der U-Boote, rechtzeitig Position zu beziehen, entstanden war. Die Luftsicherung traf am 16. März ein, ohne dass ein erfolgreicher Angriff stattgefunden hätte.

Der amerikanische Glattdeckzerstörer UPSHUR (DD 144), ein Fahrzeug mit vier Schornsteinen, der zuvor abgestellt war, die Geleitfahrzeuge von ON-170 zu verstärken, wurde am 14. März zu seinem ursprünglichen Konvoi zurückbeordert. Aus einem an diesem Tag von ihrem B-Dienst (Funkhorchdienst, *Anm. d. Übers.*) mitgehörten Befehl hatten die Alliierten erfahren, dass der BdU die Gruppe »Raubgraf« erneut gegen den Geleitzug SC-122 angesetzt hatte. Diese Umgruppierung kam jedoch zu spät, da SC-122, der Zeitplanung zwei Stunden voraus, bereits die angegebene Position passiert hatte. »Raubgraf« bekämpfte daraufhin in der Nacht des 17. März HX-229 und versenkte eine Anzahl von Schiffen, bevor Treibstoff-

HMCS SKEENA im Konvoi 1943. Links ein Lewis-Maschinen-Gewehr auf Zwillingslafette zur Luftabwehr, rechts ein Wasserbombenwerfer.   (Nationalarchiv Kanada)

HMS BYRONY, eine Korvette der Flower-Klasse, Stander K 192. Bauwerft Harland & Wolf. Indienststellung 1941, 83 Mann Besatzung.   (Imperial War Museum)

knappheit den Abbruch der Operationen erzwang. In der Zwischenzeit erreichten die Schiffe von ON-170 ihre jeweiligen Bestimmungshäfen und begannen mit dem Beladen, ehe sie in HX-233 und den nächstfolgenden Konvoizyklus eingegliedert wurden.

HX-233 setzte sich aus zweiundfünfzig Schiffen zusammen, unter ihnen befanden sich zwanzig Tanker, was einen ungewöhnlich hohen Anteil bedeutete. Die achtzehn amerikanischen Schiffe bestanden aus neun neu gebauten Liberty-Dampfern und vier Tankern, während fünf der zwölf britischen Schiffe Tanker waren. Unter den fünfzehn norwegischen Schiffen befanden sich acht Tanker. Hinzuzurechnen waren noch jeweils ein holländischer und panamesischer Tanker. Zweiundzwanzig Frachter, die entweder unter den oben genannten Flaggen oder denen von Belgien, Honduras, Griechenland oder Schweden fuhren, vervollständigten den Geleitzug.

SPENCER und die übrigen Geleitfahrzeuge schlossen bei Sonnenuntergang am 12. April bei Westcomp (Western Ocean Meeting Place) an HX-233 heran und lösten die örtlichen Geleiter ab. Unter Verzicht auf den üblichen kürzeren Konvoi-Kurs entlang des Großkreises wurde HX-233 deutlich weiter nach Süden gelenkt, wo besseres Wetter und ruhigere Seeverhältnisse erwartet werden konnten. Obgleich als amerikanisch bezeichnet, waren die Geleitfahrzeuge ein gemischter Verband aus den beiden US-Küstenwachkuttern SPENCER und DUANE, dem kanadischen Zerstörer SKEENA, den beiden kanadischen Korvetten WETASKIWIN und ARVIDA sowie den drei britischen Korvetten DIANTHUS, BERGAMOT und BRYONY, allesamt erfahrene, seegestählte Veteranen des Nordatlantiks. Für die Geleitfahrzeuge galt der Operationsplan 5–43 der US-Atlantik-Flotte (CTU 24.1.3, A4-3 [3]/FF13, Serial No 007), ausgestellt am 11. April 1943 in St. Johns, Neufundland.

Der Konvoi hatte ursprünglich aus siebenundfünfzig Schiffen bestanden. Eines davon, die HANNIBAL HAMLIN, ein neues Liberty-Schiff, wurde zum Nachzügler, lief als Einzelfahrer weiter und erreichte sicher ihr Ziel. Zwei (CAPE HOWE und WILLIAM R KEEVER) mussten nach St. Johns zurücklaufen und eines, der Frachter

FORT RAMPART, wurde im Konvoi von einem U-Boot versenkt. Mehrere andere liefen aus verschiedenartigen Gründen nicht aus, darunter auch das kanadische Geleitfahrzeug ROSHERN, einundfünfzig Schiffe aber wurden an ihr Ziel gebracht. HMS DIANTHUS verschob ihr Auslaufen auf den 12. April und stieß erst am 14. April um 18 Uhr zum Geleitzug.

Bei einem östlichen Generalkurs ist es nicht überraschend, dass fast genau westlich des U-Bootstützpunkts Lorient acht auslaufende U-Boote auf den Konvoi zusteuerten. Vier am 15. April abgefangene Funksprüche zeigten die drohende Gefahr eines U-Boot-Angriffs an, aber der Kommandeur der Geleitfahrzeuge beurteilte die Angreifer als noch zu weit entfernt und ignorierte sie als ein potenzielles Risiko für den Geleitzug.

Von den acht U-Booten, die gegen den Konvoi HX-233 operierten, nämlich U-262 (Franke), U-268 (Hasenschar), U-226 (Borchers), U-358 (Manke), U-264 (Looks), U-382 (Koch), U-614 (Sträter) und U-175 (Bruns), spielten lediglich vier eine bedeutsame Rolle in der Schlacht und nur ihren Aktivitäten ist ausführlich nachgegangen worden.

Um 08.05 Uhr des 16. April sichtete der US-Küstenwachkutter DUANE einen Einzelfahrer auf Westkurs und wurde angewiesen, das Schiff anzurufen und zu identifizieren. Es handelte sich um das 16 Knoten schnelle norwegische Motor-

HMCS ARVIDA, eine Korvette der Flower-Klasse, Stander K 113, gebaut bei Morton in Quebec und 1940 in Dienst gestellt. Ein typisches Beispiel für die verbesserte Konstruktion mit einem einzelnen Mast vor der Brücke und »Lantern« (Laterne), einem Radargerät im 27,1-mm-Bereich über den Brückenaufbauten.
(Nationalarchiv Kanada)

schiff ELIZABETH BAKKE auf der Überfahrt von Glasgow nach New York, Knut Knutsen aus Haugesund in Norwegen war sein Eigner. Es war fast neu, 1937 gebaut, 5.450 Tonnen, 133 m lang, 17 m breit, 7 m Tiefgang. Sein Schwesterschiff, das Motorschiff JOHN BAKKE, Baujahr 1929, 4.718 Tonnen, 119 m lang, 16 m breit, 7 m Tiefgang, lief zufälligerweise im Geleitzug HX-233 mit auf Position 23, zwei Stationen achteraus der FORT RAMPART. Die beiden BAKKES hatten ein interessantes Erlebnis Jahre zuvor, das es wert ist, hier kurz beschrieben zu werden. Bei Kriegsausbruch saß eine ganze Anzahl norwegischer Schiffe in Göteborg/Schweden im Kattegatt in der Falle. Insgeheim wurden für fünf von ihnen vermutlich mit Hilfe des britischen Marineattachés, Captain Henry Denham, Vorkehrungen getroffen, zwischen dem 23. und 28. Januar 1941 durch das Skagerrak in die Nordsee auszubrechen und dort von Einheiten der britischen Heimatflotte aufgenommen und durch die Nordsee geleitet zu werden. Darunter befanden sich auch ELIZABETH und JOHN BAKKE. Der Durchbruch gelang, im Geleit von Kreuzern und Zerstörern der Heimatflotte liefen die fünf Schiffe trotz feindlicher Luftangriffe und knapp entgangener Feindberührung mit deutschen Schlachtschiffen, die im Verlauf des Unternehmens »Berlin« durch das Kattegatt vorstießen, wie geplant sicher in Scapa Flow ein. Ein späterer Durchbruch der verbliebenen Schiffe endete in einer Katastrophe, die meisten gingen unterwegs durch Feindeinwirkung verloren.

Am 16. April 1943 passierte die ELIZABETH BAKKE ungefährdet die U-Boote, die um den Konvoi HX-233 auf der Lauer lagen. In der Vergangenheit war sie in Geleitzügen nach Malta unterwegs gewesen, unter anderem zwischen dem 11. Juni und dem 12. Juli 1942 im MW-11 im östlichen Mittelmeer während der Operationen »Harpoon« und »Vigorous«. Sie überlebte den Krieg und stand ihren Eignern wieder zu friedvolleren Einsätzen zur Verfügung. Während des gesamten Krieges wurden eine ganze Anzahl von Schiffen höherer Geschwindigkeit, das heißt 14 bis 16 Knoten oder mehr, als Einzelfahrer auf die Reise über den Atlantik geschickt, wobei ihre Verlustrate zweimal höher lag als die der Schiffe in einem Konvoi.

Bis Kriegsende hatten in der britischen Marine einundzwanzig Kommodore, zwölf Admirale RN und neun Kapitäne zur See der Reserve ihr Leben verloren. Die zwei Kommodore mit der Rekordzahl an Geleitzugsfahrten waren Rear Admiral Sir E Manners mit zweiundfünfzig und Rear Admiral E W Leir mit achtundvierzig. Das Funkpersonal hatte mit 138 den höchsten Prozentsatz an Todesfällen von allen Fachrichtungen.

2

Britische Luftunterstützung und Geleitfahrzeuge

»Es wird euch beruhigen, wenn ihr wisst, dass meine Aufgabe in diesem Krieg von größter Bedeutung war. Unsere Patrouillenflüge halfen, die Handelsrouten für unsere Geleitzüge und Handelsschiffe freizuhalten.«

Flying Officer V A W Rosewarne RAF*

Die schwerwiegendste Verzögerung der alliierten Seeherrschaft über den Nordatlantik war ihre Abneigung, Flugzeuge zur Unterstützung der transozeanischen Geleitzüge bereitzustellen. Das war ein grober Fehler und wurde mit dem Leben der Seeleute auf den Handelsschiffen erkauft.

Der wissenschaftliche Berater des britischen Coastal Command, Professor M S Blackett, baute mit vier weiteren Forschern eine Operations-Research-Abteilung auf, um die Leistungen des Coastal Command in der U-Bootjagd zu analysieren. Im Januar wurde diese Abteilung in die Admiralität verlegt, wo ihre statistischen Analysen der Gefechtsberichte einige aufsehenerregende Ergebnisse hervorbrachten. Wenn man zum Beispiel die Größe eines Geleitzugs von durchschnittlich zweiunddreißig auf vierundfünfzig Schiffe erhöhte und dadurch gleichzeitig die Anzahl der Konvois verringerte, so gingen nach ihren Berechnungen die Verluste um voraussichtlich 56 Prozent zurück, wohingegen eine Erhöhung der Anzahl der Geleitfahrzeuge von sechs auf neun die Verluste um 25 Prozent verringerten. Luftsicherung acht Stunden täglich allein würde die Verluste um beträchtliche 64 Prozent reduzieren.

Die Ergebnisse der Arbeit Dr. Blacketts bewirkten letzten Endes eine organisatorische Revolution im Geleitzugsverfahren. Donald Macintyre schreibt in *»The Battle of the Atlantic«*:

»Der aufsehenerregenden Vorhersage von 64 Prozent … wurde jedoch nicht die richtige Bedeutung beigemessen. Die begrenzte Anzahl der Flugzeuge vom Typ »Liberator«, die man für Flüge mit sehr großer Reichweite hätte umrüsten können, … wurde mit Unterstützung des Luftwaffenführungsstabes vom Bomber Command zurückgehalten in dem (falschen) Glauben, dass eine Höchstzahl von Bombenabwürfen auf Deutschland vorrangig sei.

Darüber hinaus wurde eine Anzahl von diesen (Flugzeugen), über die das Coastal Command verfügte, auf unergiebigen Patrouillenflügen über den Anmarschgebieten der U-Boote eingesetzt. … zum Jahreswechsel (1942–43) waren immer noch nicht mehr als zehn »Liberator« mit sehr großer Reichweite in der Lage, im mittle-

---

* Aus einem Brief an seine Mutter, abgedruckt in The Times am 18. Juni 1940. Er wurde am 30. Mai als vermisst gemeldet.

ren Atlantik zu operieren. Und dennoch hatte diese Handvoll Flugzeuge immer wieder Gelegenheit, entscheidend in Geleitzugsschlachten einzugreifen …«

Professor Blacket schrieb in einem Artikel für *Brassey's Annual* von 1953:

»An Hand der Diagramme … konnte errechnet werden, dass eine ›Langstrecken-Liberator‹, die von Island aus eingesetzt Konvois in den mittleren Atlantik geleitete, in ihrem Einsatzzeitraum von etwa dreißig Flügen mindestens ein halbes Dutzend Handelsschiffe ›retten‹ würde. Im Bombeneinsatz auf Berlin aber würde … dasselbe Flugzeug … nicht mehr als einige Dutzend feindlicher Männer, Frauen und Kinder töten und eine Anzahl Häuser zerstören.

Niemand konnte bestreiten, dass die Rettung von sechs Handelsschiffen und ihrer Besatzungen und Ladungen von unvergleichlich höherem Wert für die alliierten Kriegsanstrengungen war als der Tod von etwa zwei Dutzend feindlicher Zivilisten sowie die Zerstörung einer Anzahl von Häusern und eine gewisse sehr geringe Auswirkung auf die Produktion.

Die Schwierigkeit war, diesen Diagrammen Glauben zu schenken. Aber endlich tat man es, und mehr Landstreckenflugzeuge wurden dem Coastal Command unterstellt.«

Die Vereinigten Staaten stellten ihren ersten »B-24 Liberator«-Bomber für den Einsatz über dem Atlantik am ersten Weihnachtsfeiertag 1942 in Dienst. Er besaß eine beeindruckende Reichweite von 2.400 Seemeilen, aber später erst sollte die amerikanische Marine mit zweiundfünfzig und das Coastal Command mit achtzehn dieser Flugzeuge eine unschätzbare Verstärkung des Konvoi-Schutzes erhalten. Die 3. Ausführung, ein überarbeiteter Typ der »Liberator«, besaß ein Radargerät, das ein U-Boot auf zwölf Seemeilen und einen Geleitzug auf vierzig Seemeilen orten konnte.

Im Frühjahr 1943 hatte die Schlacht im Atlantik den kritischen Zeitpunkt erreicht, an dem sich die Alliierten einer möglichen Niederlage gegenübersahen. Sie gaben frühere Befürchtungen über Verluste unter der französischen Zivilbevölkerung auf und begannen mit den Angriffen auf die französischen U-Boot-Stützpunkte. Diese zerstörten zwar Wohngebiete in den Hafenstädten, hatten aber keinerlei nachteilige Auswirkung auf die Instandsetzungseinrichtungen für die U-Boote.

Air Marshal Sir Arthur Harris, der Befehlshaber des Bomber Command, schrieb persönlich einen harschen Protestbrief, in dem er auf die Sinnlosigkeit der Bombenangriffe auf die fertigen U-Boot Bunker hinwies, wobei er den früheren, größeren Fehler übersah, diese Bunker nicht bombardiert zu haben, als diese sich noch in ihren wasserdichten Senkkästen im Bau befanden und ganz besonders verwundbar waren. Lagen die U-Boote erst einmal in ihren Betonbunkern, war es zu spät.

Am Tag des Beginns der alliierten Konferenz von Casablanca, am 19. Januar 1943, erhielt Air Marshal Harris zu seinem großen Missvergnügen die Weisung, seinen bisher bedeutendsten Beitrag zur Schlacht im Atlantik zu leisten.

Hier ein Auszug:

»… die folgenden (U-Boot-Stützpunkte) durch ihr Kommando in größtem Umfang nachts anzugreifen mit dem Ziel, das ganze Gebiet, in dem die U-Boote stationiert sind, ihre Wartungsanlagen und die Versorgungseinrichtungen für Energie, Wasser, Licht, Funkverkehr u.s.w. sowie andere Quellen, von denen ihre Einsätze abhängen, zu verwüsten.«

In der Rangfolge der Stützpunkte stand Lorient ganz oben auf der Liste vieler Ziele.

Das Bomber Command griff in jener Nacht, 19.–20. Januar 1943, und den folgenden drei Nächten an und brachte 1.000 Tonnen an Bomben ins Ziel. Die Flugzeuge kamen wieder in der Nacht vom 29. auf den 30. Januar und den darauf folgenden Nächten im Februar. Die stark verteidigten U-Bootseinrichtungen in Lorient starrten förmlich vor Luftabwehrwaffen: über zweihundert 2-cm-, neun 7,5-cm-, achtzehn 8,8-cm-, dreiundvierzig 10,5-cm-, zwölf Doppellafetten 10,5-cm- und fünf 12,8-cm-Geschütze waren dort aufgestellt. Von den mehr als vierhundert vom Bomber Command eingesetzten Maschinen wurden circa achtunddreißig abgeschossen und weitere neun gingen durch Unfälle verloren.

Im März 1943 erzielte der britische U-Jagd-Ausschuss einen Kompromiss, indem er die Zahl der verfügbaren Langstreckenflugzeuge von zehn auf vierzig anhob, wovon aber lediglich etwa zwölf Maschinen jederzeit einsatzbereit waren. Die größten Hindernisse lagen einerseits in England, wo Harris nach wie vor darauf bestand, alle schweren Bomber für die Luftschlacht gegen Deutschland bereitzustellen, und andererseits in den Vereinigten Staaten, wo Admiral E J King alle ihm zugewiesenen Langstreckenflugzeuge auf dem pazifischen Kriegsschauplatz einsetzte. Der Air Marshal John C Slessor schrieb hierzu:

»Die ganze Geschichte handelt von Missverständnissen, Behauptungen, Verschleppungen und Verzögerungen und wurde ständig durch die Streitigkeiten zwischen den Teilstreitkräften in Washington sowie (Admiral) Kings Entschlossenheit, ohne Rücksicht auf die Konferenz von Casablanca, dem Pazifikkrieg Vorrang einzuräumen …

Kings Besessenheit für den pazifischen Raum ist uns in der Schlacht im Atlantik teuer zu stehen gekommen.«

Dies geschah, obgleich die vereinigten Stabschefs am 23. Januar in Casablanca zu einer Vollversammlung zusammengekommen waren, deren Abschlußbericht im ersten Satz feststellte, dass »die Niederlage der U-Boote die erste Aufgabe der Alliierten« sei.

Der Geleitzug HX-228, der im März 1943 mit seinen sechzig Schiffen die südlichere Route gewählt hatte, wurde von dreizehn U-Booten angegriffen. Dabei wurde HMS HARVESTER am 11. März von U-432 (K. Eckhard) torpediert, vier weitere Schiffe wurden versenkt und zwei beschädigt. Während der Überfahrt von HX-233 war die Absicherung durch Langstreckenflugzeuge verstärkt worden, so dass nach Eintreffen der Luftsicherung um 13.35 Uhr am 17. April nachmittags keine weiteren Angriffe erfolgten.

Admiral Dönitz schrieb hierzu:

»… Unsere ganze Systematik in der Führung des U-Boot-Krieges, die auf Beweglichkeit und Überwassereinsatz baute, erreichte ihren Höhepunkt in der von uns entwickelten Rudeltaktik. In Seegebieten mit starker Luftsicherung war unsere höchst erfolgreiche Art der Kriegsführung nicht mehr durchführbar. Das Flugzeug war plötzlich ein sehr gefährlicher Gegner geworden.«

U-Boote fürchteten Flugzeuge vielleicht mehr als jeden anderen Faktor, und das Erscheinen der Luftsicherung zwang ein U-Boot zum Tauchen, wo es bei seiner geringen Unterwassergeschwindigkeit und eingeschränkter Sichtweite schnell den Kontakt zum Geleitzug verlor. Wie Captain Roskill bemerkt, »wurde das Flugzeug … schnell ein entscheidender Faktor für die Niederlage der U-Boote«.

Landgestützte Luftsicherung erreichte in Form einer »Sunderland« auf 40°N 21°W als erste den Geleitzug HX-233. Um 17.30 Uhr stieß eine »Liberator« zum Konvoi und meldete um 23.04 Uhr, dass ein U-Boot 4 Seemeilen vor dem Konvoi in Peilung 315° tauche. Unmittelbar vor Mitternacht beobachtete ein Flugzeug als Aufklärer vor dem Geleitzug ein U-Boot, möglicherweise Sträter (U-614), 3,5 Seemeilen voraus in Peilung 040° beim Tauchen, zweifellos vom Flugzeug unter Wasser gedrückt. Alle Geleitfahrzeuge erhielten den Befehl, zur Abschreckung zwei Wasserbomben mit einer Tiefeneinstellung von 150 Fuß zu werfen, und 33 Minuten später warf jedes Geleitfahrzeug eine weitere mit derselben Einstellung.

Flugzeuge spielten ohne Zweifel eine bedeutende Rolle, indem sie die U-Boot-Bedrohung ringsum niederhielten und den Geleitzug ohne weitere Verluste durchbrachten. Kurz nach Mittag des 18. April traf eine »Flying Fortress« ein, der am späten Nachmittag eine »Sunderland« folgte. Es war der Erfolg der Luftsicherung, so meinte man, dass die U-Boote am Nachmittag des 18. keinen Kontakt mehr zum Geleitzug hatten. Da der Befehlshaber der U-Boote am 18. April mittags befahl, den Angriff abzubrechen, mag ihm sehr wohl die Luftabsicherung gemeldet worden sein. Etwa sieben Maschinen flogen zu diesem Zeitpunkt Luftsicherung, was man auch später beibehielt.

Berichten zufolge setzten die Flugzeuge nachts Suchscheinwerfer, gelegentlich auch Positionslichter und verständigten sich mit einer roten Aldis-Lampe. Es ist bemerkenswert, dass keine weiteren Angriffe erfolgten, und es lässt einen nachdenklich werden über die vorherigen Opfer an Leben, Schiffen und Ladung. Der Kommandeur der Geleitfahrzeuge beschreibt es so, »die Sicherung durch Flugzeuge war von unbezahlbarem Wert, die aufgetaucht fahrenden U-Boote zu entdecken, unter Wasser zu drücken und dort zu halten«.

Die U-Jagd-Abteilung der Admiralität gab alle Zwischenfälle mit U-Booten am 17. April 1943 mit insgesamt vierzehn an. Davon waren elf Sichtmeldungen und/ oder Angriffe von Flugzeugen, was die Wirksamkeit einer angemessenen Sicherung durch Flugzeuge herausstreicht.

1956 schrieb Captain Roskill:

»Was es auch wert sein mag, es ist die Einschätzung dieses Autors, dass wir zu Beginn des Frühjahrs 1943 ganz knapp an einer Niederlage im Atlantik vorbeigeschlittert sind; und hätten wir diese Niederlage erlitten, hätte die Geschichtswissenschaft den Hauptgrund im Mangel an zwei weiteren Geschwadern von Langstreckenflugzeugen in der Geleitzugssicherung erkannt.«

Hochseegeleitfahrzeuge

Derby House wurde im Februar 1941 in Liverpool eingerichtet und Admiral Sir Percy Noble zum Befehlshaber Westliche Zugänge mit der Verantwortung für alle Geleitzugsoperationen ernannt. Sir Max Horton übernahm das Kommando über die Westlichen Zugänge im November 1942, etwa vier Monate vor Beginn der krisenschweren Schlachten im Atlantik und sechs Monate bevor die Alliierten die Oberhand gewannen.

Als Großbritannien begann, seine Reserven zu dezimieren, weil es 750.000 Tonnen Öl und militärische Ausrüstung mehr verbrauchte als 1941–1942 eintrafen, erhielt der Schutz der Geleitzüge Vorrang. Die Royal Navy übernahm 50 Prozent der Geleitaufgaben und die Royal Canadian Navy 46 Prozent, während Ame-

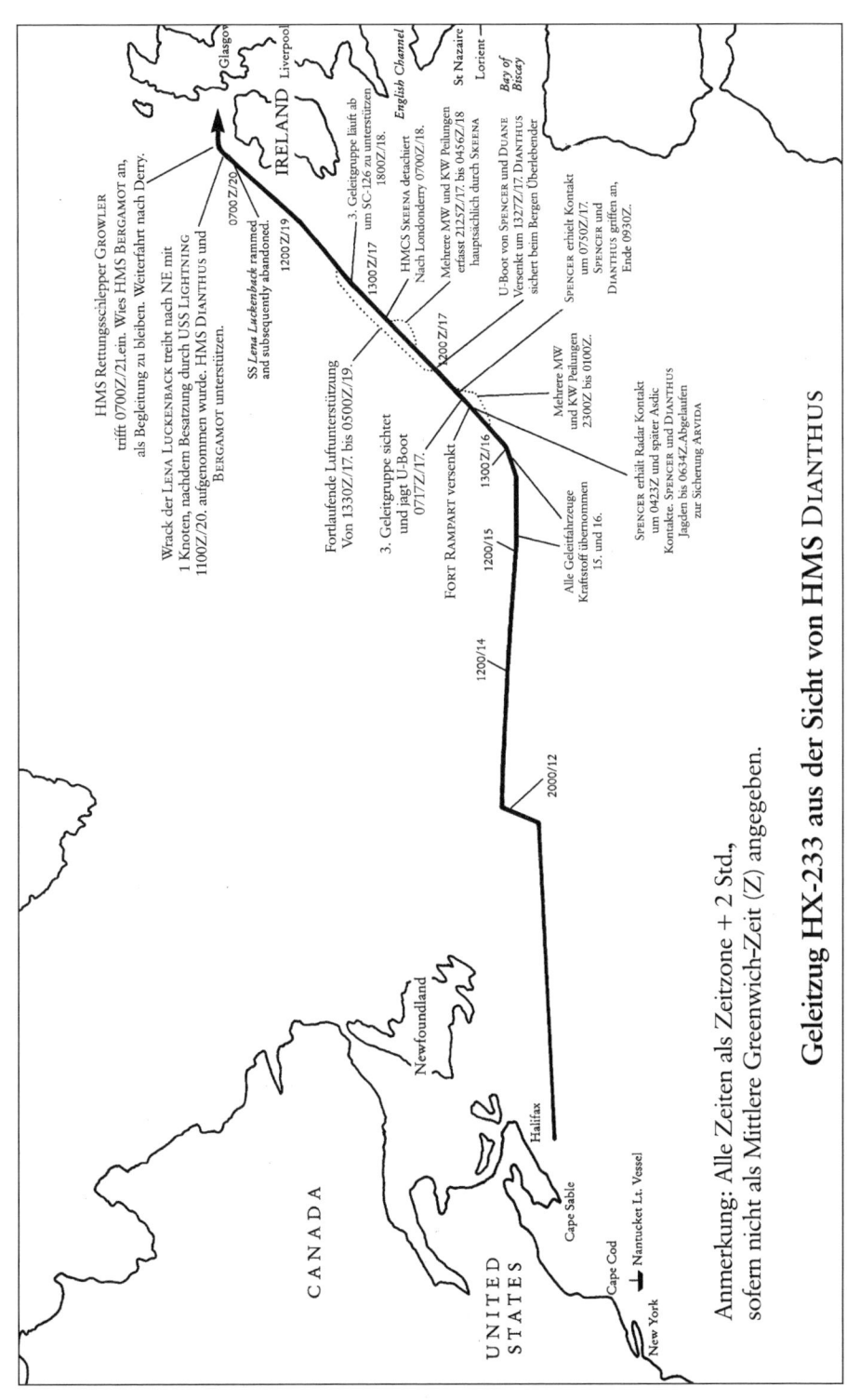

Geleitzug HX-233 aus der Sicht von HMS DIANTHUS

Anmerkung: Alle Zeiten als Zeitzone + 2 Std.,
sofern nicht als Mittlere Greenwich-Zeit (Z) angegeben.

rika in Form von Küstenwachkuttern und ein paar militärischen Wachen an Bord der Handelsschiffe einen sehr geringen Beitrag leistete.

Den Großteil der zu diesem Zeitpunkt verfügbaren Geleitfahrzeuge machten die Korvetten der »Flower«-Klasse aus, die ursprünglich für die Verteidigung im Küstenvorfeld geplant waren. Dieser Typ wurde auf einer großen Anzahl von Werften gefertigt und basierte auf dem Entwurf des sehr erfolgreichen Walfängers SOUTHERN PRIDE, eines 582 BRT großen, auf der Smith-Werft in Middlesborough gebauten Schiffes. Insgesamt wurden 262 gebaut, 111 davon allein in Kanada. Ihre Besatzungen bestanden aus schlecht ausgebildeten regulären Mannschaften und Unteroffizieren der Marine, nur die für den Kriegsfall vorgesehenen Besatzungen übten an HMS GANGES, der Ausbildungseinrichtung der Royal Navy in der Nähe von Ipswich. Die Besatzungen erlebten einen langen und harten Dienst und erledigten den Löwenanteil der Rettungsarbeit im Geleitzug, wobei 1942–43 allein drei Korvetten 1.242 Seeleuten das Leben retteten. Als erste dieser Korvetten sollte im April 1940 HMS GLADIOLUS, K 34, gebaut auf der Smith-Werft, zum Einsatz auslaufen, und ihr erstes Opfer war U-26 (KptLt Scheringer), das am 1. Juli 1940 südwestlich von Irland versenkt wurde. Sie wurde nur 13 Monate später vermutlich von U-558 torpediert und versenkt, als sie SC-48 geleitete. Es gab keine Überlebenden.

Nachdem die britischen Patrouillen in der Luft und zur See die U-Boote aus den Küstengewässern vertrieben hatten, wurden die Korvetten ausschließlich als hochseefähige U-Jagd-Fahrzeuge im Geleitdienst eingesetzt, in einer Rolle, für die sie gar nicht geplant waren. Mochte sie auch außergewöhnlich seefähig sein, so war die Korvette doch zu klein und zu langsam für ihre neue Aufgabe, auch dann noch, als man sie umgebaut hatte. Selbst bei mäßigem Seegang stampften und schlingerten sie heftig, so dass die meisten Besatzungsmitglieder die ersten Wochen an Bord schrecklich seekrank zubrachten. Extrem unruhig bereits bei ganz geringem Seegang, würden sie, so hieß es, schon »auf nassem Gras« schlingern, und der Autor erinnert sich gut daran, bei schwerem Seegang das Unterteil der Korvettenrümpfe gesehen zu haben, während sich nur noch die Schraube im Wasser befand. Alle Seeleute auf den Korvetten, die unter ungemütlichen Bedingungen lebten und während der Seefahrt ständig durchnässt wurden, haben ihre Schiffe als eine Quelle lähmender Müdigkeit und körperlichen Unbehagens in Erinnerung. Die Bedingungen wurden durch Überbelegung zusätzlich erschwert, als die kleinen Schiffe entgegen der ursprünglichen Planung ab 1941 mit doppelter Besatzung und manchmal auch noch mit Überlebenden fuhren. Die Männer schliefen wo immer sie konnten: auf Spinden, Tischen oder irgendeinem dunklen, abgelegenen Platz, der ein wenig Wärme bot. Deswegen bezeichnete Vice Admiral Sir Peter Gretton die Korvetten der »Flower«-Klasse als die Arbeitspferde der Konvoigeleitkräfte, und Captain Roskill behauptet, dass »es kaum zu verstehen ist, wie England ohne sie hätte überleben können«.

Unterstützungsgruppen

Im Februar 1943 verlor der Geleitzug SC-118, obschon unter dem starken Schutz der Geleitgruppe B-2 (drei britische Zerstörer, zwei US-Küstenwachkutter und vier Korvetten des freien Frankreich), elf Schiffe durch U-Boote. Das war ein vernichtender Schlag, der unmittelbar die Aufstellung von Unterstützungsgruppen bewirkte, welche die Konvoigeleitfahrzeuge verstärken sollten. Angesichts der bitteren Wirklichkeit steigender Schiffsverluste wurde früh im März jeweils ein Geleitfahrzeug aus jeder Geleitgruppe des Kommandobereichs Westliche Zugänge herausgelöst. Dabei wurden sechzehn Schiffe frei, aus denen vier Unterstützungsgruppen gebildet wurden, die durch ein halbes Geschwader von Zerstörern der Heimatflotte als fünfte Unterstützungsgruppe ergänzt wurden. Die schweren Verluste des Geleitzugs SC-118 machten darüber hinaus den dringenden Bedarf an Luftunterstützung im mittleren Atlantik deutlich, aber die Amerikaner und das Bomber Command weigerten sich standhaft, Langstreckenflugzeuge freizustellen.

Unterstützungsgruppen mit ihren vorzüglich ausgebildeten Besatzungen bestanden aus vier bis sechs U-Jagd-Fahrzeugen, üblicherweise Zerstörer oder Sloops der Royal Navy, die wie Kavallerie dem Konvoi zu Hilfe eilen konnten, sobald U-Boote in Sicht waren. Sie hatten die Freiheit, den Geleitzug außer Acht zu lassen und ein U-Boot zu jagen, während Geleitfahrzeuge dessen Verfolgung aufgeben mussten, um den ihnen zugewiesenen Auftrag des ganz engen Geleitzugschutzes fortzuführen. Ende März 1943 waren fünf Unterstützungsgruppen einsatzfähig und bewiesen sehr schnell ihren Wert. Captain Roskill schrieb hierzu:

»*Gegen Ende 1943 hielt die Admiralität mit Blick auf das vergangene Frühjahr fest, dass ›die Deutschen niemals so dicht davor standen, die Verbindung zwischen der Neuen und der Alten Welt zu unterbrechen‹… In den ersten zehn Tagen [des März] verloren wir in allen Seegebieten einundvierzig Schiffe; in den zweiten zehn Tagen sechsundfünfzig. Mehr als eine halbe Million Tonnen unseres Schiffsbestandes wurden in jenen zwanzig Tagen versenkt … und was diese Verluste so …bedeutungsvoll machte …, war die Tatsache, dass nahezu zwei Drittel der in dem Monat versenkten Schiffe im Geleit fuhren. Es schien durchaus möglich,… dass wir nicht mehr damit fortfahren konnten [den Geleitzug als ein wirksames System der Verteidigung zu betrachten].*«

Dies war gleichbedeutend mit dem Eingeständnis der Niederlage durch die U-Boote. Sollte die Hilfe für England tatsächlich abgeschnitten werden, gäbe es keinen fortdauernden Aufbau amerikanischer Streitkräfte, keine Invasion in Nordafrika oder Europa und das Vereinte Königreich würde dem Hungertod entgegensehen. Die Fortführung des Krieges und letztlich der Sieg, alles hing von der stabilen Brücke aus Handelsschiffen und ihren Besatzungen ab. Glücklicherweise wendete sich das Blatt mit dem Eintreffen der Unterstützungsgruppen und letztlich von mehr Langstreckenflugzeugen mit erstaunlicher Schnelligkeit gegen die U-Boote. Der Geleitzug HX-233, gegen den acht U-Boote zum Einsatz kamen, überlebte nahezu unversehrt, da die Geleitfahrzeuge in der Lage waren, ihnen die Initiative zu verwehren, und das zeitgerechte Eintreffen der Dritten Unterstützungsgruppe und der Luftunterstützung die Schlacht 50 Stunden nach ihrem Beginn beendeten.

3

Die Militärischen Wachen der US Navy und die zum Eigenschutz bewaffneten Handelsschiffe

Das Recht eines Handelsschiffs auf Selbstverteidigung ist seit Hunderten von Jahren anerkannt, und bis ins siebzehnte Jahrhundert waren in Europa Handelsschiffe und Kriegsschiffe praktisch austauschbar. Großbritannien war als Inselnation abhängig vom überseeischen Handel und Einfuhren und besaß eine jahrhundertelange Erfahrung mit harten Kämpfen auf dem Gebiet der Seekriegsführung. Dabei war die wichtigste Aufgabe der Royal Navy der Schutz der Handelsschifffahrt. Der ursprüngliche Auftrag der US Navy war derselbe.

In England erließ die Regierung 1798 ein Gesetz, welches das Fahren im Konvoi zwingend vorschrieb. Es verlieh der Admiralität das Recht, alle Handelsschiffe zum Segeln im Geleit aufzufordern, da Schiffe, die als Einzelfahrer ihr Glück versuchten, von feindlichen Kriegsschiffen gekapert wurden. Napoleons Kapitulation 1815 leitete ein Jahrhundert ohne Kriege von globalem Umfang ein, und das Zwangsgesetz zum Fahren im Geleit wurde 1872 als überflüssig außer Kraft gesetzt.

1914 konnte eine kriegführende Nation in Übereinstimmung mit dem international gültigen Recht der Haager Konvention gewisse genau definierte Kriegsgüter beschlagnahmen oder zerstören, wenn sie direkt oder indirekt für den Feind bestimmt waren. Auch das Versenken von Handelsschiffen war erlaubt, vorausgesetzt die Passagiere und Besatzung erhielten anderswo einen sicheren Platz.

Unter diesem Gesichtspunkt werden Beiboote nicht als sicherer Platz anerkannt, es sei denn, dass bei dem herrschenden Seegang und Wetterbedingungen in der Nähe von Land die Sicherheit der Passagiere und der Besatzung garantiert werden kann oder ein anderes Schiff in der Nähe steht, das sie an Bord zu nehmen vermag.

Am 19. September 1914, kurz nach Ausbruch des Ersten Weltkrieges, überreichte das amerikanische Außenministerium den kriegführenden Regierungen eine diplomatische Note, welche die Frage bewaffneter Handelsschiffe ansprach und in der es hieß: »Ein Handelsschiff der kriegführenden Nationen darf Bewaffnung und Munition zum Zweck der Selbstverteidigung mit sich führen, ohne dadurch die Eigenschaft eines Kriegsschiffes anzunehmen.«* Es gilt allerdings anzumerken, dass der U-Bootkrieg noch keine Rolle spielte.

Bis September 1917 waren alle britischen Schiffe bis 7.000 BRT mit zwei 12-cm-Geschützen und noch größere mit zwei 15,2-cm-Geschützen bewaffnet worden; viele hatten zusätzlich Wasserbomben an Bord, obschon es sich genau genommen dabei nicht um Defensivwaffen handelte.

* Department of State, Akte 763, 7211/226a; 1914 Anhang 611–12.

Noch bedeutsamer allerdings war, dass die britische Admiralität am 15. April 1915 geheime Anweisungen erlassen hatte, die wie folgt lauteten: »Wenn ein Unterseeboot bei Tage unmissverständlich ein Schiff verfolgt und es für den Kapitän offensichtlich ist, dass dies in feindlicher Absicht geschieht, sollte dieses Fahrzeug in Selbstverteidigung das Feuer eröffnen, auch wenn das Unterseeboot noch keine eindeutig feindliche Handlung wie das Abfeuern der Kanone oder eines Torpedos begangen hat.«[*] Diese Weisung stellte britische Handelsschiffe eindeutig außerhalb des Bereichs von »schießen nur, wenn selbst beschossen« und verwandelte die Charade von »Selbstverteidigung« in eine kriegerische Handlung, wie etwa die, als das unbewaffnete dampfgetriebene Paketboot BRUSSELS versuchte, das deutsche Unterseeboot U-33 zu rammen. Kapitän Fryatt wurde später festgenommen und als Nichtkombattant erschossen, weil er als solcher nicht berechtigt war, irgendeine Angriffshandlung vorzunehmen.

1916 begann der eingeschränkte U-Bootskrieg der Deutschen Wirkung zu zeigen, und die Leistungsfähigkeit der Unterseeboote war von Admiral Henning von Holtzendorf, dem Chef des Kaiserlichen Admiralstabs, erkannt worden. Admiral von Holtzendorf war ein Verfechter des uneingeschränkten U-Bootskriegs trotz der Wahrscheinlichkeit, dass Amerika dadurch auf Seiten der Alliierten in den Krieg eintreten könnte. Dies geschah zwangsläufig am 6. April 1917, nachdem Präsident Woodrow Wilson 1916 nach einem erfolgreichen Wahlkampf unter dem Motto »Er hat uns aus dem Krieg herausgehalten!« wiedergewählt worden war. Am 26. Februar verabschiedete das amerikanische Repräsentantenhaus das Gesetz zur Bewaffnung der Handelsschiffe, welches aber vom Senat verhindert wurde, worauf Präsident Wilson den Kongress überging und die Marine anwies, Geschütze, Artilleristen und Munition für alle Schiffe unter amerikanischer Flagge mit europäischen Zielhäfen bereitzustellen. So kann es nicht überraschen, dass sich die erste feindliche Handlung gegen ein Schiff unter amerikanischer Flagge am 3. April 1917 genau drei Tage vor der offiziellen Kriegserklärung ereignete, als das Dampfschiff AZTEC vor der englischen Küste torpediert wurde und sank, wobei ein Mann ums Leben kam. In diesem »Krieg, der alle Kriege beenden sollte«, war die Militärische Wache der amerikanischen Marine auf 384 Schiffen eingesetzt, von denen 126 durch Feindeinwirkung und weitere sechs durch Unfälle auf See verloren gingen, wobei 58 Angehörige der militärischen Wache fielen.[**]

Die Briten vergaßen ihre Lektion aus dem vorherigen Krieg nicht und begannen ihre Handelsschiffe mit dem ersten Kriegstag, dem 3. September 1939, zu bewaffnen. Lieutenant John Hamilton, zuständig für die Planung der Ausbildung an der Marineartillerieschule HMS EXCELLENT in Gosport, entwickelte die Vorstellung von einem zum Eigenschutz bewaffneten Handelsschiff (»Defensively Equipped Merchant Ship«, DEMS), und Admiral der Reserve Frederick Dreyer, der Inspizient für die Artillerie auf Handelsschiffen, rekrutierte Kanoniere der Royal Navy und der Royal Artillery. Am Ende des Jahres waren mehr als 1.500 Geschütze aufgestellt und ihre Bedienungen eingeschifft worden.

Bis 1943 waren unter den 26.000 auf See Gefallenen 2.713 DEMS-Artilleristen. Ihre Mannschaftsstärke umfasste zu diesem Zeitpunkt sechs Regimenter der Maritime Royal Artillery, die auf Schiffen mit geschätzten 1,25 Millionen BRT Dienst

---

[*] Lagen zu »Internationales Recht«, 1930, Naval War College (Washington 1931).
[**] Merchant Vessels of the US, 1917, 1918, 1919, 1920, US-Handelsministerium (GPO Washington).

taten und dabei 841 Marineauszeichnungen erhielten, darunter 263 Distinguished Servic Medals und 110 British Empire Medals. Bis 1944 war diese Organisation weltweit ausgeweitet worden und mehr als 35.000 Artilleristen fuhren auf den zum Eigenschutz bewaffneten Handelsschiffen.

Noch während Präsident Roosevelt 1941 den amerikanischen Eltern versicherte, dass »… eure Jungen in keinen Krieg in der Fremde geschickt werden«, umging er eifrig das Gebot der Neutralität. Professor E B Potter fasst in seiner *Illustrated History of the US Navy* zusammen, was er als »verschlagene Mittel« bezeichnete, mit denen man ein Land in einen weiteren Krieg steuerte. Diese schlossen die Bewaffnung amerikanischer Handelsschiffe und das Einschiffen Militärischer Wachen der US Navy ein, obwohl der Kongress hierzu seine Zustimmung verweigert hatte. Das Leih- und Pachtabkommen vom 11. März 1941 begründete den Auftrag der Militärischen Wachen, die Schiffe zu verteidigen, welche kriegswichtige Versorgungsgüter zu den Alliierten transportierten. Als dieses Abkommen am 17. November 1941 offiziell reaktiviert wurde, war die amerikanische Marine genauso jämmerlich wie schon im letzten Krieg darauf vorbereitet, diesen Auftrag durchzuführen, und man kann sich nur wundern, wie es möglich war, dass hochrangige Berufsoffiziere so sehr überrascht wurden. Bis in den Juni 1942 hinein hielt die Marine daran fest, unbewaffnete oder unterbewaffnete Handelsschiffe, voll beladen mit lebenswichtigen Gütern wie militärische Ausrüstung, Munition, Kraftstoff, Benzin oder Erzen, aus amerikanischen Häfen auslaufen zu lassen, sogar bis nach Nordrussland hinüber. In demselben Zeitraum wurden, so ist hier anzumerken, fremde Schiffe mit Geschützen und Munition bestückt, sogar solche, die gelegentlich in Geleitzügen fuhren, in denen auch die unbewaffneten amerikanischen Fahrzeuge mitliefen.*

Sobald ein Handelsschiff der Routenführung der Marine unterlag, unterstanden Kapitän und Besatzung deren Verantwortung und Einfluss. Zum Abschluss einer jeden Überfahrt musste der Führer der militärischen Wache jedes Schiffes dem Chef der amerikanischen Marineoperationsabteilung einen »Reisebericht« vorlegen, in dem er Stellung nahm zu Feindberührungen, wenn es solche gab, und dazu, ob der Kapitän und die Offiziere des Schiffes die »Anweisungen für den Seetransport und die amerikanischen Handelsschiffe im Kriege« beachtet hatten.

Früh im Jahre 1942 wurde das Vortäuschen von »Feuern nur zur Verteidigung« über Bord geworfen, und es ergingen Befehle an die Einheiten der Militärischen Wachen, »bei Sichtkontakt zu feuern«, und der Kapitän des Schiffes war angewiesen zu »rammen«, wenn sich die Möglichkeit bot.

Das erste bewaffnete Handelsschiff war mit einer Handvoll veralteter Waffen und einigen schlecht ausgebildeten Artilleristen ausgestattet, die von einem beinahe ebenso unerfahrenen Unteroffizier befehligt wurden. Als jedoch dieses Programm richtig anlief, erhielten die Schiffe eine bessere Bewaffnung mit je einem 7,6-cm-Geschütz auf dem Vorschiff, einem 10,2-cm-Geschütz achtern und bis zu acht 2-cm-Luftabwehrwaffen. Ein Signalgast und ein Funker sowie die Artilleristen entsprechend der Anzahl der Geschütze wurden aus dem Stamm der Handelsschiffsbesatzung verstärkt. Sie alle unterstanden dem Befehl eines behelfsmäßig ausgebildeten Marineoffiziers, üblicherweise eines »Ensigns« oder »Lieutenant junior grade«.

---

* History of the Arming of Merchant Ships and the Naval Armed Guards (unveröffentlicht US Navy, ohne Datum, Washington).

Dabei hat es ganz beträchtliche Probleme und Reibungen zwischen den Geschützbesatzungen der Marine und den Seeleuten der Handelsschiffe gegeben, an denen im Allgemeinen die Handelsmariner Schuld waren. Allerdings beeinträchtigten auch disziplinarische Schwierigkeiten *innerhalb* der Militärischen Wache die Stellung ihres Führers erheblich. Tatsächlich aber war der aufopfernde Einsatz der Militärischen Wache während der wiederholten, langandauernden und schweren Angriffe des Feindes angesichts der häufig mangelhaften Ausbildung ganz besonders lobenswert.

Jeder Angehörige der Militärischen Wache, der auf einem Schiff unter amerikanischer Flagge im Geleitzug HX-233 mitfuhr, wurde mit einem Battle Star in Bronze für die Kampfhandlungen zwischen dem 16. und 18. April 1943 ausgezeichnet, der an der Ordensspange für den Bereich Europa-Afrika-Mittlerer Osten getragen wurde, wie dies ein Schreiben der Personalabteilung der amerikanischen Marine an die Kommandeure der Dienststellen für die Militärischen Wachen vom 25. September 1944 belegt. Die Seeleute der Handelsmarine erhielten keinerlei Auszeichnung und wurden noch nicht einmal als Veteranen dieser Schlacht angesehen.

Anfang 1943 war das Programm der Militärischen Wache in vollem Gange, und die neuen Schiffe hatten ihre volle Ausstattung an modernen Waffen und Geschützbedienungen erhalten. Im Geleitzug HX-233 setzten sich die Geschützführer aus acht »Ensigns« und drei »Lieutenants« zusammen, deren schriftliche Meldungen an den Chef der Marineoperationsabteilung in den Aufzeichnungen der Gruppe 38 des Marinetransportdienstes unter der Akte Militärische Wache im Amerikanischen Nationalarchiv zu finden sind.

Diese Meldungen bieten einen interessanten Einblick in die Fähigkeiten eines Offiziers zu beobachten und zu berichten, sie reichen vom knappen »Keine Feindberührungen« bis in Einzelheiten gehende seitenlange Berichte. Sachdienliche Abschnitte scheinen es Wert zu sein, wegen ihrer geschichtlichen Bedeutung und ihrer gelegentlich widersprüchlichen Beobachtungen der Schlacht im Umfeld des Geleitzugs HX-233 zitiert zu werden, sie können im Anhang 1 eingesehen werden.

4

An Bord U-175

»Ich glaube nicht, dass man auch nur im Ansatz die ungeheure und drohende Revolution erkennt, die Unterseeboote als Angriffswaffen des Krieges hervorrufen werden.«

Admiral Sir J A Fisher, 20. April 1904

Der deutsche Historiker Michael Salewski empfiehlt in einem Abschnitt von Günther Buchheims *U-Boot-Krieg* unter dem Titel »U-Boot Krieg- Historisches« »zum richtigen Verständnis der Vielfalt des 69 Monate langen endlosen Krieges im Atlantik, von dessen Schlachtfeld mehr als von jedem anderen der Ausgang des Zweiten Weltkriegs abhing, lohnte es sich ganz besonders, seine Aufmerksamkeit auf ein einzelnes, in hartem Einsatz stehendes U-Boot zu lenken, das … gleichermaßen die Gesamtstrategie des Krieges wie auch seine alltäglichen Schrecken widerspiegelte«. U-175 war solch ein Unterseeboot.

Die Versenkung von U-175 wurde wahrscheinlich zum verbreitetsten öffentlich dargestellten Untergang, denn auf jedem der daran beteiligten US-Küstenwachkutter war ein erfahrener Fotograf eingeschifft, Jack January auf der SPENCER und Bob Gates auf der DUANE. Beide dokumentierten in einer dramatischen Fotoreihe das ganze Geschehen an jenem 17. April 1943, einem grauen Tag im Nordatlantik. Erst als Monate später nach Freigabe der Bilder durch die Zensur das amerikanische Nachrichtenmagazin LIFE einige sensationelle Aufnahmen veröffentlichte, wurde dem Autor die Bedeutung dieser erregenden Ereignisse, deren Augenzeuge er wurde, so richtig klar. Einem der beiden Fotografen, Chief Bosun's Mate Jack January, einem ehemaligen Berufsfotografen bei der *St. Louis Post Dispatch* Zeitung, gelangen wohl einige der spektakulärsten Bilder von der Schlacht im Atlantik, die immer wieder in der diesbezüglichen Literatur auftauchten.

U-175, ein Langstrecken-Unterseeboot vom Typ IX C, 1102 Tonnen, gebaut von Deschimag in Bremen, wurde am 10. Dezember 1941 in Dienst gestellt. Sein Kommandant, der 29-jährige Kapitänleutnant Heinrich Bruns, Berufsoffizier der Crew 31, war zuvor Kommandant des neuen Torpedoboots T-3. Nach dessen Untergang im September 1940 wurde er zur U-Bootswaffe versetzt und nach einer Feindfahrt als Kommandantenanwärter auf den U-Boot-Kommandantenlehrgang geschickt. Er trat seinen Dienst an Bord U-175 noch vor der Indienststellung an und blieb dort bis zum Untergang im April 1943.

Die Besatzungsangehörigen von U-175 wurden nacheinander zur Baubelehrung an Bord versetzt und in Zweimannstuben in einem Gebäude des Norddeutschen Lloyd in Bremen einquartiert. U-175, das zwischen U-174 und U-176 am Kai vertäut lag, wurde in neun Monaten fertig gestellt. Alle drei Boote gingen im selben Jahr, 1943, verloren, U-174 vor Neufundland nach einem Fliegerangriff

und U-176 vor Kuba nach einem gemeinsamen Angriff von Schiffen und Flugzeugen.

Die Werftabnahmefahrten von U-175 vor Kiel gemeinsam mit vier weiteren
Booten dauerten vom 23. Dezember 1941 bis zum 6. Januar 1942. Nach Probe-
und Abnahmefahrten verlegte das Boot nach Gotenhafen (heute: Gdynia, *Anm. d.
Übers.*) zum Torpedoschießen, wo es bis Ende April vom Eis eingeschlossen blieb
und die Besatzung ihre Unterkünfte auf das Mutterschiff, die 3.184 Tonnen große
FRIDA HORN, verlegte. Die Torpedoschießübungen dauerten vierzehn Tage und
wurden unter der Leitung von Kapitänleutnant (Ing.) Müller im Mai vor Hela abgeschlossen. Im Juni kollidierte U-175 während einer zehntägigen taktischen
Übung in Gemeinschaft mit vier anderen U-Booten vor Gotenhafen beim Auftauchen mit dem Seerohr den Rumpf eines Kutters und musste nach Danzig zurücklaufen, um es auszuwechseln. Geräuscherprobungen vor Bornholm zeigten, dass es
ein außergewöhnlich lautes Boot war.

Gegen Ende Juni 1942 verlegte U-175 für die sechs Wochen dauernden
Abschlussarbeiten in die Stettiner»Oderwerke«, wo die Besatzung in der Bredower
Marinekaserne untergebracht war und wachweise Urlaub nahm. Dort in Stettin lagen U-512 vom Typ IX C und ein weiteres Boot, wahrscheinlich U-181 unter dem
Kommando von Fregattenkapitän Wolfgang Lüth. Nach Beendigung der Abschlussarbeiten am 25. Juli übernahm U-175 Kraftstoff und die volle Torpedoaus-
stattung, fünfzehn Elektro- und acht Presslufttorpedos, ehe es am 27. Juli in Kiel
einlief und bis zum 10. August 1942 dort festmachte.

Alle Rekruten erhielten in den ersten drei Monaten ihrer Dienstzeit eine an-
strengende und intensive Grundausbildung, die jeder Marineangehörige ohne
Rücksicht auf seine spätere Verwendung durchlaufen musste. Diese allgemeine in-
fanteristische Ausbildung impfte ihnen eine eiserne Disziplin ein, machte sie mit
dem militärischen Dienst vertraut und unterrichtete sie im Gebrauch der Handwaf-
fen. Sie wurde in den an der Küste verteilten Schiffsstammabteilungen vorgenommen. Der Mechanikerobergefreite Peter Wannemacher aus Ludwigshafen am
Rhein und der Matrose Werner Bickel aus Zella-Mehlis, die beide die Schiffs-
stammabteilung Breda in Holland durchliefen, haben noch immer in Erinnerung,
dass sie dort »stets müde« waren. Bickel erinnert sich noch gut an seine Dienstzeit
vom 5. Februar bis zum 27. März 1941 im »4. Zug der 8. Kompanie«. Zugführer
war Oberbootsmann Knoll, der weithin als der »Schrecken der Nordsee« bekannt
war. Drill und abermals Drill, Besichtigungen, Wachdienst, schwere Bestrafungen
selbst für die geringsten Vergehen, einmal die Woche »Tag des Sports« mit 100-m,
200-m und 400-m-Lauf, Weitsprung, Handball oder Fußball, was alles seinen Höhepunkt in einem 10-km-Marsch zum Schießplatz fand, wo die Rekruten scharf
schossen und anschließend in die Kaserne zurückmarschierten, wobei sie als Ein-
lage immer wieder Fliegeralarm übten. Dabei musste die Kolonne im Straßengra-
ben Deckung suchen, was die Rekruten als eine unerwartete Unterbrechung oder
Rast begrüßten. Die gesamte Ausrüstung musste zu jeder Zeit sauber und in tadel-
losem Zustand sein.

Abschlussausbildung und Abschlussfeier beinhalteten einen Rückblick und eine
Ansprache von Großadmiral Raeder und Konteradmiral Dönitz, gefolgt von einem
Vorbeimarsch. Anschließend wurden die Rekruten an die weiterführenden Ausbil-
dungseinrichtungen versetzt. Im März 1941 gingen nach bestandener Abschluss-

prüfung 50 Prozent in die U-Bootsausbildung. Die zur U-Bootswaffe versetzten Rekruten kamen dann an Fachschulen, um dort die Bordroutine eines U-Boots, Fachkenntnisse und mit dem »Dräger Tauchretter«, einem Rettungsgerät für U-Boote, die Notausstiegsverfahren in einem Tauchtopf zu erlernen. Die Rekruten durchliefen vor Beginn der U-Bootausbildung eine harte körperliche Überprüfung, und nur die allerbesten wurden angenommen.

Peter Wannemacher wurde an die Torpedoschule in Flensburg versetzt, während Werner Bickel seinen Seesack packte und mit der Bahn zur »1. U-Bootlehrdivision« nach Pillau reiste, dem heutigen Baltijsk, einem Hafen an der Ostsee unweit Königsberg, dem heutigen Kaliningrad, an der Danziger Bucht. Untergebracht war er an Bord des 27.288 BRT großen Luxusdampfers ROBERT LEY, der 1938 als Kreuzfahrtschiff der »Deutschen Arbeitsfront GmbH« für deutsche Arbeiter gebaut worden war. Er wurde der schiffstechnischen Division zugeordnet, die Korvettenkapitän Zerpka führte und die als »Zerpkas schnelle Truppen« bekannt war. Die ganze Ausbildungseinrichtung stand unter dem Kommando von Fregattenkapitän Ibbeeken. Unter den (für Marineverhältnisse) relativ luxuriösen Lebensbedingungen dauerte Bickels Spezialausbildung für U-Bootfahrer vom 28. März bis zum 10. September 1941. Nach erfolgreichen Abschlussprüfungen und nachfolgender Aushändigung des Lehrgangsnachweises wurde er auf das Frontboot U-175 versetzt, das sich damals noch bei der Deschimag Werft AG, Weser, in der alten Hansestadt Bremen im Bau befand.

Es war ein wohldurchdachtes Verfahren der Kriegsmarine, wenn immer möglich U-Bootfahrer nach Abschluss ihrer Ausbildung auf ein im Bau befindliches Boot zu versetzen, um sie buchstäblich von der Kiellegung an mit ihrem Unterseeboot vertraut zu machen. Jede Besatzung unterteilte sich in zwei Hauptabschnitte, die seemännische und die schiffstechnische Division, die Torpedomixer und die Funker gehörten der letzteren an. Am 10. Dezember 1941 wurde U-175 nach einer kurzen feierlichen Zeremonie, mit der jeder Kommandant sein Boot von der Werft übernahm, in Dienst gestellt. Dem Hissen der Reichskriegsflagge folgten ein Sektumtrunk und ein Festessen. Die Nummer 175 gab bei der Auswahl eines Bootswappens Anlass zu hitzigen Diskussionen, ehe 80 Prozent der Besatzung für das doppelte Paragraphenzeichen stimmten, als Symbol für den Paragraphen 175 des deutschen Strafgesetzbuches.

Bis 1939 waren U-Boote durch eine Nummer am Turm kenntlich gemacht, die aber nach Ausbruch des Krieges entfernt wurden, und im Funkverkehr wurde nur noch der Name des Kommandanten verwandt. Für nur Eingeweihten bekannte optische Schiffserkennung wurde ein ausgesuchtes Wappen an den Turm gepönt, von denen viele ganz geistreich waren und sich im Allgemeinen auf einen an Bord bekannten Umstand bezogen, wie zum Beispiel auf das Hufeisen an U-99, nachdem ein solches am Anker gefunden worden war. U-201 suchte sich einen Schneemann aus, der den Namen seines Kommandanten, Schnee, versinnbildlichte. Andere Beispiele waren U-108 mit dem Wappen von Danzig, U-537 mit den Olympischen Ringen und U-333 mit drei kleinen Fischen. Möglicherweise war es nur U-175 gelungen, seine Schiffswappen so schuldbewusst vor dem Feind zu tarnen, es aber seinen Landsleuten so deutlich vor Augen zu führen. Das deutsche doppelte Paragraphenzeichen, §§, erinnerte die Deutschen an den geläufigen Paragraphen 175 ihres Strafgesetzbuches, der homosexuelle Handlungen unter Strafe stellte. Er wurde 1871 erlassen, als Deutschland unter Bismarck vereinigt wurde, und blieb

Die Indienststellung von U-175 vom Typ IX C am 10. Dezember 1941 in Bremen.   (Adolf March)

bis zu seiner Aufhebung 1969 in Kraft. Seine Verwendung als Symbol an einem U-Boot war und ist noch immer ein Witz unter Kennern für die Deutschen und nach dem letzten Gefecht ein Rätsel für die amerikanische Küstenwache.

Als U-175 Bremen zu ihrer ersten Ausbildungs-/Probe- und Übungsfahrt in Richtung Kieler Marinestützpunkt verließ, war die Besatzung so gut ausgebildet, wie es unter Kriegsbedingungen zu erwarten war. Gegen Ende 1941 waren die meisten der Vorkriegsbesatzungen und -kommandanten ausgefallen, entweder gefallen oder in Gefangenschaft geraten, was sich auch unter der Besatzung von U-175 widerspiegelte. Altgediente wurden zu Bootsleuten ernannt, und ein Älterer, der siebenundzwanzigjährige Obermaschinist Karl Keutken, hatte bereits dreizehn Feindfahrten auf anderen Booten überlebt. Der Kommandant wies in weiser Voraussicht seine unerfahrenen Besatzungsmitglieder an, sich jederzeit an Keutken zu halten, einen hervorragenden Techniker und strengen Lehrmeister.

Als U-175 zur dritten und letzten Feindfahrt auslief, hatte sich seine Besatzung aus vierundfünfzig Offizieren, Unteroffizieren und Mannschaften dramatisch verändert, obschon Bruns stets bemüht war, sie so gut wie möglich zusammenzuhalten. Rund sechzehn Mann oder etwa 30 Prozent der ursprünglichen Besatzung waren aus verschiedenerlei Gründen versetzt worden, vom Leutnant zur See Heinz Ehrich, dem Ersten Wachoffizier, wegen seines leichtsinnigen Verhaltens bis hin zum Funkgefreiten Karl Kempf wegen chronischer Seekrankheit. Der Obergefreite Peter Wannemacher, der seine technische Ausbildung in Rekordzeit abgeschlossen hatte, stieg als Nachzügler auf U-175 ein, gerade als das Boot den Kieler Marinestützpunkt zu seiner ersten Feindfahrt verließ.

Einige persönliche Daten derer, die auf der letzten Feindfahrt dabei waren, sind aufschlussreich. Von den siebenundvierzig Mann der Besatzung, deren Anschriften bekannt sind, stammt die Mehrzahl, oder vierzehn, aus dem Rheinland, sechs aus Niedersachsen, jeweils fünf aus Preußen und Bayern, vier aus Sachsen-Anhalt, drei aus Baden, jeweils zwei aus Sachsen und Thüringen und jeweils einer aus Mecklenburg, Brandenburg, Schlesien, dem Saarland, dem Sudetenland und Österreich. Das Durchschnittsalter der Besatzung betrug auf der letzten Feindfahrt 23 Jahre, wobei vier älter als 30 und drei 29 Jahre alt waren, die alle Offiziere oder dienstältere Oberfeldwebel waren.

Der »wichtigste Mann« an Bord war der »Smutje«, der Koch, der Matrosengefreite Alfred Tepke aus Hamm in Westfalen, der Herrscher über die Kombüse, ein winziges rechteckiges Schapp von 1,60 m x 0,60 m mit einem Elektroherd und zwei kleinen Öfen, einem kleinen Kühlschrank und einer winzigen Spüle mit fließend warmem und kaltem, aus Seewasser destilliertem Wasser. Die Kochutensilien waren in Spinden in der angrenzenden Offiziermesse verstaut. Tepke bereitete die Mahlzeiten für die gesamte Besatzung zu und hielt zu jeder Zeit Kaffee bereit. Hierbei handelte es sich um einen sehr sorgfältig zusammengestellten Speiseplan, der während der Seefahrt für eine angemessene und ausgewogene Kost sorgen sollte.

Ein U-Boot des Typs IX C wie U-175 hatte normalerweise Nahrungsmittel für eine Feindfahrt von zwölf Wochen an Bord, das waren fast 14 Tonnen Lebensmittel wie unten aufgelistet oder 16 Tonnen nach Aussagen von Überlebenden von U-175, die in jeder freien Ecke und Ritze oder in Hängematten über den Köpfen verstaut wurden, wobei man sorgfältig auf die Trimmung des Bootes achtete.

In »Die Ernährung des U-Bootsfahrers im Kriege« listet Jobst Schäfer die Lebensmittel auf, welche ein Typ-IX C-Boot mit sich führte.

494 Pfund frisches/gebratenes Fleisch	2365 Pfund Früchte
238 Pfund Würste	551 Pfund Butter/Margarine
4808 Pfund Fleischkonserven	611 Pfund Suppeneinlage
334 Pfund Fischkonserven	408 Pfund Marmelade/Honig
3858 Pfund Kartoffeln	309 Pfund Käse/Käsekonserven
397 Pfund Kartoffelpulver	1728 Pfund Milch
3428 Pfund Gemüse	441 Pfund Fruchtsaft
1226 Pfund Brotteig	154 Pfund Kaffee
2058 Pfund Brotkonserven	205 Pfund andere Getränke
463 Pfund Reis und Nudeln	441 Pfund Zucker
595 Pfund frische Eier	132 Pfund Salz
917 Pfund frische Zitronen	108 Pfund Schokolade

Nur wenig ist bisher über die Schwierigkeiten der U-Boot-Navigation geschrieben worden, was seinen Grund darin haben mag, dass U-Boote offenbar von den unendlichen Wüsten des oft wilden und stürmischen Nordatlantiks bis hin zu den tropischen Seegebieten ihren Kurs zwar ohne ernstere Schwierigkeiten, aber gewiss nicht mühelos gefunden haben.

Die Grundlage ihrer navigatorischen Ausstattung bildeten der hervorragende Plath-Sextant, der Kreiselkompass, das Chronometer und die Stoppuhr. Zuständig hierfür war der Obersteuermann, als Fachmann und als erfahrener Nautiker einer der wichtigsten Männer an Bord. Als im Verlauf des Krieges immer mehr dieser Spezialisten ausfielen, wurden erfahrene Nautiker von deutschen Handelsschiffen zur U-Boot-Waffe versetzt, so wie es auch bei U-175 der Fall war.

Die Navigation auf dem niedrigen und nassen Turm eines U-Boots, das bei schwerem Seegang stampfte und schlingerte, war schwierig, musste aber dennoch immer wieder geleistet werden. Der Ruf nach unten durch das Turmluk »Chance zum Sonneschießen« oder »Chance zum Sterneschießen« ließ den Obersteuermann mit dem Sextanten in der Hand nach oben eilen. Auch wenn sich höchstwahrscheinlich der Horizont wie wild auf- und niederbewegte, musste er jede Möglichkeit nutzen, die Position des Bootes durch astronomische Navigation zu bestimmen. Während der übrigen Zeit verließen sich Kommandant und Obersteuermann auf die sehr sorgfältige, wenngleich latent ungenaue Koppelnavigation. Sie beruhte auf Geschwindigkeit, Maschinendrehzahl, Zeit und geschätzter zurückgelegter Strecke vom Ausgangspunkt. Das dabei benutzte Blatt wurde auf die deutsche Quadratkarte übertragen, welche die normale Seekarte überlagerte.

Das Handbuch für den U-Bootskommandanten unterstreicht im Absatz 320 die Bedeutung einer »fehlerlosen Navigation« als einen »entscheidenden Faktor« bei U-Bootseinsätzen, und es war die Pflicht des Kommandanten, die gut funktionierende Navigation sicher zu stellen. Das Handbuch betonte die Wichtigkeit fortlaufender Koppelnavigation während des Tages und die Notwendigkeit, ein »Gefühl« für Geschwindigkeit und Abdrift unter den verschiedensten Seegangsbedingungen zu entwickeln. Es verlangte darüber hinaus, dass erkannte Ungenauigkeiten des Standorts sofort korrigiert werden mussten.

War das Schießen eines astronomischen Bestecks möglich, wartete der Zentralemaat in der Zentrale mit der Stoppuhr in der Hand auf die Frage des Obersteuermanns »Stoppuhr klar?«. Bei Bestätigung schoss der Nautiker das Gestirn, während der Zentralemaat das Chronometer im Blick hatte. Rief der Obersteuermann »Null«, lasen der Zentralemaat das Chronometer und der Nautiker seinen Sextanten ab und schrieben die Ergebnisse auf. Indem diese gerade geschossenen Winkel mit Daten aus dem Almanach, den nautischen Tafeln sowie dem Koppelort verglichen wurden, konnte eine Position auf der Seekarte eingezeichnet werden. Die Gitternetz- oder Marinequadratkarte war lediglich ein Feld von Quadra-

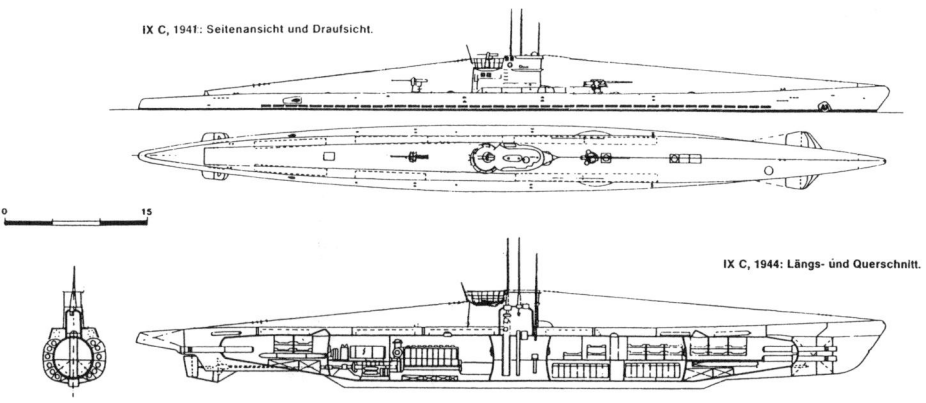

IX C, 1941: Seitenansicht und Draufsicht.

IX C, 1944: Längs- und Querschnitt.

Strichzeichnungen vom Typ IX C, 1941   (Werner Bickel)
IX C, 1941: Seiten- und Draufsicht.

ten auf der Merkator-Projektion des Ozeans. Jedes Quadrat ließ sich mit Hilfe zweier Buchstaben genau bestimmen und war durch zwei verschlüsselte, global vergebene Ziffern in Unterquadrate aufgeteilt, welche wiederum in Unterquadrate eingeteilt werden konnten. Damit konnte die Positionsangabe kodiert übermittelt werden, ohne den wahren Standort preiszugeben.

Der Funkverkehr von den U-Booten zum BdU und umgekehrt war von entscheidender Bedeutung für dessen Gesamtführung der Operationen. Er wurde ausschließlich über Tastfunk abgewickelt. Trotzdem waren die Boote in der Lage, einen sofortigen, verschlüsselten Funkspruch über das Sichten eines Konvois abzusetzen, woraufhin der BdU weitere U-Boote in dessen Nähe beordern konnte.

Das Handbuch für den U-Bootskommandanten mit Stand von 1943 stellte im Abschnitt I C »Mittel der Nachrichtenverbindung eines Unterseeboots« eindeutig fest, »… von entscheidender Bedeutung für Entwicklung und Erfolg des Angriffs ist der Funkverkehr«. In den »Regeln für den Funkverkehr« heißt es in den »Ständigen Befehlen des Befehlshabers der Unterseeboote«, dass »gemäß der letzten Informationen die Ausrüstung stets einsatzbereit zu halten sei«, worin zum Ausdruck gebracht werden sollte, dass die größte Aufmerksamkeit jedes Unterseeboots darauf zu richten war, alle Funksprüche unverzüglich aufzunehmen. Der Funkraum an Bord eines U-Boots hatte rund um die Uhr besetzt zu sein, um die eingehenden Sprüche empfangen zu können. U-175 hatte, wie bei diesem Typ üblich, vier Funker oder »Puster« an Bord, die in Zweitfunktion bei Bedarf am Gruppenhorchgerät eingesetzt werden konnten.

Absatz 67 besagte weiter, dass »ein U-Boot sich mit seinem Funkverkehr jederzeit der Gefahr aussetzt, von Peilsendern lokalisiert zu werden«. Im nächsten Absatz setzte man sich darüber hinweg, er betonte die besondere Wichtigkeit einiger Funksprüche, die wie folgt definiert waren:

– Feindmeldungen, die es ermöglichten, weitere Unterseeboote zum Einsatz zu bringen,
– Warnungen vor feindlichen Unterseebooten oder Minenfeldern, Lagemeldungen mit Angabe des (feindlichen) Schiffsverkehrs und der Beschreibung von Suchfahrzeugen,
– Wetterberichte,

Das Emblem oder Wappen von U-175, wie es von Mitgliedern der Entermannschaft der SPENCER am Turm gesehen wurde.
(Peter Wannemacher)

U-175

Besatzungsmitglieder von U-175 während der Ausbildung.   (Adolf March)

– Feindliche Schiffsbewegungen, hauptsächlich damit der BdU diese beur-
teilen konnte und
– Meldungen auf Anforderung des BdU.

Er ordnete darüber hinaus an, dass jede Meldung die U-Bootsposition nach Quadratkarte beinhalten muss. Es folgte ein Absatz, der erneut die Gefahr unterstrich,
von feindlichen Peilsendern erfasst zu werden. Der BdU verlangte von den
U-Booten in See ständig eine nahezu endlose Zahl von Meldungen, und kein Geringerer als Otto Kretschmer, der als Kommandant von U-99 der Tonnage-König war,
beschwerte sich anlässlich eines Interviews für den Film »The Battle of the Atlantic«
(Pendragon 1995) bitterlich darüber, dass der BdU ständig Meldungen über das Wetter und über die verbleibende Menge an Kraftstoff und Torpedos anforderte.
Ab dem Winter 1939/40 führte der BdU das »Kurzsignalbuch« ein, um so weit
wie möglich zu verhindern, dass die Boote eingepeilt werden konnten. Dabei
konnte eine Reihe von kodierten Funksprüchen innerhalb von Sekunden abgesetzt
werden, ohne einer Einpeilung so stark wie bei einem langen Funkspruch ausgesetzt zu sein. Die Sätze und Ausdrücke wurden dabei zu einzelnen Worten oder Sil-
ben komprimiert und danach zum Absetzen auf der geeigneten Frequenz verschlüsselt sowie mit zwei davor stehenden griechischen Buchstaben versehen. Aber

Kapitänleutnant Heinrich Bruns, Kommandant U-175. (Peter Wannemacher)

ab 1943 waren die britischen Peilstationen so wirkungsvoll und hoch entwickelt, dass sie die U-Bootsposition innerhalb von Minuten feststellen und eine zeitgerechte Umleitung eines Geleitzugs erlaubten. Als Kurzwellenpeilsender auf den Geleitfahrzeugen eingebaut wurden, ermöglichte dies Funkpeilungen vor Ort, die unverzüglich anzeigten, dass der Konvoi beschattet wurde, und die sogar auf die ungefähre Position des Beschatters hinwiesen. Die Deutschen hatten niemals Kenntnis von der Existenz der Hochfrequenzpeilgeräte, die es in Verbindung mit Radar für einzeln operierende U-Boote ganz rasch zu risikoreich machten, einen Geleitzug überhaupt noch anzugreifen, denn ihre stärksten Waffen, der Deckmantel der Unsichtbarkeit und das Element der Überraschung, waren ihnen genommen. Dabei darf man nicht vergessen, dass ein Unterseeboot zur damaligen Zeit genau genommen mehr ein Überwasserfahrzeug mit der Fähigkeit zum Tauchen war als ein Schiff, das ausschließlich unter Wasser operierte.

Die U-Boote waren mit sehr leistungsfähigen Horchgeräten ausgerüstet, mit denen unter Wasser Geräusche aufgefasst werden konnten. Da der Schall unter Wasser viel weiter reicht, konnte ein U-Boot häufig tauchen und mit Hilfe der Horchgeräte die Peilung zu einem in der Nähe stehenden Konvoi auffassen und halten, der vom niedrigen Turm des U-Boots noch nicht auszumachen war. Die Kriegstagebücher (KTB) der U-Boote belegen zahlreiche Beispiele dieses so genannten »Horchtauchens« oder Tauchens, um am Horchgerät Geräusche einzupeilen. U-226 gelang es in der Tat, am Morgen des 17. April 1943 den Geleitzug HX-233 durch Peilungen mit dem Horchgerät zu orten, die es dem Boot letztlich ermöglichten heranzuschließen, wie es im Kapitel 8 beschrieben ist. Geräuschpeilungen waren gleichermaßen lebenswichtig für ein U-Boot, das nach seiner Entdeckung getaucht war, da es damit die Kurse der angreifenden Geleitfahrzeuge erkennen konnte, was oft ein rechtzeitiges Ausweichen erleichterte.

U-175 eingefroren in Gdynia im Winter 1940/41.   (Adolf March)

Am 8. April 1943 übernahm U-175 noch im Dock in Lorient in letzter Minute eine Anzahl neuer Besatzungsangehöriger, ehe es zwei Tage später mit nordwestlichem Kurs vermutlich Richtung Nordamerika auslief. Am 11. April befahl der BdU dem Boot, die Unterquadrate AK 75 und tags darauf AL 15 anzusteuern. Als U-262 (Franke) den Geleitzug HX-233 sichtete und meldete, befahl der BdU Bruns, eine Wettermeldung abzusetzen und unverzüglich diesen Konvoi zu verfolgen. Um 23.30 Uhr sichtete und meldete U-175 im Quadrat BE 4542 einen »Zerstörer« (möglicherweise SPENCER), blieb aber offensichtlich unentdeckt, da dieses Fahrzeug keine Reaktion zeigte. Dann sichtete U-175 den Konvoi und meldete ihn aus achterlichem Sektor. Das war die letzte Meldung, die Bruns abgeben sollte.

5

Erste Feindfahrt von U-175: die Karibik

Im August 1942 beorderte der BdU U-175 in das Seegebiet um Trinidad, wo es als Teil der vierten Welle von U-Booten in der Karibik zu U-201, U-202, U-332, U-512, U-514, U-515 und U-516 stieß. Boote, die vor ihnen in diesem Seegebiet operierten, hatten bereits den Rückmarsch in ihre Heimatstützpunkte angetreten, aber ihre acht Nachfolger setzten den Kampf fort, der sich über ein zweieinhalb Millionen Quadratmeilen großes Seegebiet hinzog. Bruns' Operationsgebiet lag dabei vor der Küste Guyanas. Zu diesem Zeitpunkt war eine Art Geleitzugssystem eingeführt worden, Verstärkungen begannen einzutreffen und die Abwehr wirkungsvoller zu werden, sodass der BdU seine Kräfte auf Einzelfahrer bündelte und die acht U-Boote mehr als 127 000 Tonnen alliierten Schiffsraums versenken konnten.

U-175 lief am Vormittag des 10. August 1942 gemeinsam mit U-179, einem IX D 2-Boot unter dem Kommando von Fregattenkapitän Ernst Sobe, aus Kiel aus. Geleitet wurden sie von einem »Sperrbrecher« voraus und einem Minensucher/Luftabwehrfahrzeug achteraus. Nach Passieren von Kattegatt und Skagerrak liefen die Boote am 12. August im U-Bootsstützpunkt Christiansand in Norwegen ein, um Kraftstoff und Frischwasser zu ergänzen. Am folgenden Tag trennte sich U-175 weisungsgemäß, um unabhängig zu operieren, und lief bis zu einer Position von 60°N 03°E mit sieben bis acht Seemeilen Abstand von der norwegischen Küste nach Norden. Von dort aus steuerte es mit der sparsamen Geschwindigkeit von sieben bis acht Knoten und einem Kurs von 325° die Position 64°30'N 03°60'W an, wobei die Färöer 35 sm an Backbord blieben. Es musste, sieht man einmal von dem täglichen Übungstauchen ab, zum ersten Mal am 20. August tauchen, als ein Flugzeug in der Nähe der Färöer gesichtet wurde. Obgleich er davon ausging, dass das Flugzeug das Boot nicht gesichtet hatte, blieb Bruns aus Sicherheitsgründen mehrere Stunden unter Wasser.

U-175 stieß zwischen Island und den Färöer bis auf die Position 62°N 15°W in den Nordatlantik hinein, wobei die Ausgucks auf dem Kurs von 245° zahlreiche Treibminen ausmachten. Kurz darauf sichtete es erneut ein Flugzeug, das es für eine ganze Weile zum Unterwassermarsch zwang, da durch das Luftzielsehrohr festzustellen war, wie es immer noch über ihnen kreiste. Nachdem das Flugzeug endlich abgeflogen war, tauchte U-175 wieder auf und steuerte mit wirtschaftlicher Fahrtstufe und einem mittleren Kurs von 225° die Position 45°12'N 43°W an, um von da ab auf Kurs 202° Barbados anzusteuern, wo es befehlsgemäß in der Windward-Passage, Westindische Inseln, operieren sollte.* Dann aber änderte der BdU das Einsatz-

---

* Das Boot ersetzte vermutlich U-94, Oberleutnant zur See Otto Ites, Ritterkreuzträger, das am 28. August 1942 durch die Korvette HMCS OAKVILLE und Flugzeuge vor Kingston, Jamaica, versenkt wurde.

gebiet und wies Bruns an, entlang der 100-Faden-Linie vor der südamerikanischen Küste zwischen Trinidad und der Mündung des Orinoko zu patrouillieren.

Nach der Ankunft vor Barbados zwei Tage später, am 13. September um 07.40 Uhr, kreuzte U-175 um die Insel, nachdem es eine Meldung empfangen hatte, dass ein anderes U-Boot »zwei Tanker« vor Bridgetown versenkt hatte. Am folgenden Tag sichtete es in der Carlisle-Bucht* »zwei Tanker«, wovon das Heck des einen noch aus dem Wasser ragte. Während es noch kurzzeitig vor Barbados auf und nieder stand, entdeckte U-175 lediglich ein 500 BRT großes Fischereifahrzeug, das aus Bridgetown auslief und das Bruns als ein wertloses Ziel betrachtete. Da kein weiteres Schiff in Sicht kam, lief U-175 mit Südkurs ab, wobei Tobago etwa 12 sm an Backbord und Trinidad im Westen lagen, und erreichte sein Operationsgebiet zu einem der letzten, höchst erfolgreichen U-Bootsstreifzüge in der Karibik.

Obwohl sich die alliierte Luftsicherung in hohem Maße verbessert hatte und Routen für die Geleitzüge festgelegt waren, zwangen die Anordnung und die große Anzahl der karibischen Inseln die Schiffe, festgelegten Schifffahrtswegen zu folgen. Genau hier, in den weit entfernten Gewässern östlich von Trinidad, hatte der Stab des BdU den Brennpunkt ausgemacht, wo sich der Schiffsverkehr nach Westen oder Osten, nach oder von Trinidad fort, und der an der Küste entlanglaufende Nord-Süd-Verkehr kreuzten. In diesem Bereich erzielten die U-Boote 1942 die meisten Erfolge. So wurden im September neunundzwanzig Schiffe (143.000 BRT), im Oktober siebzehn Schiffe (81.742 BRT) und im November fünfundzwanzig Schiffe (150.132 BRT) versenkt. Opfer der durchschnittlich acht dort operierenden U-Boote waren in der Mehrzahl lebenswichtige Frachter und Öltanker, die als Einzelfahrer unterwegs waren.

Als U-175 sein Einsatzgebiet erreichte, litt die Besatzung bei mehr als 47°C unter der drückenden Hitze und Luftfeuchtigkeit auf einem Boot ohne Klimaanlage. Sein erster Angriff erfolgte am frühen Morgen des 18. September 1942. Die Besatzung ging auf Gefechtsstation. Es wehte kein Hauch, der Horizont war dunstverhangen, der Mond über den Wolken sichtbar, und ein leichter Regen strich über das Meer, als das U-Boot aufgetaucht das Seegebiet durchstreifte.

Bruns machte einen Schatten aus, der sich als ein Dampfer herausstellte, und schoss einen einzelnen Torpedo aus Rohr I. Er war ein Fehlschuss, da das Meeresleuchten dem Schiff die Möglichkeit bot, die Laufbahn zu erkennen und rechtzeitig den Kurs zu ändern, um ihm auszuweichen. Vom Turm aus erkannte Bruns, wie das Schiff hart abdrehte und auf die Küste zusteuerte. Seine Seekarte war nicht detailliert genug, irgendein Risiko bei seiner Verfolgung einzugehen, er ahnte aber, dass sein Angriff den Dampfer gezwungen hatte, flacheres Wasser anzusteuern. Als dessen Hecksee allmählich flacher wurde, folgte er ihm vorsichtig, bis er drei Seemeilen vor der Küste nur noch drei Meter Wasser unter dem Kiel hatte. Da das Schiff immer noch in Sicht war, eröffnete er das Feuer mit dem Bordgeschütz, brach aber nach zwei Salven ab, da der Dampfer gegen den dunkleren, dunstigen westlichen Horizont kaum noch auszumachen war.

Zudem hatte Bruns erkannt, wie gefährlich es war, bei Anbruch der Morgendämmerung noch an der Oberfläche zu bleiben. Ein Funkspruch des Dampfers wurde mitgehört, als U-175 tauchte und seewärts ablief.

Alliierte Quellen belegen, dass der norwegische Frachter SØRVANGEN (Baujahr 1929, Reeder Görrissen & Co. in Oslo, 2.400 BRT) nach einem Torpedoangriff

* Carlisle Bay im Gebiet von Bridgetown, Barbados. Augenzeugen erinnern sich nicht an diese zwei Wracks.

und Artilleriebeschuss am 18. September 1942 auf Grund lief. Offensichtlich hatte U-175 die SÖRVANGEN doch getroffen, doch absorbierte, wie einige Quellen berichten, die Bauxitladung des Schiffes die Geschosseinschläge, wodurch nur ganz geringer Schaden entstand. Letztlich aber setzte sie sich in der Mündung des Flusses Waine vor der Küste Südamerikas auf Position 08°25'N 59°35'W selbst auf Grund, konnte aber in der Folgezeit wieder flottgemacht und eingesetzt werden.

Weniger als eine Stunde später entdeckten Bruns' Ausgucks einen zweimotorigen landgestützten Bomber, dem Unterseeboot gelang es aber, sich durch Alarmtauchen der Entdeckung zu entziehen. Seewärts ablaufend setzte sich U-175 an der 50-Meter-Linie nach Süden ab. Mittags sichteten die deutschen Ausgucks eine Rauchfahne, und um 13.52 Uhr befand sich Bruns auf Sehrohrtiefe in Angriffsposition. Er schoss einen einzelnen Torpedo aus Rohr II, als das Schiff sein Angriffssehrohr genau ausfüllte, ein »Tanker in Ballast, hellgrau gestrichen, ohne Flagge oder äußere Kennzeichen … im Quadrat EO 1815 (08°36'N 58°13'W)«. Der Dampfer sank innerhalb von zwei Minuten. Angesichts der Gefährdung durch feindliche Flugzeuge blieb Bruns unter Wasser und lief so schnell wie möglich aus dem Gebiet ab. Bei dem alliierten Schiff handelte es sich um den britisch-kanadischen Frachter NORFOLK (Baujahr 1923, bereedert von der Canada SS Line in Montreal, 1.901 BRT), dessen Schornstein und Maschinenanlage achtern lagen, weswegen er fälschlicherweise als »Kleiner Tanker« angesprochen worden war.

Später, um 14.53 Uhr, kam in Peilung 060° die Rauchwolke eines weiteren Schiffes in Sicht, aber Bruns versuchte vergeblich, sich in Angriffsposition zu setzen. Ein Flugzeug kreiste etwa 500 m über ihm, und der Dampfer verhielt sich sonderbar, indem er beim Zickzackfahren den Bug stets dem U-Boot zuwandte, ohne wirklich Fahrt voraus zu machen. Bruns beschrieb ihn als »einen gewöhnlichen Frachter von etwa 5.000 BRT mit zwei Masten, einem Schornstein, schwarzem Anstrich, weißem Ring am Schornstein«, verhielt sich aber sehr misstrauisch. U-175 lief mit Schleichfahrt auf Kurs 070° ab und tauchte erst um 00.34 Uhr im Quadrat EO 1831 wieder auf. Bruns meldete dem BdU seinen starken Verdacht, dass es sich um eine U-Bootsfalle, möglicherweise ein so genanntes Q-Schiff, handelte.

Vor der Küste Britisch-Guyanas zwang zwei Tage später ein plötzlich auftauchendes Flugzeug U-175 erneut zum Schnelltauchen, und wieder wurde es nicht entdeckt. Am folgenden Tag, dem 21. September 1942, noch immer vor Britisch Guyana und genau auf dem Schifffahrtsweg der Bauxit-Erz-Frachter, sichtete U-175 um 05.15 Uhr im Quadrat EO 1864 in Peilung 296° einen Schatten. Während es darauf zulief, tauchte das U-Boot zum Angriff, wobei das Ziel im hellen Mondschein sichtbar blieb. Um 06.39 Uhr löste Bruns einen einzelnen Torpedo aus Rohr III und eine Minute später einen weiteren aus Rohr II. Der erste war ein Fehlschuss, aber der zweite detonierte nach einer Laufzeit von 80 Sekunden unterhalb der Brücke des kleinen jugoslawischen Frachters PREDSEDNIK KOPAJTIC. Bruns beschrieb ihn als einen »Frachter, etwa 6.000 BRT vom Typ »drei Aufbauten«, »gerader Bug, normales Heck, zwei Masten, in Flammen im Vorschiffsbereich«. Tatsächlich war es aber nur ein 1.798-Tonner (Baujahr 1928, Reederei Jadranska Plov in Split) und sank auf Position 08°30'N 59°30'W. Seine Überlebenden wurden später geborgen. Er versank sieben Minuten nach dem Treffer. Obgleich nur etwa 150 sm nordöstlich Galeota Point auf Trinidad entfernt und damit noch sehr wohl in Reichweite patrouillierender Flugzeuge, blieb U-175 auch weiterhin unentdeckt.

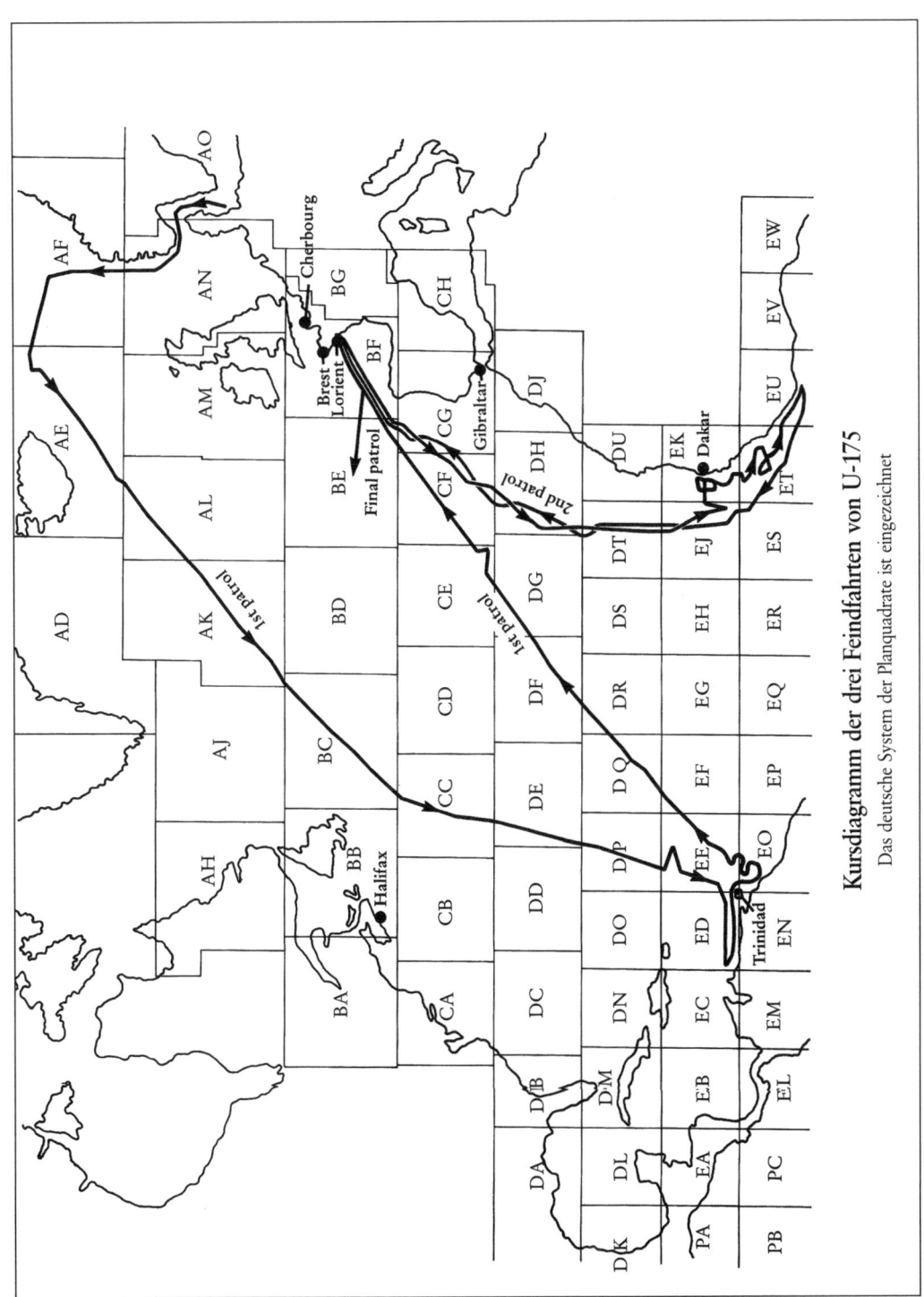

Kursdiagramm der drei Feindfahrten von U-175

Das deutsche System der Planquadrate ist eingezeichnet

Das Boot operierte in demselben großen Seegebiet wie U-512, U-514, U-515 und U-516.

Um 06.51 Uhr tauchte U-175 und lief, da keine Spur mehr von dem Schiff zu finden war, mit beiden Maschinen auf Kurs 030° ab. Bruns meldete dem BdU seinen Erfolg und einen Restbestand von 128 Kubikmeter Kraftstoff.

Um 08.53 Uhr sichteten die Ausgucks im Quadrat EO 1836 in Peilung 290° ein kleines, schnell laufendes Ziel, was dann aber plötzlich wieder verschwand. Bruns vermutete, dass es sich um ein anderes U-Boot handelte, was durchaus wahrscheinlich war, da ja fünf Boote in diesem so kleinen und viel befahrenen Gebiet operierten.

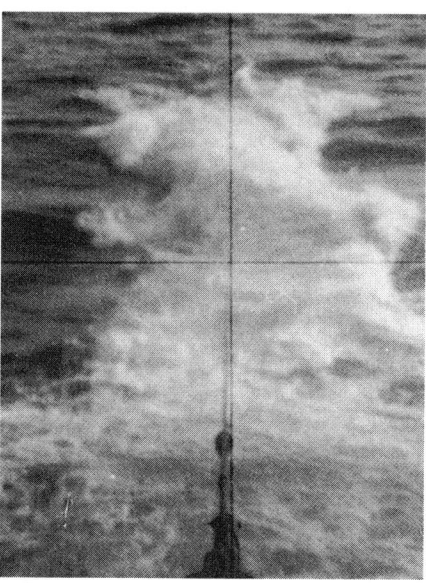

Blick durch das Angriffssehrohr von U-175.
(Peter Wannemacher)

Kelshall berichtet, dass U-175 in diesem Zeitraum unentdeckt blieb. Das entspricht nicht ganz den Tatsachen. Eine Eintragung in Bruns' Kriegstagebuch hält für den Nachmittag fest, dass um 13.40 Uhr im Quadrat EO 1532 ein Flugzeug auf 600 m inmitten von Regenschauern in Peilung 230° in Sicht kam und sofort zum Angriff ansetzte. Es warf drei Bomben dicht neben das Boot, von denen zwei nahe genug lagen, um es ordentlich durchzuschütteln und schweren Schaden anzurichten. Bruns verschwand mit Alarmtauchen unter Wasser und blieb getaucht, während die Besatzung begann, den Schaden so weit wie möglich zu beheben. Um 21.57 Uhr tauchte das Boot wieder auf, um die Reparaturarbeiten fortzusetzen. Die Schäden an Flutventilen und anderen Einrichtungen waren erheblich, sie waren auch nach drei Tagen nicht vollends beseitigt, als ein weiteres Flugzeug auftauchte, das als »zweimotoriger landgestützter Bomber« beschrieben wurde. U-175 tauchte, und entweder hatte das Flugzeug das Boot nicht entdeckt oder es hatte keine Bomben mehr, denn es fielen keine. Bruns blieb vorsichtshalber bis zum Einbruch der Dämmerung unter Wasser, um weiteren Flugzeugpatrouillen aus dem Weg zu gehen.

Am folgendem Morgen, dem 24. September, stand das U-Boot etwa 100 sm nördlich Georgetown, Britisch-Guyana, und 250 sm südöstlich Trinidad im Quadrat EO 1358, als um 04.57 Uhr ein Schatten in Peilung 226° als großer Frachter identifiziert wurde. Dabei handelte es sich um den unter amerikanischer Flagge fahrenden Frachter WEST CHETAC, (gebaut 1919 in Los Angeles von der Reederei Seas Shipping Company aus New York, 5.627 BRT). Aufgrund des hellen Vollmonds und eines über dem Schiff kreisenden Flugzeugs musste Bruns zum Angriff tauchen. Die häufig wechselnden Wetterlagen mit den für dieses Seegebiet typischen schweren Regenschauern und klarer Sicht bedeuteten eine zusätzliche Belastung für den Kommandanten. Um 09.24 Uhr gelang es Bruns, auf 1.800 m einen einzelnen Unterwasserschuss aus Rohr IV abzufeuern. Vor die Brückenaufbauten gezielt, traf der Torpedo an Backbordseite im Bereich der Luke 2, worauf das Schiff binnen sechseinhalb Minuten über den Bug versank.

Nach Bruns' Kriegstagebuch befand sich der auf Position 08°45'N 57°W versenkte Frachter mit 6.100 Tonnen Kriegsmaterial auf dem Marsch von Norfolk, Virginia, über Trinidad nach Basra im Irak. Er war in dem Geleitzug TAW-14 (Trinidad – Aruba – Key West) mitgelaufen, ehe dieser ein paar Stunden zuvor aufgelöst wurde und die Schiffe einzeln weiterfuhren. Als der Torpedo die Verschalung und Abdeckung der Luke 2 wegsprengte, ging das Schiff auf diesem Kurs schnell unter. Seine Besatzung rettete sich sogleich in vier Rettungsboote, aber wechselnde Winde und der Sog des sinkenden Schiffes ließen sie alle kentern. Als einzige überlebten die, denen es gelungen war, die Rettungsflöße zu erreichen. Zweiundzwanzig Mann der Besatzung und neun Soldaten der Militärischen Wache waren verwundet worden, darunter auch ihr Kapitän Frank Matthew Jasper. Siebzehn Seeleute und zwei Marineangehörige wurden durch den amerikanischen Zerstörer ROC (DD-418) fast eine Woche später am 1. Oktober gegen 10.00 Uhr von den Rettungsflößen geborgen und nach Port of Spain auf Trinidad gebracht. Dort wurden sechs Besatzungsmitglieder und die beiden Soldaten der Militärischen Wache ins Krankenhaus eingeliefert.

Am 24. September um 22.40 Uhr sichtete U-175 im Quadrat EO 1554 ein anderes U-Boot auf östlichen Kursen. Obschon der BdU das nie bestätigt hat, identifizierte Bruns es als U-512 (KptLt Wolfgang Schultze), das zwei Schiffe, darunter die neutrale spanische MONTE GORBEA mit 3.720 BRT, versenkt hatte. Es gab auch dem Wrack des 6.034 BRT großen Frachters ANTINOUS der Waterman Reederei den Fangschuss. Das Schiff war nach dem vergeblichen Versuch der tapferen Besatzung, an Bord zurückzukehren und das schwer beschädigte Schiff wieder flottzumachen, in Schlepp genommen worden. Genau zwei Wochen nach seinem wahrscheinlichen Sichten, am 2. Oktober 1942, wurde U-512 nördlich von Cayenne auf Position 06°50'N 52°25'W durch eine B-18 bombardiert und versenkt, deren Pilot, Lieutenant Lehti der Bomber-Staffel 99 des amerikanischen Heeres, in Französisch-Guyana stationiert war. Von der U-Bootsbesatzung überlebte nur ein Mann.

In der Nacht des 26. September tauchte Bruns wieder auf und lief mit nur einem Antriebsdiesel weiter, um den Kraftstoffverbrauch zu verringern. Um 05.00 Uhr Ortszeit sichtete er südöstlich Trinidad schemenhaft ein Fahrzeug und tauchte, um sich in der Morgendämmerung unter Wasser heranzupirschen und es anzugreifen. Um 06.25 Uhr traf ein Einzelschuss aus Rohr I nach 47 Sekunden Laufzeit die kleine TAMBOUR, einen 1.827-Tonner, unterhalb des Hauptmasts. Bruns beschrieb das Fahrzeug als »einen gewöhnlichen Frachter von 3–4.000 BRT unter Ballast«. Nach drei Minuten sank es etwa 100 sm südöstlich Galeota Point an der Küste Trinidads auf Position 08°50'N 59°50'W über das Heck. Die TAMBOUR gehörte der US-Seehandels-Kommission und fuhr unter panamesischer Flagge, sie wurde auf der Überfahrt von Paramaribo nach Trinidad versenkt, gerade als sie auf Westkurs die Einfahrt Serpent's Mouth in den Golf von Paria vor Trinidad ansteuerte. Vierundzwanzig Mann der zweiunddreißigköpfigen Besatzung konnten gerettet werden. Auf Grund der ständigen Gefährdungen durch Luftangriffe tauchte U-175, um das Seegebiet mit Kurs 090° zu verlassen, ehe es wieder auftauchte, um bei geringer Fahrt mit beiden Antriebsdieseln die Batterien wieder aufzuladen und nach 04.10 Uhr dann mit einer Maschine weiterzulaufen, um Kraftstoff zu sparen.

Zwei Tage später, am 28. September, tauchte U-175 ein paar Minuten nach Mitternacht im Quadrat EO 1468 und steuerte bei einer leichten Brise und einer Sicht von etwa acht Seemeilen im hellen Mondschein einen Kurs von 320°. Die Ausgucks entdeckten schemenhaft in Peilung 296° einen Dampfer, und Bruns tauchte etwa 20 sm vor der Mündung des Orinoko und circa 100 sm südöstlich von Trinidad zum Unterwasserangriff. Um 01.49 Uhr schoss die Besatzung einen Torpedo aus Rohr II. Er verfehlte sein Ziel. Ein wachsamer Soldat der Militärischen Wache hatte als Ausguck der ALCOA MARINER den an der Backbordseite anlaufenden Torpedo entdeckt und Alarm geschlagen. Kapitän John Martino ließ sofort das Ruder »hart Steuerbord« legen, sodass der Torpedo etwa 5 m achteraus passierte. Zwei Minuten später ließ Bruns einen zweiten Torpedo schießen, diesmal aus Rohr IV, der das Ziel nach einer Laufzeit von 2 Minuten 17 Sekunden am Decksprung der achteren Aufbauten in Höhe der Luke 5 traf.

Bruns, der das Geschehen auf Sehrohrtiefe verfolgte, bemerkte, dass das Schiff aufgestoppt hatte, und obwohl die Besatzung das schwer beschädigte Schiff in den vier Rettungsbooten verließ, wollte es nicht sinken. Zwanzig Minuten später, als die Rettungsboote vom Schiff gut freigekommen waren, schoss er einen dritten Torpedo, diesmal aus Rohr V. Es war erneut ein Fehlschuss, der dem defekten Steuermechanismus des Torpedos angelastet wurde. Ein vierter Schuss, aus Rohr VI, erzielte an Backbordseite einen Volltreffer im Maschinenraum, worauf das alte Schiff schnell sank. Bruns beschrieb es ziemlich genau als einen »Frachter mit Passagierkabinen, 4.500 BRT, in Ballast, fünf Luken, bewaffnet mit zwei Flakgeschützen auf dem Vorschiff, vier Maschinengewehren auf der Brücke und einem 7,5-cm-Geschütz auf einem Fundament auf dem Heck«.

Alliierte Quellen vermerken, dass der amerikanische Frachter ALCOA MARINER (die frühere NEW WINDSOR, Baujahr 1919 in Newbury/New York, bereedert von der ALCOA Steamship Co aus New York, 5.590 BRT) am 28. September 1942 um 15.31 Uhr etwa 90 sm südöstlich Trinidad und 20 sm vor dem Orinoko auf 08°57'N 60°08'W sank. Er war unter Ballast auf dem Weg von Trinidad nach Georgetown in Britisch-Guyana, um dort Bauxit-Erz zu übernehmen. Die gesamte Besatzung, achtunddreißig Seeleute und dreizehn Soldaten der Militärischen Wache, kamen mit dem Leben davon. Der Kapitän, John Luther Martino, war zuvor Kapitän der ALCOA CADET, 4.832 BRT, die am 21. Juni 1942 durch eine von deutschen Flugzeugen gelegte Mine in der Einfahrt zur Kola-Bucht vor Murmansk, Nordrussland, versenkt wurde.* Somit verlor Kapitän Martino im Zeitraum von

---

* Des Autors Vettern, Kapitän Arthur C Haskell und Kapitän Randall Haskell, dienten als junge Offiziere unter Kapitän Martino. Dieser verlor seinen Bruder, Kapitän William Mack Martino, bei der Versenkung des Viermastschoners ALBERT F PAUL durch U-332 (Liebe) am 13. März 1942. Das Schiff war unterwegs mit einer Ladung Salz von Turks Island nach Baltimore. Es gab keine Überlebende.

An Bord U-175 in der Karibik auf der ersten Feindfahrt.   (Peter Wannemacher)

drei Monaten zwei Schiffe durch Feindeinwirkung. Nach eigener Beschreibung sichtete die ALCOA MARINER am 28. September um 05.47 Uhr an Backbordseite einen Torpedo, und der Kapitän ließ das Ruder hart Steuerbord legen, sodas der Torpedo etwa 5 m achteraus passierte. Drei Minuten später traf der zweite Torpedo an Backbordseite achtern in Höhe Luke 5. Er zerstörte die Inneneinrichtung des Achterschiffs und knickte das Heck in einem Winkel von 30° ab. Das Heck wurde im Wesentlichen nur noch durch die Welle am Schiff gehalten, gleichzeitig erfolgte ein starker Wassereinbruch im Maschinenraum über den Wellentunnel. Die Besatzung verließ unverzüglich in vier Rettungsbooten das Schiff. Lediglich der Führer der Militärischen Wache musste wegen der Schäden an Oberdeck mit der Geschützbedienung des achteren Geschützes auf ein kleines Floß steigen. Nachdem die Besatzung das Schiff verlassen hatte, schoss U-175 den letzten Torpedo. Die Rettungsboote übernahmen die Seeleute und die Soldaten der Militärischen Wache vom Floß. Später am Morgen dann sichtete ein Flugzeug der amerikanischen Heeresflieger die Boote und signalisierte, dass Hilfe unterwegs sei. Kurz nach Mittag übernahm das kanadische Schiff TURRET COURT (Reederei Mc Naughton in Montreal, 1.879 BRT) die Überlebenden und brachte sie noch an demselben Abend nach Georgetown in Britisch-Guyana.

U-175 hatte nun den Torpedovorrat im Inneren des Bootes verschossen und musste auftauchen, um die acht Torpedos aus den Oberdeckbehältern ins Innere zu übernehmen. Dies hatte des Nachts ohne jegliches Licht zu geschehen und bedeutete sechs bis sieben Stunden schwerer, harter und gefährlicher Arbeit. Die Besatzung schaffte dies ohne Störungen und in dem zugewiesenen Seegebiet. Um die Batterien wieder voll aufzuladen, lief das Boot anschließend mit beiden Dieseln weiter und setzte ab Mitternacht seinen Kurs mit 260° in Richtung südamerikanische Küste ab. Am letzten Tag des Septembers operierten sieben U-Boote vom Seegebiet um Barbados bis zur brasilianischen Grenze im Süden. Von diesen Booten waren U-175, U-202 (Linder) und U-332 (Liebe) östlich Trinidad im Einsatz.

Am 1. Oktober 1942 sichteten die Ausgucks um 02.00 Uhr einen Schatten, der sich als abgedunkelter Dampfer entpuppte. Bruns tauchte eine Stunde später zum Unterwasserangriff und näherte sich auf einem Kurs von 310°. Etwa gegen 03.30 Uhr, nun wieder aufgetaucht, entdeckten die Ausgucks ein patrouillierendes Flugzeug. Drei Minuten später war es abgeflogen und Bruns schoss einen Torpedo aus Rohr I, der den Dampfer nach 15 Sekunden mittschiffs traf. Durch das Sehrohr war die 100 m hohe, mit Flammen durchsetzte Explosionswolke gut zu erkennen. Bruns konnte beobachten, wie die Boote des Schiffes weggefiert und Flöße zu Wasser gebracht wurden und wie in allen Decks Lichter aufflammten. Der Dampfer hielt seinen Kurs bei und drehte nur abrupt ab, um einem Torpedoschuss aus Rohr III auszuweichen. Ein um 04.00 Uhr abgeschossener Torpedo verfehlte das Ziel erneut. Unmittelbar danach drehte der Dampfer direkt auf das Periskop zu. Das Boot tauchte im Alarm auf 20 m und entging nur um Sekunden der Kollision.

Fünfzig Minuten später, um 04.51 Uhr, tauchte Bruns wieder auf, nach seinem Logbuch »zwischen Rettungsbooten und Flößen, wo die Verständigung auf Grund der Sprachbarriere sehr schwierig war. Der Name des Dampfers klang in etwa wie ›EMPIRE TENNESSE‹, geschätzte 6.000 BRT, 140 m lang, Turbinenschiff«.* Alliierte Quellen berichten, dass der britische Frachter EMPIRE TENNYSON (Baujahr 1942, Reederei die Murrell Steamship Co, 2.880 BRT) am 1. Oktober 1942 70 Seemeilen südöstlich Trinidad auf Position 09°27'N 60°05'W versenkt wurde. Ein einziger Torpedo hatte eine Explosion verursacht, aber der Besatzung gelang es, in die Rettungsboote zu gehen. Das U-Boot tauchte auf und befragte die Besatzung des Backbord-Rettungsboots, lief dann aber ab, ohne den Namen richtig verstanden zu haben. Obwohl er schnell sank, konnte der Frachter noch ein Notsignal funken, um landgestützte Flugzeuge zu alarmieren.

Offensichtlich entdeckte Bruns nicht die Spur eines Flugzeugs, denn darüber ist nichts in seinem Logbuch zu finden. Er sichtete jedoch knapp eine Stunde später einen weiteren Dampfer, tauchte zum Angriff und benötigte nahezu zwei Stunden, um in Angriffsposition zu gelangen. Um 13.08 Uhr traf im Quadrat EO 1455 ein Einzelschuss aus Rohr I nach 39 Sekunden Laufzeit aus etwa 800 m Entfernung einen bewegungslosen Dampfer. Es folgte eine außergewöhnlich heftige Explosion, aus der Bruns den Schluss zog, dass das Schiff Sprengstoff oder Munition geladen hatte. Nachdem die Rauchsäulen verweht waren, war das Schiff verschwunden. Bruns war daher nicht in der Lage, es zu identifizieren; er konnte nur Zeitpunkt und Position südöstlich Trinidad eintragen, wo das Schiff offensichtlich mit der gesamten Besatzung versank. In den alliierten Quellen findet sich keine Bestätigung für diesen Angriff, möglicherweise war das Schiff bereits aufgegeben und verlassen worden.

Am 2. Oktober 1942 wurde U-175 südöstlich Trinidad selbst zur Zielscheibe, trug aber bei zwei Luftangriffen keine Schäden davon. Ein VP-74, PBM-5, Martin »Mariner«-Bomber mit Knicktragflächen überraschte auf einem Patrouillenflug U-175 an der Oberfläche und deckte es mit Bomben ein, wobei nur geringer Schaden entstand.

Um 04.30 Uhr entdeckte Bruns einen Schatten und tauchte wegen des hellen Mondscheins zum Unterwasserangriff. Dreizehn Minuten später traf aus 900 m Entfernung ein Einzelschuss aus Rohr II nach 43 Sekunden Laufzeit einen Dampfer unterhalb des Hauptmasts.

Das U-Boot tauchte auf und empfing den verschlüsselten Funkspruch »MIB III NVA 2 MINS«, den der Dampfer zweimal funkte, worauf U-175 in Erwartung pa-

---

* Tatsächlich gab es kein Schiff mit dem Namen EMPIRE TENNESSEE. Der britische Frachter TENNESSEE, 2.342 BRT, wurde am 23. September 1942 auf 58°40'N 33°41'W aus dem Geleitzug SC-100 heraus durch U-617 (Brandi) versenkt.

An Bord U-175 im Südatlantik auf der ersten Feindfahrt.   (Peter Wannemacher)

trouillierender Flugzeuge erneut tauchte. Sechs Minuten später versank der Dampfer über das Heck. Bruns schätzte ihn als einen turbinengetriebenen Frachter von 4.500 BRT mit einer Länge von 120 m. Nachdem er keine Überlebenden entdeckt hatte und auch keine weiteren Ziele in diesem Gebiet sichtete, lief Bruns getaucht weiter.

Am 2. Oktober versank der unter panamesischer Flagge fahrende 5.074 BRT gro-ße Frachter ANEROID 140 Seemeilen südöstlich Trinidad auf Position 08°24'N 59°12'W. Obwohl ihn zwei Torpedos getroffen haben sollen, sank das Schiff nicht so-fort, denn Flugzeuge fanden das verlassene und treibende Wrack etwa zwölf Stunden später. Es sank aber vermutlich später in jener Nacht, denn man hat es nie wieder ge-sehen. Obschon diese Daten im Widerspruch zu einigen Eintragungen in dem Kriegs-tagebuch von U-175 stehen, gilt es als sicher, dass U-175 das Schiff versenkt hat.

Am nächsten Morgen, dem 3. Oktober, sichteten die Ausgucks um 04.38 Uhr Ortszeit – das Boot stand noch immer vor der Nordostküste Südamerikas – einen Schatten. Bruns tauchte, da sein Boot sich kurz vor Sonnenaufgang gegen den hellen Horizont im Osten abzeichnete. Der Dampfer bemerkte das U-Boot offenbar nicht und behielt seinen Kurs außerhalb dessen Reichweite bei. Durch das Sehrohr sichtete Bruns zwei Frachter und einen Tanker, die sich alle außer Schussweite befanden.

Um 05.11 Uhr Ortszeit entdeckten die Ausgucks am 4. Oktober bei in der ein-setzenden Morgendämmerung wieder einen Schatten am Horizont und Bruns tauch-te zum Angriff. Ein aus Rohr I abgefeuerter Torpedo traf den Frachter nach 2 Minuten 16 Sekunden, schien aber lediglich geringen Schaden angerichtet zu ha-ben. Das Fahrzeug, das auf 3.500 BRT und eine Länge von 110 m geschätzt wurde, hatte gestoppt und verströmte »weißen Rauch«, möglicherweise Dampf. Bruns traf das Schiff erneut, dieses Mal aus Rohr III. Dieser Torpedo, ein Oberflächenläufer, traf das Fahrzeug in Höhe des Hauptmasts, worauf es über das Heck sank; sein Bug ragte bei einer Wassertiefe zwischen 16 und 18 Metern weiterhin aus dem Wasser heraus.

Alliierten Berichten zufolge hatte das deutsche U-Boot U-175 am 4. Oktober vor der Mündung des Orinoko, Venezuela, die amerikanische, auf den Großen

Seen verkehrende CARIB STAR (ehemals LAKE FANQUIER, ehemals GUAYAQUIL, 2.592 BRT, 77 m lang, 13,3 m breit, Baujahr 1919 in Lorain, Ohio; die Reederei war Stockard & Co in New York, die Betreiber Alcoa SS Co, der Kapitän Fred Gomez Valez) versenkt. Das Schiff fuhr in Ballast von Trinidad nach Georgetown, Britisch-Guyana, als der Torpedo seine Backbordseite traf und im Kesselraum explodierte, die Kessel zerstörte, die Dampfleitungen zerfetzte und drei Mann tötete. Ein zweiter Torpedo schlug im Achterschiff an Steuerbordseite ein und verursachte eine gewaltige Detonation, möglicherweise in der Munitionskammer des Schiffes, sodass es rasch über das Heck zu sinken begann. Der Bug war noch etwa drei Stunden lang zu sehen, bevor auch er endlich versank. Sieben Offiziere, zweiundzwanzig Seeleute und sechs Soldaten der Militärischen Wache retteten sich nach dem zweiten Torpedotreffer in ein Rettungsboot (das zweite war zerstört worden) und auf zwei Flöße, deren Schiffbrüchige später ins Rettungsboot übernommen wurden. Vierzehn Stunden später rettete PC-469 von der amerikanischen Marine sechs Offiziere, neunzehn Seeleute und die sechs Soldaten der Militärischen Wache und setzte sie in Port of Spain auf Trinidad an Land. Ein Besatzungsangehöriger verstarb noch an Bord von PC-469 und der Zweite Ingenieur im Krankenhaus des amerikanischen Heeres bei Docksite auf Trinidad. Beide erlagen den Verbrühungen durch Heißdampf, die sie bei der Explosion der Kessel erlitten hatten.

Um 11.32 Uhr Ortszeit nahm Bruns einen in Ballast fahrenden 4.000 BRT großen Dampfer ins Visier, aber zwei Torpedos verfehlten das Ziel, worauf er vernünftigerweise aus dem Gebiet ablief, um sich der Gefährdung durch Luftangriffe zu entziehen.

Am Tag darauf, am 5. Oktober, stellte sich ein Schatten als ein weiterer abgedunkelter Dampfer heraus, den ein Einzelschuss aus Rohr IV nach einer Laufzeit von 1 Minute und 32 Sekunden zwischen Schornstein und Brücke traf. Eine etwa 100 m hohe Rauchsäule schoss in die Höhe, der Dampfer stoppte und sank langsam über das Heck, wobei er eine große Menge Kraftstoff verlor. Nachdem die Besatzung das Schiff verlassen hatte, setzte Bruns sein Deckgeschütz ein, um dessen Ende zu beschleunigen. Nach etwa zwanzig Treffern musste das Feuer eingestellt werden, als eine Hülse klemmte. Plötzlich stürzten sich Flugzeuge auf das Boot, um es mit Bomben und Wasserbomben anzugreifen, aber es brachte sich mit Alarmtauchen in Sicherheit. Auf Sehrohrtiefe beobachtete Bruns, wie sechs Leuchtbomben auf der Wasseroberfläche aufschlugen und dass der Dampfer auf seiner ganzen Länge in Flammen stand (geschätzt auf 120 m und 4.000 BRT), während ein Flugzeug mit einem roten Suchscheinwerfer die Wasseroberfläche absuchte.

Auf 08°35'N 59°37'W, etwa 50 Seemeilen östlich der Corocoro-Insel, Venezuela, hatte der letzte Torpedo von U-175 den amerikanischen Kohletransporter WILLIAM A MCKENNEY getroffen (gebaut 1916 in Newport News, Virginia; bereedert von der Mystic SS Co in Boston; als Kapitän fuhr James Franklin Lusby; Betreiber war die Alcoa SS Co, Verdrängung 6.153 BRT). Das Schiff war als Einzelfahrer mit einer Ladung von 3.100 Tonnen Bauxit-Erz und einer Besatzung von einunddreißig Mann und vier Soldaten der Militärischen Wache auf der Reise von Georgetown, Britisch-Guyana, nach Mobile in Alabama. Die Tatsache, dass die in der Küstenschifffahrt eingesetzten Kohletransporter gezwungen waren, das dringend benötigte Erz zu transportieren, ist erwähnenswert und ein Indiz dafür, welchen Schaden die U-Boote bereits angerichtet hatten. Der Torpedo schlug an Backbordseite gleich hinter dem Schott zum Maschinenraum ein und riss ein 7 m gro-

U-175 mit den Siegeszeichen bei der Rückkehr nach Lorient, ein Wimpel für jedes versenkte Schiff, 28. Oktober 1942. (Adolf March)

ßes Loch in die Wasserlinie. Dabei sprengte er die aus massivem Stahl gefertigte Abdeckung von Ladeluke 3 ab, zerstörte die Rudermaschine und riss die Antennen herunter. Da das Schiff nur sehr langsam sank und alle Torpedos verschossen waren, tauchte U-175 auf und begann, das Wrack mit seinem 10,5-cm-Geschütz zu beschießen, wobei es acht Salven abfeuerte und das Schiff in Brand setzte. Mit Ausnahme des Kapitäns, des Funkers und eines Seemanns, die versuchten, eine Notantenne zu spannen, verließ die Besatzung das Schiff. Nachdem diese in zwei Rettungsbooten in Sicherheit waren, setzte U-175 den Beschuss mit weiteren acht bis zehn Salven fort. Das Schiff versank endlich nach etwa vier Stunden.

Noch am selben Abend sichtete ein RAF-Hudson-Patrouillenflugzeug die sinkende und immer noch in Flammen gehüllte WILLIAM A MCKENNEY nur zehn Seemeilen vor der Küste. Als er die überfüllten Rettungsboote mit den Überlebenden in der Nähe entdeckte, leitete der Pilot Retter zum Unglücksort. Der amerikanische Zerstörer BLAKELY (DD 150) nahm die Überlebenden am Abend an Bord und brachte sie in Port of Spain auf Trinidad an Land.

Ohne einen einzigen Torpedo und mit »respektablen« 33 428 BRT von einem beschädigten und neun zerstörten feindlichen Schiffen erhielt U-175 am 7. Oktober den Befehl, in den U-Bootsstützpunkt Lorient zurückzukehren. Schon am nächsten Tag hatte es die Kleinen Antillen erreicht, und am 9. Oktober begann die achttägige Überfahrt über den Atlantik zu den südlichen Azoren.

Am 14. Oktober befahl der BdU Rosenberg (U-201) und Bruns, ihre Position zu melden und abzuschätzen, wie viel Kraftstoff beide im äußersten Falle entbehren könnten. Bruns antwortete, dass er im Quadrat DR 1368 stehe und möglicherweise 10 Kubikmeter Kraftstoff entbehren könne. Der BdU wies ihn an, seinen Kurs beizubehalten. Etwa 28 Seemeilen vor Point Castello auf den östlichen Azoren sichteten die Ausgucks am 20. Oktober im hellen Mondschein ein Wasserflugzeug 800 m über dem Boot, worauf U-175 mit Alarmtauchen in die Sicherheit der atlantischen Tiefen verschwand.

Vor Kap Finisterre tauchte U-175 bei Eintritt in die gefährliche Biskaya am 23. Oktober zweimal in der Nacht auf, um die Batterien aufzuladen, und in der folgenden Nacht musste das Boot dazu im Golf von Biskaya dreimal auftauchen. Diesmal unterbrach ein überraschend auftauchendes Wasserflugzeug, das in 100 m Höhe das Boot überflog, die notwendigen Arbeiten an Bord.

Am 27. Oktober erreichte U-175 nach einer erfolgreichen Feindfahrt von 78 Tagen den »Punkt Laterne«, und am 28. Oktober lief die siegreiche Besatzung in Lorient ein, wo das Begrüßungskomitee, eine Musikkapelle, Frauen, Blumen, frische Verpflegung, Bier und ein Bad auf sie warteten.

Oben: U-175 einlaufend Lorient am Ende der ersten Feindfahrt beim Anlauf an die Festmacher-Hulk.
(Peter Wannemacher)
Unten: Das Begrüßungskomitee für U-175 in Lorient.
(Peter Wannemacher)

6

Zweite Feindfahrt von U-175: Westafrika

Fast unmittelbar nach der Besetzung Lorients durch deutsche Truppen am 21. Juni 1940 begannen Pioniere damit, den Hafen für die U-Boote freizuräumen. Vizeadmiral Hans Stohwasser wurde zum »Oberwerftdirektor« ernannt, und U-30, das als erstes Boot die neue Anlage nutzen sollte, lief unter dem Befehl von KptLt Fritz-Julius Lemp am 7. Juli dort zur Nachversorgung ein. Im November 1940 richtete Admiral Dönitz sein Hauptquartier in der Nähe von Kerneval, einer Landspitze mit Blick auf Lorient, ein. Als U-175 1942 in Lorient einlief, war der Stützpunkt der größte, aufwendigste und bedeutendste aller U-Bootbasen in Frankreich. Er hielt technische Unterstützung für all die anderen bereit, obgleich dort lediglich zwei U-Flottillen stationiert waren: die 2., »Saltzwedel«*, und die 10.**. Sogar einige japanische U-Boote machten in Lorient fest, darunter I-29 und I-30, wovon letzteres vier Tage nach seiner Rückkehr nach Malaya am 9. Oktober 1942 versenkt wurde. Als Konsequenz auf den britischen Kommandoangriff auf St. Nazaire im März 1942 beorderte Hitler den Admiral und BdU Dönitz nach Paris.

In der Zwischenzeit war Lorient in den folgenden zwei Jahren zu einer Festung mit bombensicheren Unterseebootsbunkern und einer einzigartigen landfesten und geschützten Helling von beachtlicher Konstruktion ausgebaut worden. Es handelte sich dabei um eine Transporteinrichtung für U-Boote, die als »bewegliche Querverlegeeinrichtung« beschrieben wird. Die Bunkerdecken, 3,5 m dick mit einem Fangrost gegen Bomben aus vorgefertigten u-förmigen Eisenträgern obenauf, waren so gebaut, dass sie die Schockwellen der darauf detonierenden Bomben absorbieren sollten. Die mächtigsten Bomben der Royal Air Force mit 12.000 Pfund hochexplosivem Sprengstoff waren wirkungslos. Auch die speziell gefertigten »Tallboys« mit ihren 12 030 Pfund, die aus 10 000 m Höhe abgeworfen wurden, durchschlugen zwar die Decken der Bunker in Brest, konnten dort aber wenig und in Lorient überhaupt nichts ausrichten.

Erst als amerikanische Truppen anrückten, wurden die Dockarbeiter aus Lorient evakuiert, und als letztes U-Boot sollte U-155 unter dem Kommando von Oberleutnant zur See Ludwig-Ferdinand von Friedeburg am 5. September 1944 den Stützpunkt verlassen.

---

* Benannt nach Reinhold Saltzwedel, U-Boot-Kommandant im Ersten Weltkrieg und Träger des Pour le Mérite, des höchsten Ordens, für die Versenkung von 150 000 BRT; 1917 untergegangen mit UB-81.

** Im Januar 1942 mit fünfzig U-Booten in Lorient aufgestellt und im April 1943 auf zweiunddreißig verringert. Unter den erfolgreichsten in Lorient stationierten U-Booten und Kommandanten befinden sich die Asse KKpt Günther Prien (U-47), KptLt Otto Kretschmer (U-99) und KptLt Joachim Schepke (U-100), von denen jeder zur letzten Feindfahrt von Lorient auslief. Die sieben U-Boote mit den höchsten Versenkungsziffern (U-37, U-48, U-99, U-103, U-124, U-107 und U-123) operierten von Lorient aus und zerstörten zusammen 313 alliierte Schiffe.

Die 10. U-Flottille wurde im Oktober aufgelöst, als jegliche U-Boot-Aktivität in Lorient zum Erliegen kam, die »Festung« unter dem Befehl von General Wilhelm Fährnbacher aber leistete noch bis zum 8. Mai 1945 Widerstand.

Bei Ankunft in Lorient am 27. Oktober 1942 ging U-175 zunächst an einer Hulk nahe des Saltzwedel-Lagers längsseits, wurde aber am selben Abend noch in das Becken 1 des weiträumigen Scorff-Bunkers verholt. Das Boot blieb vom 28. Oktober bis zum 1. Dezember in Lorient, und seine Besatzung war im Hundius-Lager untergebracht. Während U-175 zwischen dem 31. Oktober und dem 28. November im Trockendock lag, konnte die Besatzung wachweise für drei Wochen Heimaturlaub nehmen. Das Boot wurde an den ersten beiden Tagen im Hafen ausgeräumt und alle Geräte überprüft. Ein paar Tage darauf wurde es in das Becken 17 im Keroman-Bunker verlegt, um das Sehrohr auszubauen und zu ersetzen, die Elektromotoren zu überholen sowie die Kompressoren auszubauen, zu überprüfen und wieder einzubauen. Gleichzeitig wurde ein Metox R 600 A GSR-Radarwarngerät eingebaut. Am 16. November waren alle größeren Arbeiten und einige kleinere Reparaturen sowie die Abstimmungsarbeiten abgeschlossen.

Gegen Ende November wurden im Scorff-Bunker dreiundzwanzig Torpedos, fünfzehn mit Elektroantrieb, der keine Spur hinterließ, und acht mit Pressluftantrieb, Munition und Proviant übernommen. Am 29. November begannen die Probefahrten, am 30. wurden letzte Korrekturen vorgenommen und am 1. Dezember 1942 lief U-175 zu seiner zweiten Feindfahrt aus. Nach Verabschiedung durch Korvettenkapitän Günter Kuhnke, den Chef der 10. U-Flottille, legte das Boot um 16.48 Uhr in Lorient ab, begleitet von einem VII C-Boot einer in Brest beheimateten Flottille. Wegen der Minengefahr geleitete ein »Sperrbrecher« die Boote fünf Seemeilen weit hinaus, bis die Insel Île de Groix an Steuerbord querab lag. Eine Stunde nach Auslaufen meldete ein Ausguck von U-175 einen Fächer von vier Torpedos, die von Backbordseite auf das Boot zuliefen. Diese wurden aber als Tümmler identifiziert, nachdem das Boot in einem Notmanöver den Kurs nach Backbord geändert hatte. Etwa gegen Mitternacht entdeckte der Funker mit Hilfe des Metox-Radarwarngeräts Flugzeuge und gab Alarm. Mit Alarmtauchen brachte sich U-175 in Sicherheit, tauchte aber bald wieder auf. Immer wieder zwangen feindliche Flugzeuge in dieser Nacht das Boot zu tauchen, und gegen 01.00 Uhr waren die Detonationen von Wasserbomben zu hören. Auf U-175 war man der Ansicht, dass das begleitende VII C-Boot angegriffen wurde.

Das Wahrzeichen der 10. U-Flottille in Lorient, die vom Januar 1942 bis Oktober 44 von KKpt Günter Kuhnke geführt wurde. (Peter Wannemacher)

Die nächtlichen Störaktionen durch Flugzeuge in der Biskaya hielten unvermindert an. Während eines Alarmtauchens am 2. Dezember hatte die Besatzung ständig Verbindungsstellen abzudichten, die nach dem Ausdocken leckten. Zwei Tage später leckten die Auspuffventile stark, was ein immer wiederkehrendes Problem auf U-Booten darstellte. Um 19.26 Uhr traf ein Funkspruch des BdU ein, wonach U-603 (Bertelsmann) im Quadrat BE 9826 einen Geleitzug auf südlichem Kurs gesichtet hatte. Quadrat BE lag südlich Kap Finisterre. Bruns verließ die Biskaya mit technischen Schwierigkeiten, meldete aber, dass er dennoch versuchen wollte, den Konvoi abzufangen, und am folgenden Morgen, dem 5. Dezember, hatte er den Nordatlantik erreicht. Um 05.20 Uhr meldete ein Ausguck den Schatten eines Zerstörers, der allerdings abdrehte und verschwand. Bruns, der sich der Seetüchtigkeit seines Bootes nicht sicher war, entschied, keine Sichtmeldung abzugeben und sich stattdessen auf seine technischen Probleme zu konzentrieren. Um 08.15 Uhr tauchte er und versuchte, die leckenden Dieselmotoren und die Ventile zu reparieren. Da das erfolglos blieb, musste er um 10.25 Uhr wieder auftauchen, weil bei hohen Umdrehungen die Auspuffventile nicht mehr schlossen.

Um 13.00 Uhr hatte U-175 den Geleitzug immer noch nicht ausgemacht, und vier Stunden später zwang ein 150 m hoch fliegendes Flugboot zum Alarmtauchen. Nach Einpendeln auf Sehrohrtiefe beobachtete Bruns, wie das Flugzeug mindestens eine Stunde lang seine Kreise zog. Kurz nach dessen Abflug zwang ihn ein Wassereinbruch durch die Auspuffventile zum Auftauchen. Um 20.50 Uhr meldete ein Funkspruch des BdU: »Schüler [U-720] hat einen Schornstein und eine Sunderland auf Südkurs gesichtet.« Der Geleitzug stand schon ganz nahe vor der portugiesischen Küste, sodass Bruns den Kurs änderte, um ihn zu verfolgen.

Auch wenn er jetzt tagsüber ohne Gefahr 13 Knoten laufen konnte, praktisch die übliche Geschwindigkeit wie bei Nachtfahrt, ging Bruns bis zum 6. Dezember alle halbe Stunde auf Sehrohrtiefe, um immer wieder leckende Ventile abzudichten. Während eines Tieftauchversuchs am selben Tag strömte um 08.12 Uhr wie schon bei jedem Tieftauchtest der vergangenen Tage erneut Wasser durch die Auspuffventile in die Bilge. Bruns schätzte das Tauchen als ausgesprochen gefährlich ein und war der Meinung, dass die anhaltend hohe Geschwindigkeit für hohe Abgastemperaturen sorgte, bei denen sich das Material verzog.

Da er nicht gefahrlos tauchen konnte, vermerkte Bruns im Kriegstagebuch: »Ich habe mich entschlossen, abzubrechen und die Operation gegen den Geleitzug nicht weiter fortzuführen.« In einem Funkspruch meldete er seinen Standort und seine Absicht, auf Westkurs abzulaufen. Das Hauptquartier wies ihm ein neues Einsatzgebiet im Süden zu mit dem Hinweis »Einzelheiten folgen«.

Als er die Breite der Azoren erreicht hatte, setzte Bruns seinen Kurs auf die afrikanische Küste und in sein zugewiesenes Einsatzgebiet vor Freetown, Sierra Leone, ab und passierte die Kanaren zwischen Gran Canaria und Fuerteventura. Nördlich von Madeira sichtete U-175 am 8. Dezember eine Rauchwolke und lief mit höchster Geschwindigkeit darauf zu, sodass er den Dampfer mit Einbruch der Dunkelheit erreichte. Das Schiff hatte seine Positionslaternen gesetzt, als Bruns es zum Stoppen aufforderte. Als er erkannte, dass es sich um den 4.597 BRT großen spanischen Tanker ZORROZA handelte, entließ er das Schiff und lief auf Südkurs weiter. Gleichzeitig meldete er dem Hauptquartier, dass die ZORROZA nach seiner Karte im Quadrat DH 2256 stehe und sich auf dem Weg von Curaçao nach Valencia befinde.

Die nächsten Tage verliefen ohne jegliche Vorkommnisse, und am 11. Dezember stellte sich bei einem Probetauchen heraus, dass beide Auspuffventile nach wiederholtem und längerem Einschleifen auf Sehrohrtiefe endlich ordnungsgemäß schlossen. Bruns meldete dem BdU diesen guten Erfolg, der ihn tags darauf zu den Kapverden in das Quadrat EK 4630 schickte. Bis zu diesem Zeitpunkt war noch kein U-Boot in dieses Gebiet vorgestoßen, sodass dem BdU keinerlei Erkenntnisse über mögliche Minenfelder vorlagen. In der Annahme, dort würde sich der Schiffsverkehr in Richtung Marokko, die Westindischen Inseln und Freetown bündeln, verlangte er Informationen über die Schiffsbewegungen nach und von Dakar. Der BdU erteilte Bruns darüber hinaus die Erlaubnis, auf französische Kriegs- und Handelsschiffe zu schießen.

Am nächsten Tag, dem 12. Dezember, erreichte U-175 die Kapverden und stand am 16. Dezember westlich von Dakar, wo es nach dem Schiffsverkehr in Ost-West-Richtung Ausschau hielt. Ein Alarm wegen eines viermotorigen Flugzeugs, welches das Boot in 2.000 m Höhe überflog, bedeutete die einzige Unterbrechung. Der BdU verlangte am 18. und noch einmal am 19. Dezember von Bruns Auskunft über dessen Position, ob er tatsächlich im Quadrat EK 46 stehe und wie lange er sich dort schon aufhalte. Bruns antwortete, dass er seit vier Tagen in der Nähe der Hafeneinfahrt Dakars stehe, allerdings im Quadrat EJ. Am 20. Dezember befahl ihn der BdU sofort weiter nach Osten in das Quadrat EK 46 dicht vor Dakar. Bruns stand am 21. Dezember auf befohlener Position und tauchte um 08.20 Uhr, um sich der Küste unerkannt zu nähern. Um Mitternacht fiel der Motor des Kompressors aus, den der Maschinist zu reparieren versuchte, aber schon um 08.00 Uhr am nächsten Morgen musste Bruns dem BdU melden, dass der Frischwasser-Erzeuger ausgefallen war, da der Anker (das drehende Teil eines Motors) durchgeschmolzen war. In der Woche darauf ereignete sich kaum etwas von Bedeutung, es kamen lediglich hin und wieder ein Flugzeug oder Navigationshilfen in Sicht. Die Besatzung berichtet, dass U-175 bei der Annäherung an die afrikanische Küste so dicht an das Ufer heranfuhr, dass sie die Eingeborenen an den Stränden beobachten konnten. Vor dem Auslaufen aus Lorient war zusammen mit dem Proviant eine Kiste mit der Aufschrift: »Nicht vor Weihnachten öffnen« an Bord genommen worden. Als sie am Heiligen Abend geöffnet wurde, entdeckte die Besatzung darin einen kleinen künstlichen, geschmückten Weihnachtsbaum, der an Weihnachten daheim erinnern sollte, und jeder einzelne empfing zur Feier des Tages ein Schlückchen Schnaps.

Am 26. Dezember wies ein Funkspruch des BdU Bruns an, weiter nach Süden vor den Hafen von Freetown, Sierra Leone, zu verlegen, wo man Geleitzugverkehr in westlicher Richtung erkannt hatte. Es war durchaus möglich, dass von dort aus Einzelfahrer ohne Geleitschutz nach Süden liefen. Bruns sollte so dicht wie möglich vor dem Hafen bleiben und sich zum Angriff bereithalten. Am folgenden Tag sichtete Bruns um 18.45 Uhr eine Rauchfahne, aber U-175 drehte nach Osten ab und marschierte weisungsgemäß nach Süden. Am 28. sichtete Bruns vor der Küste von Portugiesisch-Guinea wiederum Rauch und zwei Masten. Er tauchte um aufzuklären, tauchte aber wieder auf, als er das Schiff als den 6.892-t-Passagierdampfer LOURENÇO MARQUES, der von Lissabon aus unterwegs war, identifiziert hatte.

Am 28. Dezember stellte man Wasser im Abfeuermechanismus von Rohr III fest. Um 09.20 Uhr am 30. Dezember meldete Bruns das Sichten von Masten in acht Seemeilen Entfernung genau westlich von Freetown. Obschon die Sichtverhältnisse im Dunst schlecht waren, entdeckte ein Ausguck den Schatten eines Zerstörers, der acht

Seemeilen entfernt und bis zu den Brückenaufbauten zu erkennen war. Inzwischen hatte der als Typ »Forester« identifizierte Zerstörer das U-Boot mit seinem Asdic aufgefasst und griff direkt von vorne an, wodurch er es zum Alarmtauchen zwang. In 90 m Tiefe konnte das Asdic das U-Boot nicht mehr auffassen und es wurden keine weiteren Wasserbomben gehört. Nach dem Einpendeln auf Sehrohrtiefe beobachtete Bruns, wie der Zerstörer und ein weiteres Geleitfahrzeug in fünf Seemeilen Abstand Zickzackkurse fuhren. Er tauchte erneut in sichere Tiefe und blieb dort, wobei er dem BdU meldete, dass ein »Zerstörer vom Typ Forester« und ein weiteres Geleitfahrzeug ihn für sieben Stunden unter Wasser gedrückt hatten.

Um 01.30 Uhr kam am Neujahrstag 1943 erneut ein Neutraler in Sicht, der 2.720 BRT große portugiesische Dampfer LOBITO aus Luanda, Angola. Um 11.37 Uhr wurde Alarm ausgelöst. Ein einmotoriges Flugzeug, dessen Anflug bei der schlechten Sicht nicht erkannt worden war, tauchte plötzlich nur 2.000 m entfernt auf, sodass Bruns mit Alarmtauchen auf Tiefe ging. Wieder an der Oberfläche und noch auf gleicher Position, wurde 4.000 m entfernt ein Flugzeug ausgemacht, das direkt auf das U-Boot zuflog. Fünf Wasserbomben schlugen dicht am Boot ein, richteten aber glücklicherweise nur geringen Schaden an, da U-175 mit Alarmtauchen auf sichere Tiefe ging. Nachdem Bruns um 20.00 Uhr wieder aufgetaucht war, erschien erneut ein Flugzeug und zwang Bruns abermals zum Alarmtauchen, der aber nur 26 Minuten später wieder an die Oberfläche zurückkehrte. Nach einem achtzehnminütigen Versteckspiel griff die Maschine an und fügte dem U-Boot wiederum keinen Schaden zu. Um 20.56 Uhr setzte das Flugzeug einen Suchscheinwerfer ein, aber Bruns, der inzwischen getaucht war, blieb dieses Mal für mehr als drei Stunden unter Wasser.

Das alte Missgeschick meldete sich in den frühen Stunden des 2. Januar zurück, diesmal waren es schadhafte Maschinenanlagen. Die Batterien waren schwach, der Luftvorrat niedrig und die Ventile des Kompressors funktionierten nicht ordnungsgemäß. Aber schon am nächsten Tag waren die Batterien wieder aufgeladen und die Ventilationsanlage während einer Tauchfahrt repariert worden. Um 20.00 Uhr meldete Bruns dem BdU, dass ihn in den vergangenen Tagen sieben Luftangriffe für insgesamt 32 Stunden unter Wasser gehalten hatten und dass die fortwährende Luftüberwachung von der Küste aus darauf ausgerichtet schien, sie auszuhungern. Er schlug daher vor, die Überwachung der Küste, die in jedem Falle ergebnislos geblieben war, abzubrechen, hauptsächlich aber auch, weil sie das Boot in seiner Bewegungsfreiheit so stark einschränkte. Er sah sich außerstande, weiterhin seinen Auftrag auszuführen mit Batterien, die nur noch 55 Prozent ihrer Leistung erbrachten, und einem Kompressorventil, das nicht mehr ordnungsgemäß arbeitet.

Bei Sonnenaufgang am 4. Januar beobachtete Bruns, wie ein anderes U-Boot zweimal auftauchte. Zwanzig Minuten später meldete er dem BdU: »U-Boot im Quadrat ET 1699. Frage: eigenes oder italienisches?« Mehrere Minuten lang verfolgte er das Boot, verlor es aber um 09.23 Uhr aus den Augen. Zwei Stunden später lag die Antwort des BdU vor: »Kein italienisches, nicht auszuschließen, dass es ein eigenes ist.« Drei weitere Tage endlosen Wartens schlossen sich an. Nachdem der BdU aus den vom B-Dienst abgehörten Funksprüchen eine überraschende Anzahl bedeutender Einzelheiten über den Geleitzugsverkehr in einem anderen Seegebiet erfahren hatte, befahl er Bruns, auf Westnordwest-Kurs Quadrat ET 38 anzusteuern: »Geleitzugsverkehr im 10–11-Tage-Rhythmus in Richtung ED 99 [Nordostküste Südamerikas und Westindische Inseln], nächste Fahrt möglicherweise 8. Ja-

Ein für die Biskaya typischer »Sperrbrecher«, das Motorschiff SAAR. Es war zu einem schwer bewaffneten Geleitschiff umgebaut worden und hatte die Aufgabe, U-Boote durch das flache und gefährliche Seegebiet zwischen Lorient und dem tiefen Wasser des Atlantiks zu begleiten.

nuar. Die Anlaufpunkte eines Dezember-Konvois waren ES 3696, ER 1515, EP 1352. Am 17. Dezember wurde ein weiterer Geleitzug in ET 38, Kurs 295°, Geschwindigkeit 8 Knoten gemeldet.« Dieser Funkspruch wurde um 23.20 Uhr aufgenommen. Um Mitternacht ließ Bruns beide Maschinen voll voraus gehen, um seine neue Position gegen Mittag erreichen zu können, aber der Konvoi kam nie in Sicht. Wieder begann dann das ewige Warten. Eine Woche später, am 15. Januar, sichtete der Ausguck ein Schiff und Bruns entschloss sich zum Unterwasserangriff, ehe er es durch das Sehrohr als den 6.632 BRT großen spanischen Dampfer MAR NEGRO identifizierte. Im Kriegstagebuch vermerkte er, dass er beabsichtige, auf der Suche nach »möglichem [feindlichen] Schiffsverkehr« Freetowns Haupthafen anzusteuern. Am nächsten Morgen um 08.00 Uhr schloss das Auspuffventil erneut nicht mehr ordnungsgemäß und stellte drei Tage später seine Funktion ganz ein.

Der Wachdienst lief ohne Unterbrechung weiter, tagsüber unter Wasser und nachts aufgetaucht, und ganz anders als bei den Operationen im selben Seegebiet ein Jahr zuvor, als U-Boote im Mai innerhalb von gut 600 Seemeilen um Freetown und Bathurst herum achtunddreißig Schiffe mit 176.168 BRT versenkten. Offensichtlich ahnte der BdU nicht, dass die Alliierten ihre Freetown-England-Geleitzüge nach jenem unglückseligen Geleitzug SL-125 vorläufig eingestellt hatten, welcher der U-Bootgruppe »Xantippe« vor die Rohre lief und ohne Verluste auf Seiten der U-Boote zwischen dem 26. Oktober und dem 5. November 1942 dreizehn Schiffe mit 85.686 BRT verlor. Ein weiterer Grund für das Ausbleiben der Geleitzüge aus Freetown lag darin, dass deren Geleitfahrzeuge für die Landeoperation »Operation Torch« nach Nordafrika abgezogen worden waren. Die alliierten Schiffe gingen nun einzeln auf die sehr viel längeren und gefährlicheren Überfahrten durch den Südatlantik, um sich zunächst den amerikanischen küstennahen Geleitzügen nach New York und von da aus den Nordatlantik-Konvois nach Europa anzuschließen. Dadurch trugen sie erheblich zur Überfüllung des Hafens und zum Umfang der dürftig gesicherten New York-England-Geleitzüge bei.

Endlich sichtete Bruns am 22. Januar um 18.00 Uhr vor der westafrikanischen Küste in etwa vier bis fünf Seemeilen Abstand einen Schatten in seinem Sehrohr. Nachdem sich das Boot auf Sehrohrtiefe herangepirscht hatte, identifizierte es ihn als einen amerikanischen Frachter mit einer Ladung Flugzeugteile an Oberdeck. Das Schiff lag aufgestoppt und ließ ein Licht auf dem Achterschiff nahe des achteren Geschützes erkennen. Bruns schoss einen Torpedo, gerade als das Schiff wieder Fahrt aufnahm und verfehlte es daraufhin. Die Ausgucks des Schiffes hatten den Torpedo anscheinend nicht erkannt, als es seinen Kurs nach Südwesten absetzte. Um 18.15 Uhr verfehlte ein Schuss aus Rohr IV ebenfalls sein Ziel. Aus Furcht vor patrouillierenden Flugzeugen tauchte Bruns. Als er eine Stunde später wieder auftauchte, entdeckte er den Frachter neun Seemeilen entfernt auf Kurs 090°. Nach achtstündiger Verfolgungsjagd gelangte Bruns am nächsten Morgen um 02.35 Uhr getaucht in eine günstige Schussposition. Nach dem Kriegstagebuch detonierte der Torpedo aus Rohr I nach 58 Sekunden unter der Brücke des Dampfers, zeigte aber kaum Wirkung, da das Schiff noch sechs bis acht Seemeilen weiterlief. Der zweite Torpedo, diesmal aus Rohr V, verfehlte sein Ziel völlig. Nach weiteren 65 Sekunden erzielte Rohr VI einen Treffer in Höhe des Hauptmasts, und das Schiff ließ Beiboote und Flösse zu Wasser.

U-175 tauchte auf und stellte fest, dass der Frachter noch immer Fahrt machte. Als Bruns sich den Booten näherte, erfuhr er, dass das Schiff BENJAMIN SMITH hieß und von Trinidad kam. Nach Aussagen der Überlebenden transportierte es mit unbekanntem Ziel 10.000 Tonnen Zement und Asphalt und hatte den Atlantik ohne Geleitschutz überquert. In Bruns' Kriegstagebuch steht hinter den Angaben zur Ladung ein Fragezeichen.

In der Tat handelte es sich dabei um das neue amerikanische Liberty-Schiff BENJAMIN SMITH (7.100 BRT, im November 1942 auf der North Carolina Shipbuilding Company in Wilmington gebaut), das auf seiner Jungfernreise nach Sassandra in West-Afrika unterwegs war. Nach alliierten Quellen stand das Schiff am 23. Januar etwa 16 Seemeilen querab Kap Palma, Liberia, in der Nähe des Flusses Cavalla, als der erste Torpedo von U-175 an Steuerbord zwischen Luke 1 und 2 einschlug. Der zweite Torpedo detonierte etwa 4 m hinter dem Maschinenraum. Unterwegs von Charleston in Süd-Carolina, war die BENJAMIN SMITH über Trinidad als Einzelfahrer mit einer vollen Ladung militärischer Ausrüstung unterwegs nach Takoradi an der Goldküste, dem heutigen Ghana. Nach dem zweiten Torpedotreffer verließ die aus dreiundvierzig Seeleuten und dreiundzwanzig Soldaten der Militärischen Wache bestehende Besatzung auf Weisung des Kapitäns George W Johnson das Schiff. Es gab keine Verluste.

Alliierte Quellen berichten, dass die Besatzung sich in drei Beiboote und auf ein Floß rettete. Ganz in der Nähe dieses Floßes tauchte das U-Boot auf, hielt die Überlebenden mit einem Maschinengewehr in Schach und befragte sie nach der Ladung sowie der Position von Geleitzügen und anderer Schiffe. Bruns erkundigte sich nach dem Kapitän, und als man ihm mitteilte, dass er nicht auf dem Floß war, nannte er ihnen Kurs und Entfernung zum nächst gelegenen Land und entließ sie.

Als U-175 um 04.40 Uhr feststellte, dass das Schiff immer noch nicht sinken wollte, wurde ein dritter Torpedo in die Backbordseite mittschiffs gefeuert, worauf es schnell über den Achtersteven sank.* Es war 1 Stunde 40 Minuten her, dass der

*Kriegstagebuch U-175, Eintragungen vom 23. Januar 1943.

erste Torpedo traf, und 40 Minuten, dass die Besatzung in die Boote gegangen war. Bruns schätzte das Schiff zutreffend auf 7.000 BRT und 140 m Länge, machte das Boot tauchklar und verließ das Seegebiet.

In der Morgendämmerung wurden die Männer im Floß auf die Rettungsboote verteilt, und nach Übernahme des Proviants wurde das Floß treiben gelassen. Das Motorrettungsboot schleppte die beiden anderen Beiboote nach Grand Drewrin an der Elfenbeinküste, wo alle am folgenden Tag, dem 24. Januar 1943, unversehrt an Land gingen. Die Überlebenden wurden nach Accra gebracht und danach mit einer Militärmaschine über Belem in Brasilien in die Vereinigten Staaten geflogen, wo sie am 3. März eintrafen. Es wäre noch anzumerken, dass die BENJAMIN SMITH gerade mit Ausrüstung für das amerikanische Heer, aber ohne die für sie vorgesehenen Geleitfahrzeuge aus Marshall bei Monrovia, Liberia, ausgelaufen war. Die Einsatzbefehle des amerikanischen Heeres für die Geleitfahrzeuge waren fehlgeleitet worden, sodass sie erst einen Tag nach Auslaufen und Versenkung der BENJAMIN SMITH in Marshall eintrafen, wodurch die fehlgeleiteten Operationsbefehle unmittelbar zu ihrem Untergang beigetragen haben.

In der Zwischenzeit hatte Bruns bei dem BdU einen Treffpunkt zur Kraftstoffübernahme vereinbart, woraufhin dieser ihn anwies, nach Norden abzulaufen. Obgleich Bruns sich zunächst nach Westen absetzte, um die afrikanische Küste hinter sich zu lassen, befand er sich durchaus immer noch in Reichweite landgestützter Flugzeuge. Am Mittag des 24. Januar sichtete eine »Consolidated« (ein in Amerika gebautes PBY – 5 A – Vultee Catalina-Flugboot) das Boot, dessen Ausgucks die anfliegende Maschine gerade noch ausmachen konnten, ehe sich das Boot in letzter Not mit Alarmtauchen in Sicherheit bringen konnte. Wasserbomben verfehlten ihr Ziel, schlugen aber in der aufwirbelnden Hecksee ein. Zweimal, um 04.00 Uhr und um 08.00 Uhr, kreiste ein Flugzeug des gleichen Typs in der Nähe, sodass sich Bruns jedes Mal durch Alarmtauchen einem Angriff entzog und U-175 um 20.00 Uhr sicher auftauchen lassen konnte.

Fünf Tage später, am 30. Januar um 14.57 Uhr, geriet U-175 etwa 240 Seemeilen genau westlich Bathurst in einen schweren Bombenangriff und erlitt schwere, fast tödliche Schäden, und zwar genau an dem Tag, an dem die Kraftstoffübernahme geplant war. Das Boot wurde an diesem Tage mehrfach zum Tauchen gezwungen, um den unaufhörlichen Luftangriffen zu entgehen. Niemand an Bord konnte ahnen, dass die britische Abwehr den gesamten Funkverkehr entschlüsselt hatte und über die geplante Kraftstoffversorgung im Bilde war. Abschließend funkte Bruns, dass »das gleiche Flugzeug«, eine PBY »Consolidated«, das Boot völlig überraschen konnte, als es, möglicherweise durch Radar eingewiesen, aus dem bedeckten Himmel von Steuerbord voraus anflog. Bruns hatte sich allein auf seine Ausgucks und seinen Ersten Wachoffizier (I WO) verlassen und auch das GSR Metox abgeschaltet. U-175 ging mit Alarmtauchen auf Tiefe und war kaum von der Oberfläche verschwunden, als ein Hagel von Wasserbombern um das Boot einschlugen, von denen eine vom Achterschiff abprallte, als es auf Tiefe ging. Bei dem Alarmtauchen hatte der I WO Ehrich als Wachhabender Offizier auf dem Turm einen Kurs befohlen, der das U-Boot genau in den Wasserbombenhagel hinein steuerte. U-175 rauschte, völlig außer Kontrolle, in einem Winkel von 40° bis 50° über das Heck auf die unglaubliche Tiefe von 310 m durch, das bedeutet 100 m unter der Sicherheitstiefe. Da es über das Heck sank, verhinderten zumindest die Schrauben, dass das Boot noch weiter absackte. Ein Torpedomixer erinnert sich noch lebhaft daran, wie er aus dem Bug fast senkrecht in das Achterschiff hinunterschaute, als das Boot auf Tiefe ging. Der Schaden war riesig, beinahe tödlich. Alles hatte sich losgerissen. Werkzeuge, Geschirr, Gerätschaften jeglicher Art ergossen sich in einem tödlichen Schauer nach achtern und fügten dem Boot weiteren Schaden und der Besatzung zahlreiche Verletzungen zu. Wasser drang durch die Stopfbuchsen und die Auspuffausnehmungen ein; Säure lief aus den Batterien aus, sodass sich mittschiffs Chlorgas entwickelte. Das konnte die Besatzung aber durch Schließen der Schotten abriegeln, wodurch sie sich aber in der vorderen und achteren Abteilung isolierte. Das Licht fiel aus, das Gruppenhorchgerät und die Ruder waren beschädigt. Anzeiger, Messgeräte und Instrumente waren zerschlagen worden, der Kraftstoffbunker 4 war gerissen und verursachte eine sehr ernst zu nehmende Ölleckage, welche die Situation durch die große Entfernung zum Heimathafen noch verschlimmerte. Hinzu kam noch, dass das Boot eine verräterische Ölspur hinter sich herzog, in welche die Bomber pausenlos Wasserbomben warfen.

Um auch nur im Ansatz das Boot wieder unter Kontrolle zu bekommen, musste mit Pressluft wenigstens ein Teil der 40 Tonnen Ballastwasser aus den Tauchtanks gedrückt werden. Allerdings war das Handrad des Kompressors fortgeschleudert worden, hatte den Oberbootsmann Keutken an der Stirn getroffen und ihn kurzzeitig bewusstlos niedergestreckt. Als er wieder zu Bewusstsein kam, griff er nach dem Kompressorhandrad, befestigte es wieder und konnte gerade so viel Pressluft anblasen, dass zumindest ein Teil des Wassers aus dem Tank gedrückt wurde. Sofort schoss das Boot aus eigenem Antrieb an die Oberfläche, wobei sein Bug mit einem Winkel von 50° bis 60° aus dem Wasser ragte. Kurzum, Keutken rettete das Boot und das Leben seiner Besatzung.

Immer noch ohne Kontrolle über das Boot, konnte Bruns nur hoffen, dass das Flugzeug inzwischen abgeflogen war. Es kreiste aber immer noch über ihnen und eröffnete mit seinen Maschinengewehren das Feuer auf das U-Boot. U-175 versuchte zu tauchen, was aber erst möglich war, als die gesamte Besatzung in das Vorschiff gesaust war. Dann verschwand es einigermaßen kontrolliert unter Wasser, ohne diesmal allerdings getroffen zu werden. Zwei Stunden später drangen aus der Ferne die Detonationen einer weiteren Serie von Wasserbomben herüber. Möglicherweise waren diese in den Ölteppich geworfen worden, lagen aber zu weit ab, um noch mehr Schaden anzurichten. Der alliierte Marinenachrichtendienst berichtete lediglich, dass eine Catalina am 30. Januar auf Position 12°08′N 20°30′W ein U-Boot angegriffen hatte, wusste aber zu dem Zeitpunkt wahrscheinlich noch nicht, dass dieser Angriff U-175 so schwer beschädigt hatte.

Da das Boot immer noch 35° bis 40° achterlastig war, befahl Bruns, noch einmal den Tauchtank vorsichtig anzublasen, sodass es um 22.00 Uhr über Wasser weiterfahren konnte. Alle waren ohne Rast beschäftigt, Lecks abzudichten und den Schaden zu beseitigen, so weit es nur menschenmöglich war. Niemand aber konnte den größten Schaden beseitigen. Eine Wasserbombe war von der Reling nach Steuerbord abgeprallt, dann unter das Boot abgesunken, um schließlich unter dem Heck an Backbordseite zu detonieren, wodurch das Fundament des Backbord-Antriebsdiesel riss. Daraufhin verursachte diese Maschine unerträgliche Schwingungen und Geräusche, ohne jedoch Leistung zu erbringen. Somit musste eine Lösung gefunden werden, wie man die Backbordschraube dennoch drehen konnte. Das gelang, indem man zunächst die Verbindung zwischen dem beschädigten Antriebs-diesel und dem Backbord-Elektromotor unterbrach und anschließend den Back-bord-Elektromotor mit dem an Steuerbord koppelte, sodass nun beide Elektromo-toren vom Steuerbord-Diesel angetrieben wurden. Das bedeutete allerdings eine ernst zu nehmende Behinderung, sollte das Boot plötzlich zum Tauchen gezwun-gen werden.

Bruns steuerte bei langsamer Fahrt einen Kurs von 300° mit der Absicht, auch weiterhin die notwendigen Reparaturarbeiten fortzusetzen. Beim Auftauchen konnte man die sehr starke Verbeulung des Rumpfes und weitere Lecks erkennen. Zwei Tage später arbeiteten die Batterien noch immer nicht einwandfrei, und noch immer zog das Boot einen Ölteppich hinter sich her.

Bruns' Eintragungen im Kriegstagebuch für den 30. Januar loben die gesamte Besatzung wegen ihrer Ruhe während dieser schweren Prüfung und ihres überleg-ten und zupackenden Einsatzes, mit dem sie die dringendsten Reparaturen durch-führte. Ganz besonders anerkennend hob er das Verhalten des Oberbootsmann Karl Keutken im Maschinenraum hervor, nicht nur, weil er das Boot in dieser ge-fährlichen Situation gerettet hatte, sondern auch wegen seiner raschen Reaktionen und Geschicklichkeit bei neun anderen Angriffen.

Vor dem Angriff hatte U-175 noch einen Kraftstoffvorrat von etwa 72 Tonnen, was ausreichte, um Lorient zu erreichen. Mit dem Riss im Bunker 4 aber war die Lage kritisch geworden. Als er am 2. Februar in Höhe der Kapverden stand, schätz-te Bruns, dass er inzwischen 30 Kubikmeter verloren hatte und bat den BdU in ei-nem Funkspruch erneut um ein Treffen mit einem Tanker-U-Boot, da er dringend Kraftstoff benötigte und unter den Funktionsstörungen seiner Anlagen litt. Der BdU stimmte dem zu und übermittelte den ungefähren Zeitrahmen und Zeitpunkt. Bruns' Hauptsorge in den nun folgenden dreizehn Tagen war die Ölleckage, ob-schon ihm sein Log immer wieder vor Augen führte, dass es noch zahllose weite-re große technische Probleme wie etwa die mit den beschädigten Batterien oder dem Backbord-Antriebsdiesel gab. Zum Glück aber erfolgten keine weiteren Feindangriffe.

Die Kraftstoffübernahme erfolgte am 15. Februar etwa auf 29°19′N 0°30′W, nachdem U-175 die Kapverden zwischen Porta Praya und Mayo passiert hatte. Es traf mit der »Milchkuh« (ein fast schon ehrfurchtsvoller Spitzname), U-118 vom Typ X B, in den frühen Morgenstunden zusammen und hatte gegen Mittag durch einen dünnen Schlauch von 10 cm Durchmesser 25–30 Tonnen Kraftstoff über-nommen. Wegen der Gefahr von Luftangriffen war der Besuchsaustausch zwi-schen den Booten verboten, und nur unbedingt erforderliches Personal durfte das Oberdeck betreten. U-175 übernahm auch neue Elektronenröhren für den GSR-Metox-Empfänger sowie auch hoch willkommenen Frischproviant. Als die Kraft-stoffübernahme beendet war, steuerte er mit Kurs 010° Richtung Lorient, bis er die Breite dieses Stützpunktes erreicht hatte, und ging dann zum Einlaufen genau auf Ostkurs, wobei er wie gehabt tagsüber unter Wasser blieb und nur nachts auf-tauchte, um am 24. Februar 1943 in Lorient festzumachen.

7

Dritte und letzte Feindfahrt von U-175

Das U-Boot, das selbst kaum noch schwimmfähig war, fand die Stadt Lorient praktisch völlig zerstört vor, nachdem sie zehn Tage zuvor das Ziel außerordentlich schwerer Luftangriffe der Royal Air Force geworden war. Die vorherigen Unterkünfte der Besatzung von U-175, das Saltzwedel-Lager, waren zerstört und das Hundius-Lager schwer beschädigt worden. Da keine anderen Unterkünfte bereitstanden, musste sie zusammen mit den Besatzungen anderer im Hafen liegender U-Boote in den Luftschutzräumen des Hundius-Lagers einquartiert werden, sie lagen dort zu achtundvierzig Mann in einem Bunker.

Zunächst wurde das Boot für einige Tage in dem Scorff-Bunker eingedockt, wo sein Sehrohr ausgebaut werden sollte, danach kurzfristig in den Bunker III verlegt, um letztendlich in dem Trockendock 8 des Bunkers II für die umfangreicheren Instandsetzungsarbeiten aufgedockt zu werden. Mit höchster Priorität wurden das Fundament des Backbord-Antriebsdiesel erneuert und verstärkt, die beschädigten Batterien ersetzt, die Elektromotoren repariert und der Junkers-Kompressor wieder ausgebaut und überholt.

Während ihres Hafenaufenthalts unternahm die Besatzung von U-175 zusammen mit dem gesamten verfügbaren Personal der 2. und 10. Flottille einen Abstecher in das Lager Lemp bei Pont Scorff, wo Admiral Dönitz sie empfing und eine Ansprache hielt.

Mit Einlaufen in Lorient war der Erste Wachoffizier von U-175, Oberleutnant zur See Heinz Ehrich, zur Teilnahme am U-Boot-Kommandantenlehrgang abkommandiert und anschließend als Kommandant auf U-334, ein VII C-Boot, versetzt worden. Ihn begleiteten die dunklen Vorahnungen seiner alten Besatzung, dass er dieses Kommando nicht überleben werde. Sie sollten Recht behalten. Auf seiner ersten Feindfahrt unter dem neuen Kommandanten wurde U-334 am 14. Juni 1943 südwestlich Island versenkt, es fiel der Fregatte HMS JED und der Sloop HMS PELICAN zum Opfer. Leutnant zur See Wolfgang Verlohr, der vorherige Zweite Wachoffizier auf U-175, rückte im Alter von zweiundzwanzig Jahren als Erster Wachoffizier nach. Er war 1939 in die Marine eingetreten und fuhr als Fähnrich zur See unter dem Ritterkreuzträger KptLt Helmut Rosenbaum auf U-73, einem VII B-Boot, als das Boot auf der Höhe von Island aus Geleitzügen im Nordatlantik fünf Schiffe versenkte.

Ein etwas peinliches Personalproblem ergab sich, als der zweiunddreißigjährige Leutnant zur See der Reserve Paul Möller kurz vor Auslaufen als Zweiter Wachoffizier einstieg. Als ältestes Besatzungsmitglied war er erfahrener als Verlohr, da er in der Handelsmarine bei der Hansa Linie, Deutsche DG, angeblich als Kapitän gefahren war.

Der Kommandant, Kapitänleutnant Heinrich Bruns, 31 Jahre alt, verheiratet, zwei kleine Töchter, genoss bei seiner Besatzung hohes Ansehen als »menschlicher

Offizier«, dem sein Boot und seine Besatzung wichtiger waren als die Annehmlichkeiten der militärischen Hierarchie. Seine Besatzung nennt ihn streng, aber gerecht und bestrebt, ein sehr leistungsfähiges und zufriedenes Boot zu führen, und unauffällig gelang es ihm, seine besten Leute an Bord zu behalten. Er vermied sogar, Empfehlungen für Beförderungen auszusprechen, die zu unerwünschten Versetzungen hätten führen können. Dabei trennte er fein säuberlich zwischen verdienstvoller Anerkennung und der inneren Haltung seiner Besatzung. Ganz gewiss hatte der Maschinenobergefreite Walter Schröder eine Beförderung verdient, die ihm möglicherweise versagt wurde, um ihn auf U-175 zu behalten.

Vergleich der U-Bootstypen VII und IX. Der kleinere Typ VII (U-1064) liegt außen längsseits U-861. Dieses Foto wurde 1945 in Trondheim aufgenommen. (Imperial War Museum)

Die britische Beurteilung, Bruns sei zu »ehrgeizig und unvorsichtig«* gewesen, widerspricht den Eintragungen des Kriegstagebuchs, die zeigen, dass er auf See in zahlreichen gefährlichen Situationen Umsicht und herausragende Führung bewiesen hat. Auch wären zehn Versenkungen mit insgesamt 40.602 BRT nicht möglich gewesen, ohne die unerschütterliche Loyalität und Zusammenarbeit der Besatzung unter einer erfolgreichen Führung.

Der BdU, der jedes einzelne Kriegstagebuch eines Kommandanten und damit auch dessen Verhalten auf Feindfahrt nach Rückkehr in den Hafen auswertete, gab Bruns zwei übereinstimmende Beurteilungen. Nach der ersten Feindfahrt von U-175 hielt ein Oberleutnant zur See als Adjutant bei Admiral Dönitz Folgendes fest:

»Die erste Unternehmung als Kommandant auf einem neuen Boot. Durch geschicktes Wahrnehmen der vielen kleinen Gelegenheiten, sich gegen geringe Abwehr durchzusetzen, erreichte der Kommandant als Anfänger sehr gute Erfolge. Fehlschüsse können nicht immer Torpedoversagern angelastet werden. Als zum Beispiel am 28. September um 22.57 Uhr ein Schatten in Sicht kommt und das Boot wegen des hellen Mondlichts zum Unterwasserangriff taucht, können die Schussdaten nicht so genau sein, sodass der Fehlschuss nicht als ›unerklärlich‹ oder genauer als ›Versager‹ beschrieben werden kann. Die Schusswerte beruhten einzig auf Schätzungen. Eine gut durchgeführte Einsatzfahrt.«

Bei der Überprüfung des Kriegstagebuchs von U-175 nach der zweiten Feindfahrt schrieb der Chef der Operationsabteilung im Auftrag von Admiral Dönitz:
»Dieses Unternehmen führte mangels Schiffsverkehr im Einsatzgebiet zu einem wenig tröstlichen Ergebnis. Der Kommandant gab sich unter schwierigen Bedingungen vor Dakar und Freetown Mühe, bedauerlicherweise ohne Erfolg. Die Entsendung nach Dakar kann aus heutiger Sicht als schlechte Entscheidung [des BdU] bewertet werden. Vor Freetown hatte er es mit starker Luftsicherung und dem fehlenden [feindlichen] Schiffsverkehr zu tun. Der Einsatz wurde von Anfang an durch Schwierigkeiten mit den Auspuffventilen behindert, die am 26. Dezember zum Abbruch der Operation gegen einen Geleitzug führten. Die Luftangriffe am 30. Januar verschärften diese Schwierigkeiten zusätzlich. Mehrere Begegnungen mit neutralen Schiffen waren eine Gemeinheit. Dem Kommandanten ist für das nächste Mal mehr Glück zu wünschen.
Ergebnisse: Ein Dampfer mit 7.000 BRT versenkt.«
(gez. Chef der Operationsabteilung)

Nach dem Ausdocken kehrte U-175 für kurze Zeit zurück in den Bunker III und dann endgültig wieder in den Scorff-Bunker. Der ursprünglich vorgesehene Zeitpunkt der Fertigstellung, der 4. April, wurde auf den 10. April verschoben, denn gerade jetzt, wo der Faktor Zeit von entscheidender Bedeutung war, war es entscheidend, dass das Boot zu seiner dritten Feindfahrt auslaufen konnte. Am 9. April, dem Tag vor dem Auslaufen, stellte man bei einer Musterung fest, dass zwei Fähnriche zur See unerlaubt abwesend waren. Sie wurden nach ihrer Rückkehr durch zusätzliche Seewachen bestraft.

Obwohl die Instandsetzungsarbeiten noch nicht ganz abgeschlossen waren, lief U-175, ausgestattet mit vierzehn Elektro- und acht Presslufttorpedos, am 10. April

* NID 03262/43 – CB 04051 (68) Befragung der Überlebenden U-175, S. 20, Juni 1943.

1943 um 18.00 Uhr aus Lorient aus. Den Platz, den auf der zweiten Feindfahrt die fünfzehn Elektrotorpedos belegt hatten, füllten jetzt Kisten mit Zitronen. Noch ungewöhnlicher aber war, dass die Werftarbeiter bis zum Erreichen der 200-Meter-Linie an Bord bleiben und versuchen mussten, die Instandsetzung abzuschließen. Von da kehrten sie dann mit dem Geleitfahrzeug zurück.

In Begleitung von U-226 (KptLt Borchers), dem unvermeidlichen Sperrbrecher und drei U-Jägern lief U-175 zwischen der Île de Groix und der Îles de Glenan hindurch und ließ dort um 20.10 Uhr Arbeiter, Geleitschiffe und das begleitende U-Boot hinter sich zurück. Dann fuhr man wie gewohnt nur noch nachts aufgetaucht. Das Boot tauchte zweimal, als das Metox Radarausstrahlungen auffasste, und tagsüber wurde die Fahrt gelegentlich verringert, um die Batterien aufgetaucht fahrend wieder aufzuladen. Am 15. April ging man davon aus, dass sich U-175 außerhalb der Reichweite landgestützter Patrouillenflugzeuge befand. Ohne jegliche Informationen mutmaßte die Besatzung, dass die Reise nach Nordamerika ginge, denn sie waren diesmal nach Nordwesten und nicht wieder nach Süden beordert worden.

Am Morgen des folgenden Tages, am 16. April, meldete der BdU einen Geleitzug (HX-233) im Quadrat BD 9.345 und gab den Befehl zum Angriff. U-175 machte sich mit voller Fahrt an seine Verfolgung. Nach zehn Stunden ohne Unterbrechung sichtete Bruns am 16. April um 23.51 Uhr endlich HX-233 voraus im Quadrat BE 4542. Kurz nach der abgegebenen Sichtmeldung gab er erneut einen Funkspruch an den BdU ab mit dem Inhalt, dass ihn ein »Zerstörer« geortet habe, ohne dass aber ein Angriff erfolgte. Nachdem es auf Parallelkurs gegangen war, lief U-175 die ganze Nacht hindurch mit Höchstfahrt und beschattete den Geleitzug aus maximaler Sichtweite, um sich in Angriffsposition vor den Konvoi zu setzen. In den frühen Morgenstunden des 17. April tauchte Bruns.

In der Zwischenzeit war der Funkspruch von U-175 an den BdU von U-382 (OLtzS Leopold Koch) und U-628 (KptLt Hasenschar) mitgehört worden, sodass beide Boote zum Angriff auf HX-233 zusteuerten.

8

Die Grauen Wölfe sammeln sich

Neben U-175 waren noch drei weitere U-Boote an dem Angriff auf den Geleitzug HX-233 beteiligt, und ihre Einsätze in den ersten Monaten des Jahres sollen in
diesem Kapitel beschrieben werden.

U-262

U-262 verließ unter dem Kommando des erfahrenen Ritterkreuzträgers Kapitänleutnant Heinz Franke, eines gebürtigen Berliners, der in seiner letzten Verwendung auf dem Schlachtschiff GNEISENAU gefahren war, den U-Boots-Stützpunkt
La Pallice am 27. März 1943 um 23.00 Uhr. Vier Stunden lang geleitete wie gewohnt ein Sperrbrecher das Boot. Tags darauf mußte es zu Notreparaturen wieder
nach La Pallice zurückkehren und konnte erst am 6. April um 18.15 Uhr wieder
auslaufen. Bei der Fahrt durch die Biskaya griffen Flugzeuge immer wieder U-262
an, dessen aufmerksame Ausgucks diese aber stets rechtzeitig ausmachten, sodass
das Boot mit Alarmtauchen auf Tiefe gehen konnte und dadurch verhinderte, getroffen zu werden.

U-262 war kein Unbekannter auf dem Schlachtfeld im Nordatlantik. Es hatte
auf seiner ersten Feindfahrt am 18. November 1942 südwestlich Island aus dem
Geleitzug ONS-144 die von Norwegern bemannte Korvette MONTBRETIA (die
ehemalige ROSE) sowie den in Amerika gebauten, 7.178 BRT großen britischen
Frachter OCEAN CRUSADER versenkt. Am 6. Februar 1943 versenkte das Boot die
unter polnischer Besatzung fahrende 2.864 BRT große ZAGLOBA aus dem Geleitzug SC-118 und beteiligte sich darüber hinaus an den Schlachten um die Konvois
MKS-31 und SK-140.

Vor dem Auslaufen aus La Pallice hatte KptLt Franke einen versiegelten Umschlag erhalten, der erst nach Eingang des Stichworts »Elster« geöffnet werden durfte. U-262 war als Unterstützungsboot für ein anderes vorgesehen, das bereits zuvor
ebenfalls mit »Sonderbefehlen« ausgelaufen war. Dabei kann es sich um U-376
(Marks) gehandelt haben, denn Franke bestätigte am 8. April den Eingang eines
Funkspruchs des BdU, der U-262 gemeinsam mit drei weiteren Booten in das Quadrat AK 88 (mittlerer Atlantik) beorderte, wohingegen (U-376) »Marks seinen Sonderbefehlen folgen sollte«. Zwei Tage später, am 10. April, wurde U-376 mit Bomben angegriffen und im Golf von Biskaya westlich Nantes versenkt.

Franke steuerte einen westlichen Kurs und stand am 15. April 1943 im Quadrat
BE 7553, als ein Funkspruch des BdU ihm um 23.15 Uhr befahl: »Sonderaufgabe
Stichwort Elster durchführen!« Am 10. April hatte Franke gemeldet, dass in der
Ferne Wasserbombendetonationen zu hören waren und er deshalb vorsichtshalber
drei Stunden lang unter Wasser geblieben war. Das ferne Bombardement mag sehr
wohl das Ende von U-376 bedeutet haben. Frankes Befehle am 15. April wiesen

ihn an, Marks und U-376 bei diesem Sonderauftrag zu ersetzen und nicht einfach zu »unterstützen«.

Am 14. April hatte der BdU die U-Boote in See, darunter auch U-262, mit einem Funkspruch darüber in Kenntnis gesetzt, dass er den als niederländischen Dampfer IRENE oder den als norwegischen Dampfer HØEGH SILVERSTAR beziehungsweise REINHOLT getarnten deutschen Blockadebrecher im Quadrat BE 9527 erwartete. Bei Insichtkommen sollten sie ihn sofort melden und mit ihm gemeinsam operieren. Die SILVAPLANA war als Prise des Hilfskreuzers ATLANTIS am 10. September 1941 östlich von Australien aufgebracht worden und mit einer Prisenbesatzung nach Frankreich entlassen worden, wo sie am 17. November 1941 in Boulogne festmachte. Als ein modernes, 1938 in Norwegen gebautes Motorschiff wurde sie danach als Blockadebrecher eingesetzt, lief am 20. Dezember 1942 in Kobe, Japan, ein und genau einen Monat später am 20. Januar 1943 Richtung Frankreich wieder aus.

Der britische Minenleger HMS ADVENTURE, der mit einer Ladung Minen, die im Mittelmeer geworfen werden sollten, auf dem Weg nach Gibraltar unterwegs gewesen war und sich wieder auf dem Rückmarsch nach Großbritannien befand, sichtete die als Niederländer IRENE getarnte SILVAPLANA unter Führung von Kapitän Wendt 275 Seemeilen westlich Vigo in Spanien. Obschon noch Meilen entfernt, signalisierte IRENE, ADVENTURE solle vorsichtig sein, da heute Morgen ein Unterseeboot gesichtet worden sei. Aus 8.000 m Entfernung morste Captain Bowes-Lyon der IRENE die Buchstabengruppe »WBA« des Internationalen Signalbuchs hinüber (»Stoppen Sie. Setzen Sie keine Boote aus. Funken Sie nicht. Keine Selbstversenkung. Bei Missachtung werden Sie beschossen.«). Binnen fünf Minuten hatten die 158 Mann in sieben Beibooten und auf zwei Flößen das Schiff verlassen, nachdem sie das Schiff in Brand gesteckt und die Zeitzünder der Sprengladungen aktiviert hatten.

Kapitänleutnant Heinz Franke, soeben mit dem Ritterkreuz ausgezeichnet am 8. Dezember 1943. Die Belastungen als Kommandant sind ganz deutlich zu erkennen.
(Fregattenkapitän a. D. Heinz Franke)

Der Kommandant der ADVENTURE nahm die Schiffbrüchigen an Bord, von denen sich, so Brice, viele U-Bootfahrer auf der Heimfahrt aus dem Fernen Osten befanden. Ihre Gefangennahme bewirkte, dass zwei komplette U-Bootbesatzungen für die Schlacht im Atlantik ausfielen. Nach Rohwers Einschätzung ist es jedoch schwierig, von »zwei kompletten U-Bootbesatzungen« zu sprechen, die bereits Mitte April 1943 aus Japan zurückgekehrt sein sollen, denn das erste U-Boot, das nach Japan auslief, um dort der Kaiserlichen Marine als Geschenk übergeben zu werden, war U-511. Es lief am 7. August 1943 in Kure ein und wurde am 16. September 1943 als RO-500 in Dienst gestellt. Auch trafen die ersten »Monsun«-U-Boote in Penang erst im Oktober und November 1943 ein. Der Verlust der Blockadebrecher SILVAPLANA und REGENSBURG (Letztere wurde etwa zur selben Zeit durch den Kreuzer HMS GLASGOW aufgebracht) trat kurz vor dem Zeitpunkt ein, als Deutschland das Konzept der Überwasser-Blockadebrecher etwa Mitte 1943 aufgeben musste.

U-262 stand ganz in der Nähe der SILVAPLANA im Quadrat BE 259 und lief zu ihrer Unterstützung mit Höchstfahrt darauf zu. Es wurde jedoch um 12.35 Uhr im Quadrat BE 9259 zweimal durch ein Flugzeug, den Beschreibungen nach einen viermotorigen Bomber, zum Alarmtauchen gezwungen. Möglicherweise verhinderte der Luftangriff, dass das Boot rechtzeitig eintraf, um der SILVAPLANA noch beistehen zu können, die, wie es aus einem Funkspruch des BdU hervorging, von einem Kreuzer angegriffen und versenkt worden war. U-262 traf am nächsten Tag um 04.00 Uhr an der Untergangsstelle ein, konnte aber nichts mehr entdecken. Kurz danach zwang ein Flugzeug das Boot erneut zum Alarmtauchen. Nach dem Auftauchen kam U-176 (Dierksen) in Sicht, er hatte den gleichen Auftrag erhalten und berichtete, dass er am Abend zuvor eine Explosion bemerkt hatte. Später am Tag sichtet U-262 leere Rettungsboote und Wrackteile. Um 23.02 Uhr befahl der BdU den U-Booten, die Operation abzubrechen und U-262, Quadrat AK 75 im mittleren Atlantik anzusteuern. Am anderen Morgen überraschte ein Flugboot (möglicherweise eine Catalina oder eine Sunderland) U-262 an der Oberfläche und warf neun Wasserbomben ab, das Boot aber konnte sich durch Alarmtauchen in Sicherheit bringen.

Als Franke seine versiegelten Anweisungen am Morgen des 15. April öffnete, entnahm er dem Befehl, dass er seinen Auftrag in Höhe der Nordspitze der Prince-Edward-Insel durchzuführen hatte, wo er mit flüchtigen Kriegsgefangenen Verbindung aufnehmen und sie retten sollte. Deutsche Offiziere im Kriegsgefangenenlager 70 in der Nähe von Fredericton, New Brunswick in Kanada, hatten geplant, von dort auszubrechen und sich zur Küste durchzuschlagen, die 14 Kilometer breite Northumberland-Straße zu überqueren und die Nordspitze oder den Nord-»Punkt«, wie es im Kriegstagebuch von U-262 nachzulesen ist, zu erreichen. Da sollte sie dann ein U-Boot an Bord nehmen. Der BdU hatte Franke mit den einschlägigen nautischen Informationen ausgestattet sowie auf zu erwartende Abwehrmaßnahmen hingewiesen und ihm zugleich freie Hand gelassen, selbstständig zu entscheiden. Er hatte aber keine Seekarten zur Verfügung gestellt, lediglich eine Karte von Nordamerika. Diese wäre aber nur von sehr begrenztem Nutzen gewesen.

Gleichzeitig befand sich Franke in der misslichen Lage, Geleitzüge zu melden und zu beschatten, die er auf seiner Fahrt dorthin in Sicht bekam, ohne sie allerdings angreifen zu dürfen. Deshalb verlangte er noch um 17.10 Uhr am selben Tag eine

Klarstellung der Befehle zum Angriff auf den Schiffsverkehr. Um 19.37 Uhr erteilte ein Funkspruch des BdU die Erlaubnis zu Angriffen westlich von Quadrat BB 9999, kanadische Küstengewässer. Dem Spruch war auch zu entnehmen, dass ein Treffen mit dem Tanker-U-Boot, U-462 (KptLt d.R. Vowe), vorgesehen war. Dieser Funkverkehr wurde vom Geleitzug HX-233 aufgefasst und ließ den Schluss zu, dass am 15. April U-Boote in der Nähe des Konvois standen.

Am darauf folgenden Morgen, nur acht Stunden später, lief U-262 mit beiden Antriebsdieseln in sparsamer Marschfahrt über Wasser, als die im Ausguck einen »Schatten in 270°« sichteten und als einen »Zerstörer« auf nordöstlichem Kurs erkannten. Ein paar Minuten danach waren zusätzlich drei weitere Schatten und 30 Minuten später noch einmal sechs Schatten auszumachen. Franke meldete um 04.34 Uhr dem BdU in einem Kurzsignal: »Geleitzug BD 9345 – U-262«. Um 05.15 Uhr befahl ihm dieser anzugreifen, ohne auf Verstärkungen zu warten, und sagte das für die Kraftstoffübernahme vorgesehene Treffen ab.

Um 05.40 Uhr bestätigte Franke dem BdU in einem Funkspruch: »Der Geleitzug ist jetzt klar am Horizont zu erkennen, sodass sich seine Fahrzeuge gut dagegen abheben. Neben drei Geleitfahrzeugen kann ich jetzt mindestens zwölf große Schiffe ausmachen, darunter eine Anzahl von Tankern im Zentrum des Konvois. Ich stehe jetzt etwa 5.000 m vor dem voraus laufenden Geleitzerstörer. Er muss mich allerdings optisch oder akustisch ausgemacht haben, denn er läuft direkt auf mich zu. Er verfolgt mich ständig und verringert den Abstand.« Plötzlich aber kam das Geleitfahrzeug aus einem Abstand von 3.000 m zum Angriff herangestürmt, als U-262 durch Alarmtauchen unter Wasser verschwand. Neun Minuten später warf der Zerstörer acht gut liegende Wasserbomben und zwang das U-Boot, noch tiefer zu tauchen. In dem Gruppenhorchgerät waren die Schraubengeräusche von zwei Zerstörern direkt über dem Boot zu hören, es fielen aber keine weiteren Wasserbomben. Gegen 07.30 Uhr wurde das Pingen des feindlichen Asdic schwächer, und gegen 08.00 Uhr waren auch die Schraubengeräusche nicht mehr zu hören.

Wenn man in Frankes Kriegstagebuch nachliest, kann man sich leicht die unerträgliche Stille vorstellen, in der jeder Einzelne zunächst auf die gefährlich genau liegenden Wasserbomben wartete und dann die Detonation fühlen konnte. Nach zwei Stunden geschickten Manövrierens hatten sich Frankes Hoffnungen zerschlagen. Eben noch stand er in bester Angriffsposition, als ihn plötzlich das Glück verließ. Das Geleitfahrzeug hatte ohne Zweifel den Funkverkehr zwischen Franke und dem BdU aufgefangen, es wusste, dass ein U-Boot in der Nähe lauerte, ortete das Boot und schoss sich darauf ein.

Nachdem er eine halbe Stunde gewartet hatte, tauchte Franke auf Sehrohrtiefe auf und sichtete 4.000 m entfernt das Heck eines »Zerstörers«, der gestoppt hatte oder nur geringe Fahrt voraus machte. Eine Minute später drehte das Geleitfahrzeug auf U-262 zu, und Franke ging mit Alarmtauchen tief hinunter. Das Geleitfahrzeug hielt sich an Backbordseite und lief nur mit geringer Fahrt voraus. Das Schraubengeräusch eines zweiten Fahrzeugs, eines Zerstörers, war an Steuerbordseite zu hören, es fielen aber keine Wasserbomben mehr. Gegen 10.30 Uhr wurden die Schraubengeräusche des ersten Zerstörers schwächer und verschwanden dann ganz, und kurz nach 11.00 Uhr verschwanden auch die des zweiten, diesmal aber blieb Franke tief unten. Um 13.15 Uhr wagte er aufzutauchen und konnte weder die Geleitfahrzeuge noch den Konvoi entdecken. Zugegebenermaßen erleichtert

änderte er seinen Kurs auf 240° fort vom Geleitzug und lief mit beiden Antriebsdieseln volle Fahrt voraus in Richtung Kanada. Nach einer Kursänderung auf 260°
setzte Franke einen Funkspruch an den BdU ab: »Seit 06.00 Uhr von Zerstörern
unter Wasser gedrückt. Wasserbomben. Kontakt verloren, letzte Position des Konvois BD 9356, Kurs Nordost, 9 Knoten, zwölf große Schiffe erkannt. Gehe auf
westlichen Kurs – 100 Kubikmeter [Kraftstoff]. – Franke« U-262 war wieder unterwegs, um zu einem festgelegten Datum an einer abgelegenen Stelle deutsche
Kriegsgefangene an der kanadischen Küste zu retten.

Jeder, der mit den Umständen in deutschen Kriegsgefangenenlagern während
beider Weltkriege vertraut ist, wird auch die unterirdischen Aktivitäten und die
endlosen Fluchtversuche alliierter Gefangener kennen. Einige davon wurden durch
Hollywood-Filme populär, andere genauer in Büchern beschrieben. Deutsche
Kriegsgefangene unternahmen zunächst in England, später in Kanada und zuletzt
in Amerika eben solche Versuche und hatten bei einigen davon trotz der weiten
Entfernung von ihrem Heimatland sogar Erfolg. Dienstgradhöhere deutsche Offiziere überwachten die Ausbruchspläne, koordinierten deren Ablauf und sorgten für
das sorgfältige Fälschen der Ausweispapiere und das Schneidern der Zivilbeklei-
dung. Gruppen von Kartenzeichnern fertigten detaillierte Landkarten an, die für
den Tunnel verantwortlichen Gruppen fertigten die Werkzeuge, um Gänge unter
dem Stacheldraht hindurch und aus dem Lager zu graben, wobei sich U-Bootoffi-
ziere und -besatzungen von Anfang an bei dieser Art von Beschäftigung hervorta-
ten. Admiral Dönitz, der schon früh die Bedeutung regelmäßiger Kontakte zu seinen Männern erkannt hatte, entwickelte ein einfaches Verschlüsselungssystem, um
die Zensur der Briefe von und an deutsche Gefangene zu überlisten. Die Rückfüh-
rung verwundeter oder behinderter Gefangener diente als ein weiteres Glied in dieser Kette, sodass letztlich zwischen dem BdU und den Kriegsgefangenen die Pläne
abgestimmt werden konnten, mit denen Ausbrecher sich mit U-Booten vor der kanadischen Küste treffen konnten, um gerettet zu werden.

Darüber hinaus hatte Dönitz vorhergesehen, dass die Rückkehr entflohener Gefangener aus kanadischen Lagern die Alliierten dazu zwingen würde, erhebliche
Kräfte abzuzweigen, während es gleichzeitig seine Männer auf beiden Seiten des
Stacheldrahts ungeheuer ermutigte, indem er unersetzliches, gut ausgebildetes Personal in einer Zeit steigender Verluste befreite. Auch wenn sie immer ein Propa-
gandaerfolg ungeheuren Ausmaßes bedeuteten, war eine gelungene Flucht gleichermaßen eine mögliche Quelle für die lebenswichtige Nachrichtengewinnung. Korvettenkapitän Peter »Ali« Cramer, der als Kommandant von U-333 in den Einsatz-
stab der U-Boote kommandiert wurde, um seine in See erlittenen schweren Ver-
wundungen auszuheilen, überwachte die Ausarbeitung dieses Plans und traf bis
zum 27. März die notwendigen Maßnahmen, die dazu führten, dass U-262 mit
dem geheimen Umschlag aus La Pallice in Frankreich auslief. Das Boot befand sich
tatsächlich auf der Fahrt in den St.-Lorenz-Golf zum Treffpunkt mit geflohenen
deutschen Kriegsgefangenen, als es auf den Geleitzug HX-233 stieß.

Das Kriegstagebuch von U-262 für den Zeitraum 16. Februar bis 25. Mai 1943
einschließlich der sechs beigefügten Diagramme und der Auszüge aus dem Funkverkehr belegen, dass U-262 eine Zeit lang vor der Küste des »Nord-Punktes« der Prinz
Edward Insel in Kanada operierte. Weil sich aber im Frühling das Eis im St.-Lorenz-
Strom und dem Golf für gewöhnlich an der engen, verstopften und nur 58 Seemeilen

breiten Cabot-Straße auftürmt, stand Franke bei dem einzig möglichen Zugang zu dem beabsichtigten Treffpunkt vor einem bemerkenswerten Hindernis. Dort folgte die kaum bekannte Geschichte einer Durchfahrt unter einer Eisdecke, möglicherweise der ersten eines Unterseeboots. Trotz erheblicher unbeabsichtigter Beschädigungen, darunter auch die klemmenden Riegel an drei Torpedorohren, die das U-Boot praktisch wehrlos machten, erreichte U-262 die Nordspitze und operierte erfolglos einige Tage in Sichtweite davon. Trotz günstiger Wetterbedingungen tauchte dort kein entflohener Gefangener auf, sodass U-262 sich am 6. Mai mittags aus diesem Gebiet zurückzog. Franke schrieb in sein Kriegstagebuch: »Es ist ein solcher Jammer, dass ich ohne Erfolg umkehren muss.« Worin ihm Professor Hadley Recht gab: »Es ist einer der großartigsten der Nachwelt überlieferten Fehlschläge.« Als Grund für diesen Fehlschlag nennt Korvettenkapitän Peter Cramer den Umstand, dass die Royal Canadian Mounted Police nach einem vorausgegangenen erfolglosen Ausbruchsversuch offensichtlich Wind von dem geplanten Vorhaben bekommen und im Lager 70 die Sicherheitsmaßnahmen verstärkt hatte. Der geplante Ausbruch hat nie stattgefunden.

Nachdem es am 18. Mai im Quadrat BD 9736 von einer »Milchkuh«, U-459, (Korvettenkapitän von und zu Wilomomitz-Moellendorf), Kraftstoff und frische Verpflegung übernommen hatte, kehrte U-262 sicher nach La Pallice in Frankreich zurück, wo es am 25. Mai einlief.* Die Auswertung von Frankes Kriegstagebuch vom Zeitraum 16. Februar bis 25. Mai erwähnt seine Begegnung mit dem Geleitzug HX-233 nicht, lobt ihn aber wie folgt:

»Der Spezialauftrag war vom Kommandanten wohl durchdacht und richtig verstanden worden. Die Schwierigkeiten, auf die er auf Grund der Eislage stieß, waren extrem, wurden aber durch wohl durchdachte Gegenmaßnahmen (darunter auch Tauchfahrten unter dem Eis!) energisch überwunden. Das erwartete Ergebnis wurde ohne das Verschulden des Kommandanten nicht erreicht.

… Im übrigen keine weiteren Bemerkungen.«

(gezeichnet) Chef der Operationsabteilung für den BdU

U-628

U-628, das einzige Boot, dem ein erfolgreicher Angriff auf den Geleitzug HX-233 gelang, lief am 8. April 1943 um 04.35 Uhr unter Geleitschutz aus Brest aus, um ab 20.18 Uhr unabhängig mit sparsamer Marschfahrt der beiden Antriebsdiesel auf Kurs 270° weiterzulaufen. Auch U-628 mit seinem erfahrenen Kommandanten, Kapitänleutnant Hasenschar, war ebenfalls kein unbeschriebenes Blatt in der Schlacht im Atlantik, da es bereits gegen die Geleitzüge ONS-154 und ON-166 im Einsatz gestanden hatte.

Kurz nachdem seine Geleitfahrzeuge abgedreht waren, begann für U-628 das tödliche Versteckspiel mit den feindlichen Flugzeugen. Wiederholt war es zum Alarmtauchen gezwungen, aber mit Hilfe des neuen Radarwarngeräts und wachsamen Ausgucks entging es der Gefahr, getroffen zu werden. Am 15. April befahl ein Funkspruch des BdU, einen anderen Kurs zu steuern, und U-628 ließ die Biskaya hinter sich und steuerte den mittleren Atlantik an.

Tags darauf um 05.20 Uhr übermittelte der BdU Frankes Sichtmeldung eines Konvois im Quadrat BD 9345, der mit 9 Knoten auf nordöstlichem Kurs lief, und

---

* Franke übernahm als Kommandant U-2502, eins der neuen Boote vom Typ XXI, gebaut bei Blohm & Voss in Hamburg, das er am 29. Mai 1945 in Horten, Norwegen, ausliefern musste. Das Boot wurde nach England überführt und im Rahmen der Operation Deadlight auf See versenkt.

Kapitänleutnant Heinrich Hasenschar, Kommandant
U-628, das SS FORT RAMPART torpedierte.
(Gustav Brückmann)

befahl Hasenschar (U-628), Bruns (U-175), Borchers (U-226), Koch (U-382) und Looks (U-264), mit Höchstfahrt darauf zuzulaufen, um den Geleitzug abzufangen, und befahl gleichzeitig Franke (U-262), diesen anzugreifen.

U-628 marschierte über Wasser und erreichte den angegebenen Treffpunkt, ohne den Geleitzug in Sicht zu bekommen oder irgendeine weitere Information über Franke zu erhalten. Dann aber hörte Kapitänleutnant Hasenschar kurz vor Mitternacht mit, dass Bruns (U-175) einen Zerstörer in Quadrat (BE?) 4542 meldete und machte für den 17. April nachfolgende Eintragungen in seinem Kriegstagebuch:

03.07 Uhr BE 4288:	Getaucht, um zu horchen. Schwache Geräusche in 130°–160°.
07.14 Uhr–4614:	2 laute Detonationen (Torpedos oder Wasserbomben), muss dicht am Geleitzug stehen.
07.24 Uhr	In 190° Zerstörer in Sicht. Kurz danach *weiter südlich* mehrere große Schatten. U-628 sichtet den Konvoi auf Kurs 050°–060° achteraus vom Zerstörer.
07.53 Uhr	Kurzsignal an BdU: »Halte Kontakt mit Geleitzug – U-628.« Da nur noch wenig Zeit bis Sonnenaufgang, sofort zum Angriff angesetzt. Konnte dicht an vorderer Flanke unerkannt zwischen den beiden flankierenden Zerstörern durchstoßen, die in engen Zickzackkursen etwa 5.000 m von der Flanke des Geleitzugs entfernt operieren. Der Konvoi selbst fährt in einer breiten Formation mit 2 oder 3 Schiffen in jeder Kolonne. Mindestens 15 sehr große, schwer beladene Schiffe ausgemacht. Wahrscheinlich fahren da noch mehr. Zwischen den Schiffen oder in geringer Entfernung seitlich 2 weitere Geleitfahrzeuge erkannt. Hatte beabsichtigt, einen Zweierfächer aus Rohren I und III auf die beiden sich überlappenden Frachter

zu schießen. Durch Fehler des Befehlsübermittlers gezwungen, ohne genaue Zieldaten in Handabfeuerung zu schießen. Abgefeuert. Fehlschuss. Zweierfächer aus Rohren II und IV auf 2 tief liegende Frachter mittlerer Größe. Gewendet für Hecktorpedo aus Rohr V auf nächsten Frachter dahinter – nach 2 Minuten 56 Sekunden Treffer auf dem vorderen Frachter, 2 Sekunden später ist die Explosion deutlich im Boot zu hören. Etwa 3 Minuten später, nach einer Laufzeit von $4^{1}/_{2}$ Minuten, traf der letzte Torpedo den anvisierten hinteren Frachter. Vorderkante Brücke. [Anmerkung: Ein verwirrender Eintrag, möglicherweise eine vorzeitige Detonation im Wasser, da kein weiteres Fahrzeug dieses Geleitzugs mehr getroffen wurde, und FORT RAMPART zu diesem Zeitpunkt nur einen Torpedotreffer erhalten hatte. Beachten Sie ebenfalls die Bewertung des BdU am Ende dieses Abschnitts hinsichtlich weiterer fragwürdiger Eintragungen von Hasenschar]. Das zuerst getroffene Schiff [FORT RAMPART] setzte im Mast ein weißes Licht.

08.15Uhr PQ 4617: In der Zwischenzeit ist es sehr hell geworden, dennoch war es mir möglich, aufgetaucht abzulaufen, um wieder aus dem Sicherungsschirm der Geleitfahrzeuge herauszukommen. Ich kann nicht verstehen, dass die 4.000–6.000 m entfernt stehenden Zerstörer [die Coast Guard Kutter SPENCER und DUANE], die mit bloßem Auge auszumachen sind, mich nicht sehen. Setze mich in südwestlicher Richtung ab. Es ist jetzt so hell, dass ich mich entschloss zu tauchen, um kein weiteres Risiko einzugehen gesehen zu werden. Getaucht. Im Sehrohr erkenne ich, dass ein Schiff über das Heck sinkt. Ich befehle, zwei Torpedos nachzuladen, nähere mich getaucht dem bewegungslosen Fahrzeug [FORT RAMPART]. Bei diesem Anlauf meldet das Horchgerät Zerstörergeräusche aus drei verschiedenen Richtungen. Nichts zu sehen im Sehrohr.

11.30 Uhr PQ 4615 Torpedoschuss aus Rohr II, Tiefeneinstellung 7 m – nach 20 Sekunden Treffer mittschiffs gefolgt von hoher, weißer Wassersäule. Schiff bäumt sich in der Mitte auf und zerbricht. Heck taucht rasch ein. Frachter geschätzt auf 5.000 BRT, britisch, 2 Stummelmasten, schwer beladen, 5 Luken. Auch ein Signalmast auf der Brücke, es weht »NSA«. Bewaffnung am Heck und mittschiffs jeweils ein Deckgeschütz 7,5 cm. Am Heck Vierlingsflaks. Auf der Brücke jeweils ein 3,7-cm-Geschütz auf beiden Seiten, das gleiche in den Nocken. Holz als Deckladung, etwa 8 m lange Balken, wahrscheinlich zur Zelluloseherstellung. Besatzung hat Schiff bereits verlassen.

Kurz nach Schussabgabe: »Ein Zerstörer kommt in Sicht, nähert sich dem Wrack mit hoher Fahrt. Ein paar Minuten später nähern sich zwei weitere Zerstörer aus verschiedenen Richtungen, offenbar eine Suchgruppe, die außer Sichtweite lauerte, bis das Schiff getroffen war. Wahrscheinlich die Gruppe, die Looks (U-264) gemeldet hatte.« Da er wusste, dass ein Angriff mit nur noch einem einzigen Torpedo im

Rohr hoffnungslos war, ging Hasenschar auf große Tiefe. Es handelte sich in der Tat um eine Suchgruppe der 3. Unterstützungsgruppe, die sich aus britischen Zerstörern zusammensetzte. Diese Gruppe bestand aus den Schiffen HMS OFFA, PENN, PANTHER und IMPULSIVE, die soeben eingetroffen waren, um die Geleitgruppe von HX-233 zu verstärken. OFFA hatte das Boot mit seinem Asdic aufgefasst.

Zwei Zerstörer liefen langsam an und suchten es mit ihren Sonargeräten. Nach wenigen schlecht gezielten Wasserbomben beschädigten um 12.49 Uhr und dann noch einmal um 13.09 Uhr zwei sehr genau liegende Serien aus etwa fünfzehn nahezu gleichzeitig detonierenden Wasserbomben das Boot, das tief unten blieb und mit Schleichfahrt ablief. Nachdem die Zerstörer schließlich abgedreht waren, entfernte sich U-628 unter Wasser aus dem Gebiet des Geleitzugs. Dabei sichtete Hasenschar durch das Sehrohr das Vorderteil des Wracks inmitten leerer Rettungsboote und Trümmer in einem riesigen Treibholzfeld. Über die Bordsprechanlage gab er bekannt: »Wir werden das Wrack mit Geschützfeuer versenken« und tauchte auf. Die Geschützbesatzung gab 130 Salven aus dem 8,8-cm-Geschütz an Oberdeck auf die zerschlagenen Überreste der FORT RAMPART ab, welche die Brücke und die Holzladung an Oberdeck in Brand setzten. Der Bug aber schwamm auf ebenen Kiel weiter und hielt sich hartnäckig über Wasser. Nach Abgabe der täglichen Routinemeldung gegen Mittag lief Hasenschar auf dem befohlenen westlichen Kurs ab.

U-628 sollte sich später dem neu gebildeten Rudel der Gruppe »Specht« anschließen, die aus siebzehn U-Booten bestand und die den Geleitzug ONS-5 mit bemerkenswertem Erfolg angriff. In diesem Zeitraum versenkte U-628 ein Schiff und beschädigte ein weiteres. Es lief am 19. Mai 1943 um 19.46 Uhr in Brest ein und wurde nach einer Einsatzfahrt von fünf Wochen, bei der es 6.993,5 Seemeilen, davon 522,7 getaucht, zurückgelegt hatte, sicher in seinem Bunker vertäut.

Die Auswertung von Hasenschars Kriegstagebuch für den Einsatz vom 8. April bis zum 19. Mai 1943 enthält die folgenden Ausschnitte:

HMS OFFA, ein Zerstörer der »O«-Klasse, 1941 in Dienst gestellt. Er hatte eine Besatzung von 175 Mann.
(Imperial War Museum)

»Während dieses Einsatzes traf das Boot auf drei Geleitzüge. Vom 16. bis
17.04. operierte das Boot außergewöhnlich gut gegen den ›Franke-Konvoi‹,
stellte zügig den Kontakt her und entschied, dass nur ein Nachtangriff von
Erfolg gekrönt wäre …
Die Beobachtung eines Treffers am 5. Mai nach einer Laufzeit von 7–9 Minuten
ist höchst fraglich, denn es ist bekannt, dass der Steuerapparat [des
Torpedos] normalerweise nur maximal sieben Minuten funktioniert … Die
gemeldeten Versenkungen werden daher als fragwürdig erachtet.«
Der Chef der Operationsabteilung für den BdU
Von den sechs gemeldeten Versenkungen wurden Hasenschar lediglich drei anerkannt: ein Frachter (angesichts der Kennzeichnung und Eintragung auf der Liste
die FORT RAMPART), ein Dampfer sowie eine Korvette.

U-226

U-226 war ein VII C-Boot, 750 Tonnen groß, es war auf der Germania Werft
in Kiel gebaut worden und wurde am 1. August 1942 in Dienst gestellt. Es war seine zweite Feindfahrt unter seinem Kommandanten, Kapitänleutnant Rolf Borchers,
als es am 10. April 1943 um 17.55 Uhr gemeinsam mit U-175 in Lorient ablegte.
Nachdem das gewohnte Geleit der »Sperrbrecher« umgekehrt war, trennten sich
die Boote, um einzeln auf Westkurs weiterzulaufen.

U-226 ließ am 15. April die Biskaya hinter sich und erreichte das Quadrat BE
2648 gegen Mitternacht. Am 16. April entnahm Borchers um 06.24 Uhr dem
Funkspruch des BdU, dass Franke um 04.34 Uhr im Quadrat BD 9345 einen Geleitzug (HX-233) auf nordöstlichem Kurs gesichtet hatte. Die Position lag südwestlich der von U-226. Der BdU befahl Borchers, mit »höchst möglicher Geschwindigkeit« darauf zuzulaufen und Franke bei dem Einsatz gegen den Konvoi zu folgen. Um 03.50 Uhr erreichte U-226 der um 13.40 Uhr von Franke an den BdU ab-
gesetzte Funkspruch, wonach er von einem »Zerstörer« angegriffen worden war,
den Kontakt verloren hatte und als letzte bekannte Position Quadrat BD 9356,
Kurs 090° nannte.

In einem Kurzsignal teilte der BdU am 17. April um 06.50 Uhr mit, dass U-382
(Koch) den Geleitzug im Quadrat BE 4537 gesichtet hatte. Da Franke abgedrängt
worden war, wurde er nun als »Kochs Geleitzug« bezeichnet. Borchers befand sich
im Quadrat BE 1999 und lief darauf zu. U-226 sichtete HX-233 um 07.37 Uhr in
Peilung 230° in einer breiten Formation im Quadrat BE 4585. Borchers vermerkte, dass rätselhafte 30 Seemeilen Unterschied zwischen der von ihm und der von
U-382 berechneten Position lagen. Wichtiger für Borchers war aber erst einmal, zu
einen sofortigen Unterwasserangriff anzusetzen, da es jetzt schnell hell wurde. Dabei blieb ihm keine Zeit mehr, dem BdU zu melden, dass er den Geleitzug aufge-
spürt hatte. U-226 tauchte auf 30 m und steuerte eine Angriffsposition dicht vor
dem Geleitzug an. Als es zum Angriff auf Sehrohrtiefe ging, verlor das Boot für einen Augenblick seinen Trimm und durchbrach die Oberfläche.* Als Borchers unverzüglich mit Alarmtauchen auf große Tiefe ging, erwartete er einen sofortigen
Regen von Wasserbomben, was aber nicht geschah. Er hatte allerdings eine vor-
zügliche Gelegenheit zum Angriff verpasst. Um die zu erwartenden heftigen Ge-

---

* Dies wurde als »Wrack« angesehen und vom Ersten Offizier und Ausgucks auf dem norwegischen Tanker
STIKLSTADT, der auf Position 92 im Geleitzug stand, weitergemeldet.

FORT RAMPART. Das Foto zeigt das Schiff in New York mit einer Deckladung Holz unmittelbar vor seiner Eingliederung in den Geleitzug HX-233. (The Steamship Historical Society of America)

genangriffe auf die falsche Spur zu lenken, stieß er drei »Bolde«-Täuschkörper, die Wasserstoffbläschen entwickelten, aus, welche die Geleitfahrzeuge mit Erfolg dazu verleiteten, die Wasserbomben auf dieses Täuschziel zu werfen. Das U-Boot zählte neun Serien zwischen 08.56 Uhr und 09.00 Uhr, glücklicherweise fielen sie in einiger Entfernung mehr in Richtung auf den Konvoi. Dabei sollte es sich um den ersten Angriff auf U-175 handeln, der schließlich zu seiner Vernichtung führte.

U-226 war zweifellos am 17. April gegen 09.00 Uhr vom Asdic der Korvette HMS BERGAMOT geortet worden, eines der »zwei Zerstörer« über dem Boot, die zunächst aufstoppten, horchten und dann mit dem Angriff begannen. Gegen 13.30 Uhr hatte man in U-226 dreiundfünfzig Wasserbomben registriert, von denen einige dicht genug lagen, um dem Boot, besonders am Tauchtank III und dem Magnetkompass, schwerwiegende Beschädigungen zuzufügen. Außerdem richteten sie eine Menge geringerer Schäden an. Das Boot begann über das Heck zu sinken, sodass Borchers befahl, den Tauchtank III auszublasen, um das Boot wieder aufzurichten. Diese Geräusche wurden von den Horchgeräten der Geleitfahrzeuge sofort aufgefasst, worauf die Wasserbombenangriffe von neuem einsetzten. Im Boot erstarben jegliche Geräusche, und gegen 14.00 Uhr wurden die Geräusche der Ortungsgeräte immer leiser, während Wasserbomben in immer größerer Entfernung noch zu vernehmen waren. Auch noch um 23.18 Uhr waren Serien von Wasserbomben zu hören, die im Sechs-Minuten-Abstand fielen und die nicht dazu rieten aufzutauchen.[*]

Etwa kurz vor Mitternacht waren mehr als neunzig Wasserbombern gezählt worden, einige davon waren möglicherweise Echos. Borchers begann jetzt mit den Reparaturen an seinem Boot. Der Magnetkompass funktionierte nicht mehr, da Wasser eingedrungen war; einige der Belüftungsventile waren defekt, einige andere hatten geringere Schäden davongetragen und der verfügbare Atemluftvorrat war auf 75 kg abgesunken. (Konnte etwa U-226 die gleichen Schäden wie U-175 bei seiner Versenkung erlitten haben? Es gibt Anzeichen dafür, dass es U-226 beinahe genauso ergangen wäre.) Um Mitternacht tauchte Borchers auf und erkannte, dass seine an Oberdeck gelagerten Reservetorpedos in ihren Schutzabdeckungen in gutem Zustand waren – eine beruhigende Feststellung. Genau vier Minuten später meldeten die Ausgucks einen Schatten achteraus. Da das Fahrzeug ihm aber nicht folgte, riskierte es Borchers, trotz des hellen Mondscheins darauf zuzulaufen und erkannte aus geringer Entfernung, dass es sich um »einen recht großen beschädig-

* Dies ist schwer zu erklären, da es in den alliierten Quellen nicht bestätigt wird.

ten Dampfer handelte, dessen Besatzung sich noch an Bord befand«. Da das U-Boot noch immer seinen Luftvorrat ergänzte und die Batterien auflud, lief es mit geringer Fahrt daran vorbei, ohne auch nur den Versuch zu machen, das Schiff zu versenken.

Einige Minuten später meldete Borchers dem BdU, dass er zwar mit Wasserbomben angegriffen worden sei, aber die Verfolgung wieder aufnehmen werde. Um 01.15 Uhr teilte der BdU mit, dass U-614 (Sträter) Flugzeuge gemeldet habe und dass »Zerstörer« ihn um 00.27 Uhr zum Tauchen gezwungen hätten. Er übermittelte auch, dass der Geleitzug zuletzt um 22.20 Uhr im Quadrat BE 2795 auf Kurs 020° gesichtet worden sei und dass ein Funkspruch von U-382 (Koch) darauf hindeutete, dass ein Nachtangriff durchaus möglich sein könnte.

U-226 empfing um 02.25 Uhr einen Funkspruch des BdU, der um 13.01 Uhr des vorherigen Tages, des 17. April, freigegeben worden war, in dem er die Boote in »Kochs Konvoi« in Kenntnis setzte, dass:

> »1) Nutzen Sie, da es jetzt so lange hell ist, auf alle Fälle auch den Tag zu Unterwasserangriffen. 2) Für die Nacht ist sicherzustellen, dass mit Einbruch der Dunkelheit die Boote vor dem Geleitzug stehen. Das Ziel muss sein, im Rudel anzugreifen, da gleichzeitige Überraschungsangriffe einer Anzahl von Booten die besten Aussichten auf Erfolg bieten. Von morgen ab ist starker Widerstand zu erwarten. Operieren Sie daher mit dem größten Nachdruck und nutzen Sie jede Gelegenheit heute und in der kommenden Nacht.«

Endlich konnte Borchers seine ganze Aufmerksamkeit dem immer noch schwimmenden Wrack der FORT RAMPART widmen. Um 03.33 Uhr schoss er einen Torpedo darauf ab und erzielte einen Treffer; 18 Minuten später erfolgte der zweite Torpedotreffer und ein paar Minuten darauf der dritte. Kurz danach befahl der BdU: »Operation am Vormittag 18.04. abbrechen« und wies gleichzeitig Borchers und Hasenschar an, das Quadrat BD 51 anzusteuern. Borchers meldete die Versenkung eines 7.000 Tonners und bestätigte, dass er noch 95 Kubikmeter Kraftstoff habe. U-226 setzte seinen Einsatz fort und kehrte am 17. Mai 1943 um 18.45 Uhr nach St. Nazaire zurück, um dann auf seiner nächsten Feindfahrt im Nordatlantik in Höhe Neufundland durch die Sloops STARLING, WOODCOCK und KITE der Royal Navy versenkt zu werden. Der BdU sprach U-226 seine Anerkennung für die Versenkung eines »beschädigten halben Schiffes mit 3.500 BRT« aus und beurteilte Borchers' Feindfahrt am 17. Mai wie folgt:

> »Eine außergewöhnlich gute Gelegenheit zum Angriff wurde [17. April] durch einen mechanischen Fehler im Steuermechanismus der Tiefenruderanlage verpasst. Der Kommandant hätte schon *früher*, nach dem Ende der Sonarsuche und der Wasserbombenangriffe, auf Sehrohrtiefe gehen müssen, um die Lage zu klären. Die Versenkung des beschädigten Schiffes war ein kleiner Trost.
> Vom 05.05. auf 06.05. stand das Boot in der Gruppe »Fink« gegen »Hasenschars Geleitzug« im Einsatz und nahm rasch die Fühlung dazu auf. Es ergab sich jedoch keine Gelegenheit zum Angriff, da das Boot durch Zerstörer und Wasserbombenangriffe in große Tiefe gezwungen wurde. Ausfall und Schäden an [lebenswichtiger technischer Ausrüstung] und der geringe Kraftstoffbestand quälten den Kommandanten, der den Einsatz schließlich abbrechen musste.
> Der Kommandant führte sein Boot den Umständen nach in geeigneter Weise und hat dank wertvoller Erfahrungen im Umgang mit heftigen Flieger- und Zerstörerangriffen sowie der Versenkung eines beschädigten Schiffes seinen Auftrag zufriedenstellend ausgeführt.«
> Chef der Operationsabteilung

9

Die Schlacht um den Geleitzug
HX-233 und der Verlust von U-175

Bis vor kurzem wusste jeder auf Seiten der Alliierten, dass zwischen dem 16. und 18. April 1943 zwei oder drei, vielleicht sogar vier U-Boote auf den Geleitzug HX-233 operierten. Das Kriegstagebuch des BdU und Funkkladden zeigen jedoch, dass eine überraschend große Anzahl von acht U-Booten gegen den Geleitzug angesetzt waren. Dazu gehörten die auslaufenden Boote: U-175, U-226, U-262, U-264, U-358, U-382, U-614 und U-628. In der Morgendämmerung des 17. April verloren die Alliierten nur ein Schiff, die FORT RAMPART. Später am selben Morgen versenkten die Alliierten U-175.

Kurzwellenfunkpeilungen und U-Bootkontaktmeldungen am 15. April, alle als zu weit entfernt bewertet, hätten den Kommandeur der Geleitfahrzeuge auf dem Küstenwachkutter SPENCER warnen müssen, dass mindestens ein U-Boot (U-262) Abfangkurs auf den Konvoi steuerte. SPENCER, auf Geleitposition vor dem Konvoi, erhielt um 03.40 Uhr des folgenden Tages Radarkontakt eines nicht identifizierten Objekts in Peilung 150°, Entfernung 7.000 m, und näherte sich mit Höchstgeschwindigkeit, um es zu untersuchen. Der Kontakt ging in einer Entfernung von 3.100 m verloren, als das U-Boot tauchte. SPENCER fuhr wenige Minuten später einen Angriff mit 6 MK VI- und 5 MK VII-Wasserbomben. Bei der folgenden Quadratsuche wurde erneut auf 1.300 m ein Sonarkontakt aufgefasst und darauf erfolglos acht »Mausefalle«-Raketen* eingesetzt. Ein weiterer Raketeneinsatz brachte wiederum keinen Erfolg, obgleich ein unerklärlicher Ölfleck bemerkt wurde. Alle drei Angriffe wurden als erfolglos eingestuft.

Franke (U-262) meldete einen ähnlichen Angriff mit wiederholten Wasserbombenwürfen um 05.45 Uhr deutscher Zeit, die ihn bis nachmittags unter Wasser zwangen und den Kontakt zum Geleit verloren gehen ließen. HMCS WETASKIWIN, welche die SPENCER bei der Suche nach U-262 unterstützte, wird wohl der zweite »Zerstörer« gewesen sein, den Franke meldete. Es handelte sich um einen Angriff, der wesentlich wirksamer war, als die Geleitfahrzeuge vermuteten. Ohne weiteren Sonarkontakt verließen die Geleiter um 14.34 Uhr das Einsatzgebiet auf Ausweichkursen. Sie erreichten um 15.30 Uhr den Konvoi auf Position 45°49'N 24°15'W, während das U-Boot seinen Kurs wieder auf Kanada absetzte.

Am nächsten Morgen, dem 17. April, fasste SPENCER auf der Station »Able« hinter dem Geleitzug um 04.12 Uhr einen Radarkontakt in Peilung 092°, Abstand 13.000 m, auf. Sie stand auf Position 47°04'N 22°06'W. Sechsunddreißig Minuten später sichtete sie ein »dunkles Objekt rechts voraus« und stellte in 089° einen Sonarkontakt her. Fünf Minuten später aber verlor sie den Radar- und den Sichtkon-

---

* Eine amerikanische Entwicklung, vergleichbar dem »Hedgehogwerfer«, bestehend aus 24 Raketen von je 60 Pfund, die von Stempeln gefeuert wurden. Vier bis acht dieser raketengetriebenen Wasserbomben wurden von einem Werfer auf dem Vorschiff verschossen.

Der Tanker G HARRISON SMITH brachte 125.392 Fässer Treibstoff nach Bowling am Clyde, nachdem er Position 31 im Konvoi eingenommen hatte und Ziel des von U-175 abgebrochenen Angriffs war.
(The Steamship Historical Society of America)

takt auf 2.000 m Entfernung, als das U-Boot tauchte. Begleitet von HMS DIANTHUS warf SPENCER zwei Wasserbomben Mark VII auf Position 47°10'N 22°12'W, von denen eine nicht detonierte.

Bei diesem Kontakt konnte es sich nicht um U-175 gehandelt haben, da es zu diesem Zeitpunkt gerade den Konvoi sichtete, und Borchers erst eine Stunde später eintraf. Möglicherweise handelte es sich hierbei um Koch, dessen Sichtmeldung Borchers ohne weitere Erläuterungen um 06.50 Uhr deutscher Zeit empfing. Hasenschar war mit Sicherheit nicht angegriffen worden, meldete aber »zwei laute Überwasserexplosionen«, kurz bevor er um 05.55 Uhr Greenwich-Zeit die FORT RAMPART innerhalb der Geleitsicherung torpedierte.

Die Explosion auf FORT RAMPART weckte den Autor, der auf der G HARRISON SMITH wachfrei in seiner Koje schlief. An Deck geeilt sah er, dass FORT RAMPART eine rote Laterne (»Ich wurde torpediert«) gesetzt hatte und schnell achteraus vom Geleitzug trieb. Die G HARRISON SMITH war seinerzeit der größte Tanker der US-Handelsmarine und hatte ein Jahr zuvor die Gemetzel in der Karibik und vor der nordamerikanischen Küste überlebt. Das Glück schien ihr treu zu bleiben. Der Torpedo hatte sie knapp verfehlt und FORT RAMPART getroffen, die in der Nachbarkolonne fuhr und hinter ihrer zugewiesenen Station stand und somit ein leichtes Ziel bot. Das Log-

Die US-Küstenwachkutter SPENCER (vorne) und DUANE suchen und horchen nach dem zweiten Wasserbombenangriff achteraus des Konvois HX-233.
(US-Nationalarchiv)

buch von U-628 zeigt interessanterweise, dass Hasenschar keinen der Tanker im Geleit identifizierte, denn es ist undenkbar, dass er auf einen 7.000 BRT-Frachter geschossen hätte, wenn er einen 12.000-BRT-Tanker querab davon gesehen hätte.

Obgleich es fast unmöglich war herauszufinden, welches Schiff Hasenschar außer FORT RAMPART noch im unsicheren Dämmerlicht erkannt hatte, belegt sein Kriegstagebuch jedoch eindeutig, dass U-628 innerhalb des Geleitschirms fuhr, als sein Torpedo den Frachter an Steuerbordseite im Achterschiff traf. Der Kapitän der FORT RAMPART meldete das Schiff auf Position 47°28'N 22°00'W und dass niemand in der grauen, wolkenverhangenen Morgendämmerung die Torpedolaufbahn gesehen habe. Sie war Führungsschiff der ersten Kolonne, während G HARRISON SMITH zu diesem Zeitpunkt das Führungsschiff der zweiten Kolonne war.

Auf die Meldung der Korvette ARVIDA, dass ein Schiff (FORT RAMPART) torpediert worden sei, fuhr SPENCER dorthin, um die Korvette bei ihrer Rettungsoperation auf Position 47°20'N 22°11'W zu sichern. Um 07.54 Uhr lief SPENCER mit Höchstfahrt zum Geleitzug zurück, wobei sie bei der Sicherung der ARVIDA U-628 nicht an der Oberfläche gesichtet hatte. Als sie aufgeschlossen hatte und ihre Station vor dem Konvoi wieder einnehmen wollte, überraschte sie U-175 bei dessen Angriffsvorbereitung.

U-175 führte unwissentlich genau die Befehle aus, die der BdU allen Booten, die gegen den Konvoi HX-233 operierten, später am Tage erteilen sollte. Der Funkspruch von 13.01 Uhr am 17. April 1943 befahl, die lange Helligkeit für getauchte Angriffe voll auszunutzen. Er wurde kurz nach der Versenkung von U-175 abgesetzt, aber erst um 02.25 Uhr am nächsten Morgen von den U-Booten empfangen.

Am frühen Morgen des 17. April tauchte U-175 weit vor dem Geleitzug ab. Um 08.30 Uhr gab Bruns den Befehl, auf Gefechtsstation zu gehen. Er hatte einen »Zerstörer« (wahrscheinlich BERGAMOT) achteraus seiner Position gesichtet, aber durch das Sehrohr auch einen größeren Tanker als Führungsschiff der zweiten Kolonne an Backbord erkannt. Die G HARRISON SMITH, 11.752 BRT, würde ihn im Abstand von 4.000 m steuerbord voraus passieren. Er kündigte an: »Das ist unser Ziel!« und befahl Torpedos für einen Dreierfächer zum Abfeuern klar zu machen. U-175 blieb auf Sehrohrtiefe und erwartete den Geleitzug. Als der Torpedomixer, Mechanikergefreiter Peter Wannemacher, gerade wie befohlen die Zieldaten in den Schussrechner eingegeben hatte und auf den Feuerbefehl »Von Hand abfeuern« wartete, meldete der Horchfunker plötzlich: »Schraubengeräusche aus 120°!«

Die Geräusche kamen näher, immer näher, und als SPENCER anlief, wurden sie schließlich so laut, dass alle Mann das »Wisch wisch wisch« direkt über dem U-Boot hören konnten. Nur Bruns ignorierte die Gefahr, so konzentriert war er bei seinem Angriff. Die Empfehlung seines I WO, bis zur Dunkelheit zu warten, blieb unberücksichtigt.

SPENCER, unterwegs zu seiner Station vor dem Geleitzug, stellte einen einwandfreien Sonarkontakt zu U-175 in Peilung 040° 1.400 m, dann in 245° 450 m entfernt auf Position 47°58'N 21°12'W her. Die hämmernden Pings des Asdic, über die ganze Bootslänge zu hören, ließen Bruns die drohende Gefahr erkennen. Sekunden vor dem Feuerbefehl brach er den Angriff ab und befahl: »Absolute Ruhe und auf Tiefe gehen.«

Es war zu spät. In diesem Moment, um 09.50 Uhr, erhielt SPENCER sicheren Kontakt und griff mit elf Wasserbomben an, deren Zündtiefe bei einer mittleren Tiefe von 28 m auf 17 bis 33 m eingestellt war. Sie detonierten über und unter U-175, wodurch dieses mit dem Bug voraus immer tiefer wegsackte und bei 260 m die tiefste Anzeige des Tiefenmessers überschritt. Um U-175 abzufangen und ein weiteres Absacken zu verhindern, befahl Bruns »alle Mann achteraus«, was bei 40° Vorlastigkeit nur schwer durchführbar war. Die Männer zogen sich gegenseitig in das Achterschiff hoch, bis das Boot endlich auf ebenem Kiel lag. Die geschätzte Tiefe betrug 350 m, was nach Ansicht des überlebenden Bickel einen Tiefenrekord darstellte. Die entstandenen Schäden waren folgenschwer, lebensbedrohlich und nicht mehr instandsetzbar und umfassten zumindest folgende:

– Risse im Ventilationssystem;
– Risse im Druckkörper zwischen den vorderen Torpedorohren, die Wassereinbrüche zur Folge hatten;
– Ausfall der Bilgenpumpen;
– Beschädigung der Tiefenruder;
– Abscheren der Fundamentbolzen der Antriebsdiesel;
– Überlastung des gesamten Druckkörpers;
– Beschädigung von wasserdichten Schotten;
– Teilweiser Ausfall der Beleuchtung;
– Bersten von Druckmesser, Tiefenmesser und weiteren Anzeigen;
– Abreißen der Funkgeräte vom Schott, diese hingen nur noch an den Kabeln.

Eine Wasserbombe vom K-Werfer im Fluge. Der Konvoi ist im Hintergrund zu sehen. (US-Nationalarchiv)

Sobald die Manövrierfähigkeit teilweise wiederhergestellt war, machte sich die Besatzung wild entschlossen an die Arbeit, um die Wassereinbrüche zu stoppen. Erst als Leckagen im Batterieraum erkannt wurden und der Versuch misslang, diese lenz zu pumpen, wurden als letzter Ausweg die Tauchzellen angeblasen, um an die Wasseroberfläche zu gelangen. Das Boot schoss ebenso schnell nach oben wie es abgesackt war. Im gleichen Augenblick setzte SPENCER zum zweiten vernichtenden Angriff fast unmittelbar vor dem Bug der herannahenden Handelsschiffe an.

Normalerweise hätte der Konvoikommodore eine Kursänderung von 45° befohlen, um den Geleitzug vom Angriffsgebiet fern zu halten. Dazu blieb jedoch keine Zeit mehr, denn die Handelsschiffe waren bereits zu dicht herangekommen und liefen ungerührt mit 9 Knoten Fahrt auf Kurs 043° direkt über das manövrierunfähige U-Boot hinweg.

In der Zwischenzeit hatte DUANE, die über Sanitätseinrichtungen verfügte, drei verletzte Besatzungsmitglieder der FORT RAMPART an Bord genommen. Das geschah backbord achteraus vom Geleit durch die ARVIDA. Danach wurde sie angewiesen, SPENCERS Station »Able« hinter dem Geleitschirm einzunehmen. Fünf Minuten darauf erhielt sie erneut Befehl, SPENCER zu unterstützen und den Sonarkontakt zu U-175 zu übernehmen, sobald das letzte Schiff das beschädigte U-Boot passiert habe.

Als der Geleitzug über U-175 stand, war das Boot in größter Notlage. Der zweite Angriff hatte erneut Risse im Druckkörper mit zusätzlichen Leckagen verursacht und eine E-Maschine ausfallen lassen. Zusätzlich rutschte der Zahnkranz, der die Umdrehungen übertrug. Gleichzeitig entwickelten mehrere zerborstene Batteriezellen giftiges Chlorgas.

SPENCER hatte mittlerweile erneut einen sicheren Sonarkontakt in Peilung 042° 1600 m erlangt, feuerte ohne Wirkung darauf eine Salve »Mausefalle« und verlor kurzfristig den Kontakt, als sie DUANE zur Unterstützung einwies. Kein Sehrohr wurde gesichtet, bevor das tödlich getroffene U-175 die Wasseroberfläche durchbrach. Es lag in Peilung 270° 2.200 m von der SPENCER und etwa 2.200 m hinter dem letzten Schiff der Kolonne 8, dem Tanker SANTOS. SPENCER eröffnete sofort aus allen Rohren das Feuer. Als sie zum Rammen anlief, konnte man erkennen, dass die Besatzung von U-175 das Boot in aller Eile verließ, worauf Commander Berdine mit der Bemerkung »Ich brauche das verdammte Ding nicht zu rammen!«* eine Kursänderung befahl.

Die Bedingungen auf U-175 hatten sich entscheidend verschlechtert, sodass es keine andere Möglichkeit gab, als das Boot zu verlassen. Dem Kommandanten war das völlig klar, und er befahl: »Alle Mann in die Zentrale.« Da die Schiffslautsprecheranlage zerstört war, hatte nur ein Teil der Besatzung Bruns' Befehl gehört.

* Dieser scheinbar unwiderstehliche Wille zu rammen entbehrt jeder Logik, da Geschützfeuer und/oder Wasserbomben ein aufgetauchtes U-Boot wirksam zerstören konnten. Es schien jedoch oft die Reaktion von Kommandeuren der Geleitfahrzeuge zu sein. Und das, obgleich das daraus resultierende Ergebnis zu schweren Schäden und in einem Fall sogar zum Verlust eines Geleitfahrzeuges führte. Selbst der erfahrene U-Bootjäger Captain F J Walker, RN, konnte dem sogar noch am 24. Juni 1943 nicht widerstehen, als er der Sloop STARLING befahl, das schwer beschädigte und sinkende U-119, eine »Milchkuh«, mitten im Atlantik zu rammen, wobei STARLING selbst schwere Schäden davontrug. Cdr Berdine erinnerte sich zweifelsohne an U-606, welches zuvor von dem polnischen Zerstörer BURZA aus dem Geleit des Konvois ON-166 zum Auftauchen gezwungen worden war. SPENCERS Schwesterschiff CAMPBELL unter Cdr James A Hirschfield, USCG, rammte das U-Boot, dessen Tiefenruder ihren Rumpf aufschlitzte und dadurch den Maschinenraum flutete. Sie wurde nach Neufundland geschleppt und stand trotz Notreparaturen für lange Zeit nicht zur Verfügung, was dazu führte, dass in einem kritischen Zeitraum ein Geleiter der Spitzenklasse im Nordatlantik fehlte.

Aber der Maschinenobergefreite Werner Bickel, auf Station im Steuerstand, erinnert sich daran, Bruns' Befehle »Auftauchen« und »Alle Mann aus dem Boot« gehört zu haben.

Sofort nach seinen Anweisungen kletterte Bruns im Turm hinauf, um als Erster dem tödlichen Feuerhagel entgegenzutreten und als letzte Möglichkeit dem Feind klar zu machen, dass die Besatzung das Boot aufgab. Die Schiffsführung der SPENCER konnte jedoch sein Handeln nicht schnell genug erfassen. KptLt Heinrich Bruns fiel durch Schüsse in Kopf und Bauch. Er war sofort tot, wurde jedoch durch großkalibrige Geschosse so schrecklich verstümmelt, dass einer der letzten Überlebenden, der an Deck hinter der Turmwand Schutz vor dem Feuerhagel suchte und dabei auf die Leiche des Kommandanten fiel, ihn nur anhand seines charakteristischen Fingerringes erkennen konnte. Die ersten Männer hinter Bruns gerieten in das gleiche schwere Feuer, wobei einige ums Leben kamen. Alle, die das Schiff sicher verlassen konnten, tauschten die ungewisse Sicherheit des zerstörten und sinkenden U-Boots gegen die schier endlose Weite des Nordatlantiks ein.

Im Bugtorpedoraum waren währenddessen immer noch sieben Mann eingeschlossen und vergessen. Ohne Verbindung zu den anderen Abteilungen des Bootes hatten sie Schäden repariert, ohne zu ahnen, dass U-175 bereits aufgetaucht war, bis sie schließlich die typischen Bewegungen des Bootes in der sanften Nordostdünung spürten und die Wellengeräusche am Rumpf hörten. Einer von ihnen ging in Richtung Zentrale, um festzustellen, was geschah. Er kehrte jedoch nicht mehr zurück. Als die anderen das Geschützfeuer vernahmen, rannten sie ebenfalls nach mittschiffs. Der Erste von ihnen war bereits verschwunden, er hatte das Turmluk offen vorgefunden, die anderen vergessen und war außenbords gesprungen. Die übrigen sechs erreichten den Steuerstand, fürchteten sich aber davor, die Leiter hinaufzusteigen, da ihnen das Geschützfeuer zu heftig vorkam und Einschläge im Turm zu hören waren.

Nach der Explosion einer Wasserbombe erhebt sich eine Wassersäule hinter SPENCER. Die Wabo-Ablaufbühnen sind auf diesem Foto deutlich zu erkennen.   (US-Nationalarchiv)

Fünf Mann waren entschlossen, sich nicht dem Geschützfeuer auszusetzen. Mechanikergefreiter Wannemacher stellte fest: »Entweder gehen wir hier unter oder riskieren, oben erschossen zu werden.« Von den nächsten vier Mann, die nach oben kamen, wurde einer im 2-cm-Geschosshagel förmlich zerrissen, der Matrosengefreite Wilhelm Kistler wurde am linken Arm und an der Wange getroffen, überlebte aber schwer verletzt. Der Matrosenobergefreite Dieter Wolf fiel zurück und rief: »Da oben schießen sie immer noch.« In dem Augenblick wurde dem 20 Jahre alten FhrzS Hans Lohmeier der Kopf abgeschossen und die linke Körperseite aufgerissen, während zwei andere über ihnen von explodierenden 2-cm-Geschossen sofort getötet wurden. Als das Geschützfeuer nachließ, enterten die letzten beiden Männer, Wannemacher und Wolf, den zerstörten Turm hinauf und sprangen in Feuerlee in das Wasser. Sie folgten damit Winkler, Schröder und Bamberg in den kalten Nordatlantik.

Der Torpedomixer, der als Letzter aus dem Boot herauskam und über Bord sprang, bemerkte, dass bis auf den Bugraum alle Flutventile vollends geöffnet waren. Dies zeigte seine Sorge um all die Besatzungsmitglieder, die sich noch in den vorderen Räumen aufhalten konnten. Das Fluten ließ erkennen, dass das Boot den Kampf aufgegeben hatte; der Beschuss durch Konvoischiffe und Geleitfahrzeuge verstummte kurz danach.

Das Wetter, ein wesentlicher Faktor bei allen U-Bootangriffen gegen stark verteidigte Geleitzüge, war besonders ungünstig für U-175 und nicht gerade für erfolgreiche Tagangriffe geeignet. Dagegen war der Seegang für erfolgreiche Rettungseinsätze günstiger, wobei die Temperaturen, obschon sehr niedrig, noch bedeutend über denen auf den nördlicheren Routen oder in der Arktis lagen. Die See war zudem ruhig und fast glatt.

Matrosenobergefreiter Herbert Schwarze berichtete, dass die Männer in der See um ihn herum verzweifelt waren, da sie annahmen, nicht aufgefischt zu werden. LtzS Paul Möller, der dienstälteste überlebende Offizier, wurde von Walter Schröder beim Beten des »Vaterunser« gehört. Einige schienen zu lächeln, andere beteten ebenfalls, und dazwischen waren schwächer werdende Hilferufe zu hören. Der 21-jährige, schwer verwundete und stark blutende Maschinenobergefreite Wilhelm Flickinger versank in aller Stille. Bootsmannsmaat Kurt Schlüter, 27 Jahre alt, ertrank mit dem Namen seiner Frau auf den Lippen. Er hatte am Tag vor dem Auslaufen aus Lorient ein Telegramm über die Geburt seiner Tochter erhalten.

Schwarze hatte bereits alle Hoffnung auf Rettung aufgegeben, als starke Hände ihn von hinten am Kragen packten und zu fünf anderen Männern, alles Offiziere, in SPENCERS Kutter zogen. Da er ebenfalls für einen Offizier gehalten wurde, kletterten er, LtzS Möller, Obersteuermann Helmut Klotzsch und drei weitere Gerettete an Bord des Küstenwachkutters. Sie gaben ihre Kleidung ab, durften warm duschen und wurden in Offizierskammern eingeschlossen. Vor Verlassen des Bootes hatte der Portepeeunteroffizier Klotzsch, der bei der Besatzung als arrogant verschrien war, ihnen befohlen, keine Hilfe oder Unterstützung von ihren Rettern zu erbitten, wohingegen er selbst genau das tat. Mehrere Berichte der Alliierten, auch der von Heinemann, sprachen von Panik unter den Überlebenden.

Beide Küstenwachkutter und einige Konvoischiffe hatten sofort das Feuer mit allen Kalibern auf das aufgetauchte U-Boot eröffnet, da sie nicht erkannt hatten, dass die Besatzung begonnen hatte, das Boot zu verlassen. Das Feuer der beiden Kutter war schnell, ununterbrochen und vernichtend. Gleichwohl hielt das U-Boot trotz eines oder zweier 12,7-cm-Treffer im Turm dem Beschuss tatsächlich sehr gut stand.

Oben: U-175 aufgetaucht und in der Gabel des Geschützfeuers, SPENCERS Bug vorne. Mitte: SPENCER
nähert sich U-175. Unten: U-175 mit dem Geleitzug dahinter.   (US-Nationalarchiv)

Die Bewaffnung von U-175 umfasste ein 10,5-cm-Geschütz auf dem Vorschiff mit einer maximalen Rohrerhöhung von 50°, eine 3,7-cm-Flak achtern an Deck, eine 2-cm-Flak im »Wintergarten« hinter der Brücke sowie zwei tragbare 7,9-mm-Maschinengewehre. Obwohl, wie auf dem Foto auf Seite 112 zu erkennen ist, die 2-cm-Flak wie üblich mit dem Lauf nach oben eingerüstet war, konnte U-175 unmöglich das Feuer erwidert haben, da weder Magazine noch Munition dafür bereitlagen. Die Verluste auf dem Küstenwachkutter wurden vom Feuer der eigenen Kanoniere auf den Handelsschiffen verursacht.

Mindestens zwei der dreizehn deutschen Gefallenen wurden getötet, als sie ihrem Kommandanten folgten und in den Turm zurückfielen, während andere beim Überbordspringen oder nach Verlassen des Bootes erschossen wurden. Drei Tote wurden auf der Brücke gesehen, sie versanken mit dem Boot. Mannschaften der DUANE bemerkten während der Rettungseinsätze drei weitere Leichen im Wasser. Andere, möglicherweise Verwundete, gaben einfach den Kampf ums Überleben auf und trieben im kalten Wasser regungslos davon.

Von SPENCER wurde ein Ruderboot mit einer ausgebildeten Enterbesatzung ausgesetzt, um das U-Boot aufzubringen. Dieses Beiboot wurde statt des von Geschosstreffern beschädigten Motorbootes eingesetzt, was die ganze Operation erheblich verlangsamte. Es ist durchaus möglich, dass die Entermannschaft gemeinsam mit dem sinkendem U-Boot untergegangen wäre, wäre sie früher eingetroffen. Nach dem abgebrochenen Einsatz wurde das Ruderboot zur Aufnahme von Überlebenden entsandt, von denen sieben weitere im Wasser und auf dem Rettungsfloß der DUANE gefunden wurden. Ein Überlebender erinnert sich lebhaft, dass das Floß umschlug und ihn unter sich begrub, als er einsteigen wollte, seine Schwimmweste ihn dabei aber an die Oberfläche trug, wo ihn ein Kamerad in Sicherheit brachte. Alle Männer vom Floß wurden auf die SPENCER gebracht. In der Zwischenzeit wurden andere Überlebende durch die Korvette HMS DIANTHUS gesichert und mit Kletternetzen und Leinen an Bord der Küstenwachkutter gezogen. Darunter waren auch einige Verwundete. Trotz der Beschwerde eines Überlebenden, er habe mehrere Stunden im Wasser getrieben, was ihm sicher so vorgekommen sein mochte, belegt doch das Logbuch des Kutters, dass die gesamte Bergung weniger als eine Stunde dauerte. Das Ruderboot wurde um 12.15 Uhr ausgebracht, und SPENCER war bereits um 13.07 Uhr wieder unterwegs, um den Geleitzug einzuholen.

Als die frierenden und erschöpften Überlebenden nunmehr als Kriegsgefangene an Bord der Kutter kamen, benötigten sie zunächst Hilfe, um zu einem Platz an Oberdeck zu gelangen, wo sie sich niederlegen konnten. Als nächstes wurde ihnen die nasse Bekleidung mit Messern vom Leibe geschnitten, was sie zunächst sehr beängstigte. Sie wurden sodann in weiche und warme Marinewolldecken gehüllt und mit Zigaretten sowie Kaffee versorgt. Sowie sie dazu in der Lage waren, wurden die Gefangenen in eine kleine Kammer neben der Mannschaftsmesse geführt, in der sie der Freiwache beim Essen zuschauen mussten. Dann jedoch wurden die Backen abgeräumt, mit weißen Tischdecken eingedeckt und Essen aufgebackt. Die Gefangenen wurden nun zu einem wahren Festmahl eingeladen. Während des Essens erschütterte eine laute Explosion das Schiff, die sie die erst kürzlich überstandenen Schrecken erneut durchleben ließ und ihnen den Appetit verdarb. Sie vermuteten einen U-Bootangriff, wohl wissend, dass noch andere U-Boote an dem Konvoi operierten.

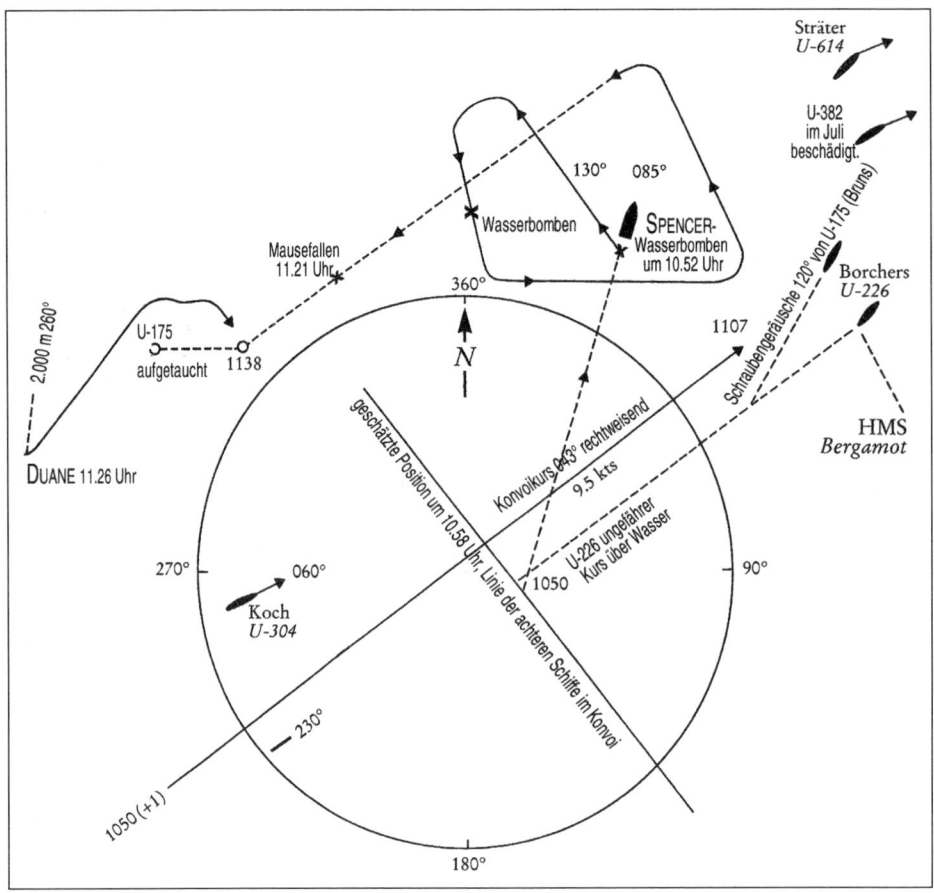

Die verwundeten oder verletzten Männer auf der DUANE wurden vom Schiffs-
arzt behandelt. Dies sind noch heute lebendige Erinnerungen der Überlebenden an
die Aufmerksamkeiten und das Mitgefühl der zuvorkommenden Besatzungen beider Kutter. Sie fanden es zwar lächerlich, von bewaffneten Wachen zur Toilette begleitet zu werden, fühlten sich aber in ihrer Hilflosigkeit nicht bedroht. Ihre Klei-
dungsstücke und Ausrüstung wurden aufgelistet, getrocknet und an ihre Eigentü-
mer zurückgegeben. Einige Gefangene bekamen überhaupt keine Bekleidung zurück, sondern empfingen stattdessen ein Paket mit Unterwäsche, Hosen, Socken sowie Schuhe und eine Zahnbürste, alles in Cellophan verpackt. Werner Bickel, Gefangener auf SPENCER und ein nackter Empfänger eines solchen Pakets, musste eines Tages auf der Toilette auf seine Wache, die kurz fortgegangen war, warten. Der
kam mit einem Paar brandneuer, perfekt sitzender schwarzer Schuhe zurück.

Nur auf der SPENCER hatte man auf der sechs Tage dauernden Überfahrt nach
Schottland die Männer zu zweit mit Handschellen aneinander gefesselt, wenn sie
an Oberdeck frische Luft oder Bewegung brauchten. Der Matrosenobergefreite
Herbert Schwarze erinnert sich, dass er am zweiten Tag zum ersten Male in Handschellen gefesselt an Oberdeck geführt wurde. Er meint, »zweiundsiebzig« Schiffe
im Geleitzug gezählt zu haben. Ein verständlicher Irrtum, da der Konvoi und seine

Die Entermannschaft der SPENCER wird weggefiert. (US-Nationalarchiv)

Geleitfahrzeuge über mehrere Seemeilen im Ozean verstreut waren. Auch andere Überlebende entsinnen sich deutlich des Gebrauchs von Handschellen. Die Offiziere der SPENCER ließen den Gefangenen zur Übergabe an die Briten in Schottland erneut Handfesseln anlegen. Sobald sie aber an Land waren, nahm man ihnen diese gemäß der Statuten für Kriegsgefangene sofort ab.

Die Vorsorge mit der Fesselung mag verständlich erscheinen, da die Küstenwache keinerlei Erfahrung mit Kriegsgefangenen besaß und nur einer der ihren Gefangener selber gewesen war. Trotz allem war dies ein Verstoß gegen ein internationales Abkommen, welches die USA an führender Stelle unterzeichnet hatten.

Man schloß die Offiziere an Bord beider Kutter in der Arrestzelle und die Mannschaften im Freizeitraum ein und verpflegte sie in den jeweiligen Messen. Im Marinestützpunkt Greenock in den Westzugängen angekommen, wurden die Gefangenen den englischen Militärbehörden übergeben. Diese behandelten sie, wie alle ohne Unterschied betonen, während ihrer Gefangenschaft mit »höchster Fairness«. Als sie den englischen Wachen überstellt wurden, untersuchten diese sie kurz, doch die Gefangenen berichten alle, dass die Wachen ihnen ihr Hab und Gut peinlichst genau zurückgaben. Das traf insbesondere auf die vielen Zigaretten zu, die ihnen die sympathisierenden Amerikaner zugesteckt hatten.

Gemäß einer Vereinbarung mit der US-Marine wurden die Gefangenen an die Briten übergeben, später aber zurücküberstellt und mit Seetransport in die Vereinigten Staaten gebracht. Im englischen Gewahrsam fuhr man sie mit dem Zug nach London in das Befragungszentrum für U-Bootfahrer, wo man sie einer bis ins

Überlebende von U-175 im Wasser zwischen DUANE und SPENCER. Ein 2-cm-Flakgeschütz ist vorne zu sehen.   (US-Nationalarchiv)

kleinste Detail führenden Befragung unterzog. Sie waren während der vier Wochen dauernden Vernehmung in Einzelzellen inhaftiert.

Nach Angaben des englischen Nachrichtendienstes hielt die eigene Besatzung U-175 für ein Unglücksboot, voller Vorahnung über den Ausgang seines letzten Einsatzes. Diese Ansicht wurde aber von den ehemaligen Besatzungsmitgliedern nicht geteilt. Der sicherheitsbewusste Bruns belehrte seine Besatzung regelmäßig darauf hin, dass sie bei einer Gefangennahme nur den Namen, Dienstgrad, Personenkennziffer und Heimatort angeben durften, sonst würden sie nach ihrer Rückkehr in die Heimat wegen Geheimnisverrates angeklagt.

Den I. Wachoffizier, Wolfgang Verlohr, schätzten seine britischen Aufseher als geschwätzig ein, er selber jedoch begründete seine Redseligkeit mit persönlicher »Enttäuschung«. So schien er das Gefühl zu haben, dass seine 195 Seetage auf U-Booten ihn dazu berechtigten, an seinem gefallenen Kommandanten und anderen Besatzungsmitgliedern Kritik üben zu dürfen. Vor allem und sicherlich berechtigt stellte er Bruns' Entscheidung in Frage, einen letzten Tagangriff zu fahren und nicht auf den Einbruch der Dunkelheit zu warten. Tatsächlich aber wurde U-175 bei seinem Angriffsversuch auf den Konvoi HX-233 nie gesichtet. Das Tageslicht war somit ohne Bedeutung, da man es nur mit Sonar geortet hatte. Unter den damals herrschenden Wetter- und Seegangsverhältnissen muss der letzte Angriff, gerade wegen Bruns' früherer Sorgfalt, zumindest als unvorsichtig eingeschätzt werden.

Verständlicherweise war der II. Wachoffizier, LtzS d.R. Möller, der von der Handelsmarine kam, wenig begeistert über seinen kurzen Einsatz auf U-Booten. Er war in erster Linie auf Sicherheit bedacht, wurde für einen bedingungslosen Nationalsozialisten gehalten und von seinen amerikanischen Bewachern als »arrogant« und »unwillig« beschrieben. Das hat seine Kameraden wahrscheinlich in große Bedrängnis gebracht. Seine ehemalige Besatzung erinnert sich, dass er in einer späteren Ansprache vor deutschen Offizieren im Gefangenenlager Trinidad, Colorado, den Krieg für unwiederbringlich verloren erklärt hatte. Dies entsprach keineswegs dem Bild eines verbohrten Befürworters des Nationalsozialismus.

Der neunundzwanzigjährige Obersteuermann Helmut Klotzsch war vorher bei der 36. Minensuchflottille der Minenabwehrgruppe 3 in Ostende und Dünkirchen, der B-Gruppe Ostende, gefahren. Als Berufssoldat wurde er nur kurz vor dem Auslaufen zum letzten Einsatz auf U-175 versetzt. Als heftiger Gegner der Nationalsozialisten verschwand er aus dem Londoner Befragungszentrum, vermutlich um von seinen Bewachern für Aktionen gegen das nationalsozialistische Deutschland bereitgehalten zu werden. Er verstarb 1971 in Bremen.

Von ihren Bewachern wurden FhrzS Walter Weppelmann als »ohne Bedeutung« und »wenig zu sagen«, der FhrzS (Ing.) Karl Völker als »ergebener Nationalsozialist« eingeschätzt, was auf den U-Booten der Kriegsmarine allgemein nur selten vorkam. Diese Bewertung wurde von seinen Kameraden später als wenig glaubhaft eingestuft, als sie Jahre nach dem Kriegsende davon erfuhren.

Während der Londoner Gefangenschaft war es die Angewohnheit der Briten, zwei oder drei Soldaten gleichen Dienstrangs, aber von verschiedenen Einheiten auf einer Stube zusammenzulegen, die mit Vorrichtungen zum Abhören und Auf-

Der Matrosenobergefreite Dieter Wolf wird von zwei jungen Männern der US-Küstenwache an Deck der DUANE unterstützt. Man beachte den Tauchretter, der gleichzeitig als Schwimmweste an der Oberfläche diente.

zeichnen von Gesprächen versehen war. Diese wurden dann übersetzt und den nachrichtendienstlichen Erkenntnissen hinzugefügt, wodurch sehr wertvolle Detailinformationen gewonnen werden konnten. Der Bootsmannsmaat von U-659 (Typ VII C, KptLt Hans Stock), gesunken am 4. Mai 1943 nach Kollision mit U-439 (ebenfalls Typ VII C, OltzS von Tippelskirch) im Nordatlantik westlich von Kap Ortegal und von Geleitfahrzeugen gerettet, wurde mit Obersteuermann Helmut Klotzsch gemeinsam zusammengelegt. Offiziere wurden ebenso zusammengelegt. Oberleutnant zur See (Ing.) Leopold Nowroth von U-175 war mit einem Leutnant zur See von U-752 (Typ VII C, KptLt Ernst Schroter) zusammengelegt, dessen Boot am 23. Mai 1943 im mittleren Atlantik von Flugzeugen der ARCHER versenkt worden war. Ein Beispiel für Informationen aus diesen Begegnungen ist die Enthüllung eines Massenausbruchs englischer Kriegsgefangener in der Nähe von Bonn, der eine Jagd auf die Entflohenen zur Folge hatte.

Nach ihrer Befragung geleitete man die Gefangenen zur Übergabe an die Amerikaner nach Oxford und weiter nach Liverpool, wo sie in einen großen Truppentransporter eingeschifft und nach Norfolk, Virginia, gebracht wurden. Mit 200 weiteren deutschen Gefangenen wurden sie nach ihrer Ankunft in Norfolk entkleidet, mit Entlausungsmitteln eingesprüht und der Kopf wurde kahl geschoren, bis endlich ein amerikanischer Oberst eingriff und einen normalen Haarschnitt anordnete. Nach Ausgabe neuer Bekleidung bestiegen die Deutschen einen Zug, der über Chicago nach Denver, Colorado, fuhr, wo sie im riesigen Lager von Trinidad, Colorado, eingesperrt wurden. Später haben die Amerikaner sie nach Papago Park in Arizona verlegt, wo einige von ihnen an dem »großen Ausbruch« von fünfundzwanzig Kriegsgefangenen teilnahmen. Diese hatten sich am 23. Dezember 1944 einen Tunnel als Fluchtweg aus dem Lager gegraben, nur um kurze Zeit darauf wieder in das Lager eingeliefert zu werden.

Auf Seiten der Alliierten war die Versenkung von U-175 ein weiterer Grund für ein gewisses Maß an Verstimmung zwischen den Besatzungen der britischen Korvette BERGAMOT und der SPENCER, die schon seit längerem bestand. Die britischen und kanadischen Geleitfahrzeuge, allesamt Veteranen zahlloser Geleitzüge im Nordatlantik und in der Arktis nach Russland, betrachteten gemischte Verbände mit amerikanischen Kriegsschiffen mit Skepsis. Das galt insbesondere für die Besatzung der BERGAMOT, die gespannt die Führung der Gruppe durch den dienstältesten US-Offizier auf der SPENCER betrachtete. Bei aller Schärfe der Kritik war sie besonders verärgert über den Befehl des US-Dienstältesten, übertrieben abweichend von der Norm alle Geleiteinheiten möglichst immer zu einhundert Prozent mit Kraftstoff gefüllt zu halten. Ein Geleitoffizier bemerkte: »Als Geleitfahrzeuge waren wir länger von Handelsschiffen umgeben, als dass wir sie beschützten.« Weitere Verwirrung stiftete eine ständige Flut kleinlicher und missverständlicher Befehle des Dienstältesten. Die Besatzungen der Geleitfahrzeuge mussten oft stundenlang tatenlos auf Gefechtsstation zubringen, obgleich SPENCER tatsächlich weder bei der Ortung von U-175 noch in der Hitze des Gefechts auf Gefechtsstation war. Sie hisste zudem auch nicht die schwarze Flagge, um anzuzeigen: »Ich greife ein U-Boot an.« Es war das Bestreben der englischen Geleitkommandeure, ihren gut ausgebildeten und erfahrenen Besatzungen so viel Ruhe wie möglich zu gewähren, damit sie im Ernstfall ausgeruht und aufmerksam waren und damit sie schnellstmöglich voll konzentriert auf ihre Stationen gehen

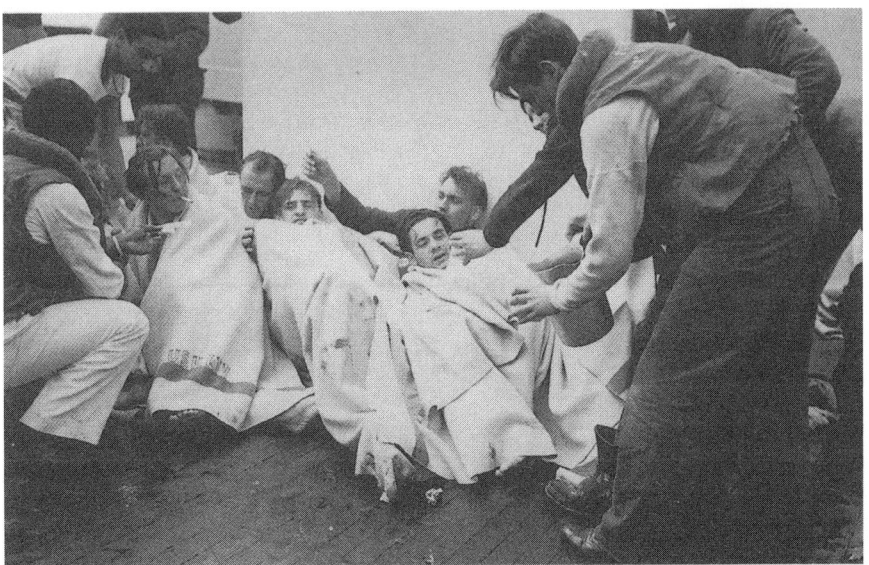

Oben: Das Boot der SPENCER neben U-175, das über das Heck sinkt. Das Wappen ist knapp unterhalb des Windabweisers am Turm deutlich zu erkennen.
Unten: Zitternde Überlebende von U-175 erhalten Kaffee und Zigaretten auf dem Deck der SPENCER.
(beide US-Nationalarchiv)

konnten. Auf den kleinen, belebten Korvetten war die Ruhe der Besatzung von höchster Bedeutung.

Obwohl es SPENCER war, die am Morgen des 17. April U-175 angriff, beschädigte und an die Wasseroberfläche zwang und dafür zur Belohnung Ruhm in der Öffentlichkeit erntete und für die US-Küstenwache warb, war es jedoch die Korvette HMS BERGAMOT, die auf ihrer Station vor dem Konvoi zuerst ein unidentifiziertes U-Boot entdeckte und tatsächlich anzugreifen begann, bevor SPENCER hinzukam. Ein deutliches, klares Asdic-Echo war auf dem Tochtergerät in der Brü-

HMS BERGAMOT, eine Korvette der Flower-Klasse, die den Kontakt zu U-226 vor dem Geleitzug erzielte. (Imperial War Museum)

cke der BERGAMOT zu hören, und sowohl der Asdic-Bediener als auch der Signäler auf der Brücke erinnern sich an die Worte von Lieutenant R T Horan an diesem Morgen. »Das ist es«, als er die schwarze Flagge vorheißen und auf Kurs zum Wasserbombenangriff auf den Kontakt gehen ließ.

Zu diesem Zeitpunkt befahl der Kommandant der SPENCER, aus dem Geleitzug kommend, der BERGAMOT, den Angriff abzubrechen und jagte sie so aus dem Weg. Üblicherweise griff das Geleitfahrzeug, das als erstes den Kontakt herstellte, von anderen Geleitfahrzeugen in einem Team unterstützt weiter an. SPENCER wollte entweder dem »Rivalen« den Sieg entreißen und selbst genießen oder hielt ihn aber für zu nahe, um noch Sicherheit vor einer Kollision zu haben. Wegen der geringen Entfernung der beiden Kontakte voneinander schien die Möglichkeit, dass es sich um zwei U-Boote handeln könnte, nicht in Erwägung gezogen worden zu sein. Keines der Schiffe erkannte, dass BERGAMOT in Wirklichkeit Kontakt zu U-226 (Borchers) als zweitem Boot hatte, welches sich dem Geleitzug nach einer schnellen Abfangfahrt von recht voraus genähert hatte. Es lief fast auf BERGAMOTS Gegenkurs, die 225° steuerte, tauchte bei Anbruch des Tageslichts und wählte seinen Kurs für einen Unterwasserangriff (so wie es auch U-175 bei seiner Annäherung an den Geleitzug getan hatte).

Mit dem Befehl an BERGAMOT, seinen Angriff abzubrechen, gefährdete SPENCER den Konvoi und ermöglichte somit dem zweiten U-Boot, später mit nur leichten Beschädigungen zu entkommen. Der Konvoi hatte das Glück, dass auf U-226 die Trimmung versagte, wodurch es in einer kritischen Phase des Angriffs auf Sehrohrtiefe zwischen den Kolonnen 9 und 10 die Wasseroberfläche durchbrach, was vom 1. Offizier und dem Ausguck des norwegischen Tankers STICKLESTAD auf

Station 92 beobachtet wurde. Hätte U-226 von dieser Position aus angreifen können, wären die vielen Schiffe um sich herum nicht zu verfehlen gewesen und der Konvoi hätte fraglos weitere Verluste oder Schäden erlitten.

Trotz des erfolgreichen Angriffs, welcher der SPENCER zuerkannt wurde, ließ ihre Leistung als führendes Geleitfahrzeug insgesamt dennoch viel zu wünschen übrig: keine Reaktion auf aufgefasste Funkpeilungen, Nichtbeachtung der U-Boot-Funksprüche am Konvoi, Übersehen von aufgetauchten U-Booten, einmal sogar im Konvoi selbst. Dies führte zum Verlust eines neuen, wertvollen Schiffes und seiner Ladung sowie zu sechs Gefallenen und drei Verwundeten. Nicht zuletzt hätte sein eigener Angriff leicht misslingen können, als er einen so erfahrenen Veteranen zwang, in einer sehr riskanten Situation den Angriff im letzten Augenblick abzubrechen. Sie ermöglichte damit zudem einem U-Boot zu entkommen, und nur technisches Versagen auf deutscher Seite verhinderte weitere Verluste im Geleitzug.

Die Tatsache, dass beide US-Küstenwachkutter trotz modernster elektronischer Ausrüstung keines der vier U-Boote orteten, die das Geleit auf Sichtweite beschatteten, lässt eine weitere Frage hinsichtlich der Gesamtleistung der Kutter offen. Ein Jahr zuvor hatte die Korvette HMS VETCH der 36. Geleitgruppe von Commander Walker mit dem 9-cm-Radar Typ 271 im Geleitzug OG-82 U-252 auf 7.400 m Entfernung aufgefasst.

Signäler und Asdic-Bediener auf der Brücke von BERGAMOT berichteten von sichtbarer Enttäuschung und Verärgerung ihres Kommandanten. Der Autor, selbst als Brückenwache der G HARRISON SMITH am Rande der Schlacht eingesetzt, aber mit gutem allseitigen Überblick, erinnert sich lebhaft, dass eine Korvette mit gehisster schwarzer Flagge vor dem Geleit einen Angriff fuhr und SPENCER anschließend die erste Salve Wasserbomben warf. Es bedeutete dem Autor seinerzeit nicht viel, da er dies fälschlicherweise als einen abgestimmten Einsatz von Kutter und Korvette hielt.

10

Die Rolle des Küstenwachkutters SPENCER

Am 15. April bemerkt SPENCER erstmalig die Gegenwart von U-Booten, als der Geleitkommandeur vier abgefangene Funksprüche als nicht dicht genug für einen Einsatz einschätzte und einfach ignorierte. Eintragungen in den Kriegstagebüchern dreier U-Boote zeigen, dass diese wahrscheinlich von ihnen stammten. Die Kriegstagebücher von Borchers (U-226) und Hasenschar (U-628) ergaben, dass der BdU am 15. April um 10.47 Uhr deutscher Zeit zehn aus der Biskaya in den Nordatlantik westlich von Irland auslaufenden U-Booten* in Funksprüchen den Kurs des Konvoi HX-233 übermittelt hatte, da sie die Route des Geleitzuges nach Schottland kreuzen würden. Die Alliierten wussten nicht, dass viele U-Boote im Atlantik nach den aufreibenden Einsätzen im Frühjahr ohne Kraftstoff oder Torpedos zu Reparaturen in ihre Stützpunkte zurückkehren mussten. Einige Boote der nächsten Welle liefen dem Geleitzug HX-233 beinahe direkt entgegen.

Um 22.37 Uhr am 15. April funkte U-226 dem BdU seine Positionsmeldung, die ihn theoretisch als Bedrohung für den HX-233 ausschloss; es war jedoch dicht genug, um noch in die Schlacht einzugreifen, die sechs Stunden später begann. An diesem Tag weist das KTB von Hasenschar keine Positionsmeldung auf, er stand aber im gleichen Seegebiet wie Borchers, und tägliche Positionsmeldungen gehörten zur Routine.

Das dritte Logbuch enthält klärendere Eintragungen. Am 15. April um 10.45 Uhr befahl der BdU Franke (U-262), seinen »Sonderauftrag« auszuführen. Im Zusammenhang mit dem nachfolgenden Funkverkehr zwischen Franke und dem BdU gewährte dieser erste Funkspruch Einblick in eine bedeutsame Handlung. Franke erbat um 16.31 Uhr die Genehmigung, den Geleitzug unterwegs angreifen zu dürfen. Der BdU genehmigte dies bis an das Gebiet von Neuschottland, wodurch er allerdings auch seinen Kurs verriet. Das hätte U-262 als unmittelbare Gefahr für den Konvoi ausweisen und diesem hinreichend Zeit für einen überlegten Ausweichkurs lassen müssen. Franke lief buchstäblich auf Kollisionskurs mit HX-233 und sichtete diesen zwölf Stunden später. SPENCER verzeichnete seinen ersten Radarkontakt am frühen Morgen des 16. April, zweifelsohne auf U-262. Obwohl SPENCER und WETASKIWIN U-262 für mehrere Stunden unter Wasser drückten und so den Verlust der Fühlung zum Konvoi erzwangen, waren bereits weitere U-Boote als Verstärkung im Anmarsch. Franke funkte dem BdU die Position des Geleitzugs um 04.34 Uhr, während U-175 ihn als nächstes sichtete und in der Nacht vom 16. auf den 17. April U-382 und U-628 heranführte.

---

* Nach Hasenschars Logbuch (U-628) waren dies Hasenschar, Looks, Koch, Bruns, Borchers, Ölrich, Manke, Gretschel, Sträter und Folkers.

Am Sonnabend, dem 17. April 1943, fasste SPENCER um 04.12 Uhr einen Kontakt im Radar auf und warf zwei Wasserbomben auf die geschätzte Position eines unidentifizierten U-Boots. U-628 war mittlerweile unentdeckt an der Oberfläche in den Geleitzug eingedrungen und schoss unbemerkt fünf Torpedos, von denen einer die FORT RAMPART traf.

Um 10.50 Uhr erhielt SPENCER Sonarkontakt auf eine Entfernung von 4.800 m. Es handelte sich dabei um U-175, von dem aber kein Sehrohr gesichtet wurde. SPENCER ging sofort zum Angriff über, was wiederum den eigenen Angriff von U-175 kurz vor dem Torpedoschuss unterband. Die Kette von Ereignissen begann, als der Sonargast 2. Klasse Harold V Anderson einen Sonarkontakt in Peilung 039° Abstand 1.400 m erkannte. Der wachhabende Offizier, Ltjg Wm F Andersen, Reserveoffizier der Küstenwache, drehte das Schiff in diese Peilung und meldete dies Cdr Berdine, der einen Sofortangriff mit einem Teppich aus fünf MK VII- und sechs MK VI-Wasserbomben mit einer Tiefeneinstellung von 17 bis 33 m nur 500 m vor dem Geleitzug befahl.

Wegen der Nähe des nachfolgenden Konvois, aus dem er gerade hervorgestoßen war, bemerkte der Kommandant der SPENCER, dass es für einen gezielten Wasserbombenteppich zu spät war, bevor der Konvoi über der U-Bootposition stand. Der Konvoikommodore auf der DEVIS vermerkte in seinem Bericht, dass SPENCER den Kontakt auch dann nicht hätte halten können, wenn der Geleitzug im letzten Augenblick noch eine Kursänderung durchgeführt hätte. Er bezweifelte ferner stark, dass durch einen solchen Kursbefehl die Gefahrenposition rechtzeitig hätte gemieden werden können, und glaubte, dass dadurch sicherlich ein gewaltiges Durcheinander entstanden wäre. Deshalb befahl der Kommandant der SPENCER, als sein Fahrzeug sich dem U-Boot näherte, einen zweiten »Sofortangriff« mit einem Teppich von elf Wasserbomben mit Tiefeneinstellungen zwischen 60 und 80 m. Tatsächlich fand dieser zweite Angriff trotz der größeren Tiefeneinstellung so dicht bei den herannahenden Handelsschiffen statt, dass diese von den in 65 bis 75 m detonierenden Wasserbomben heftig erschüttert wurden.

Eigenartigerweise wurde der Sonargast 2. Klasse Anderson von dem weit weniger erfahrenen Sonargast 3. Klasse Robert O Sondrol abgelöst und die Jagd ging weiter. SPENCER trieb fast aufgestoppt zwischen den Kolonnen 6 und 7 durch den Geleitzug hindurch. Trotz der Geräusche des Konvois hielt SPENCER den Sonarkontakt und fuhr wiederum ohne sichtbaren Erfolg weit achteraus von dem Konvoi einen »Mausefallen«-Angriff. Daraufhin verlor SPENCER den Sonarkontakt und setzte achteraus vom Geleit die Suche fort und versuchte, erneut den Kontakt aufzufassen.

Zehn Minuten später tauchte ein U-Boot in Peilung 270° 2.300 m von SPENCER und in 260° 700 m von DUANE auf. Beide Geleitfahrzeuge liefen zum Angriff an, SPENCER dabei in der Absicht zu rammen, wobei beide Kutter das Feuer mit allen Waffen eröffneten, die zum Tragen gebracht werden konnten. SPENCER gab zwei Salven vom Kaliber 12,7 cm und siebenundfünfzig vom Kaliber 7,6 cm ab. Sie erzielte »zahlreiche« Treffer, die schwere Schäden hervorriefen. DUANE feuerte achtundzwanzig Salven ihres Hauptkalibers und beobachtete einen Treffer am Fuß des U-Bootturms. SPENCERS Kriegstagebuch belegt, dass das Boot das Feuer erwiderte, was auch aus weiteren Meldungen hervorging. Andere Quellen belegen jedoch das Gegenteil. Einige Handelsschiffe hatten mit ihren Deckgeschützen ebenfalls sofort das Feuer eröffnet, und das Liberty-Schiff JAMES JACKSON nimmt gleichfalls einen Treffer am Fuße des U-Bootturms für sich in Anspruch.

US-Liberty-Schiff JAMES JACKSON, das behauptete, U-175 zuerst gesehen und mit der 10,2-cm-Kanone
bekämpft zu haben.   (US-Marinefoto)

Es bleibt unklar, welches und ob überhaupt ein Handelsschiff wirklich das aufgetauchte U-Boot traf, und es ist unmöglich festzustellen, von welcher Einheit die
SPENCER getroffen wurde, die gemäß Absatz 7 der Anlage V zur Meldung des Kommandanten vom 21. April 1943 zwischen dem Geleit und dem auftauchenden
U-Boot stand. Sicher ist, dass die Verletzungen, darunter eine tödliche, und die Schäden von Geschützfeuer stammten, und es ist ebenso gewiss, dass es eigener Beschuss
gewesen sein musste, da U-175 während des Gefechts nicht einen Schuss abgab.

SPENCERS Logbuch erwähnt Geschosse, die über sie hinwegflogen oder in der
Nähe einschlugen. Eines davon traf die Steuerbordseite, zerfetzte fast völlig das Da-
vit des Beiboots Nr. 1 und durchlöcherte das Boot. Die Splitter zersiebten die Aufbauten, wobei ein Mann, Julius T Petrella (224–430), Radarmaat 3. Klasse der Küstenwache, getötet und zwölf weitere Besatzungsangehörige verwundet wurden.

Die Besatzung von SPENCER geht auf Gefechtsstation. Man beachte die Wasserbomben rechts
und die links angehängten Schlauchboote.   (US-Nationalarchiv)

Die große Zahl Verwundeter auf der SPENCER, besonders unter den Mannschafts-
dienstgraden, zeigt einen Mangel an Disziplin, was durch Fotos untermauert wird,
die zeitgleich gemacht worden waren. Sie zeigen Müßiggänger, die nicht wie befohlen auf ihren Gefechtsstationen waren, sondern an Oberdeck herumlungerten. Eine
weitere Bestätigung für so eine große Zahl Verwundeter liefert die Aussage des Ar-
tillerieoffiziers: »Zu viele Personen wollten sich das U-Boot ansehen, anstatt unter
Deck ihre Stationen zu besetzen. Ein Geschützführer musste einmal sogar Personal
aus dem Weg drängen, damit sein Geschütz auf das Ziel feuern konnte.« Dass es zu
dieser Zeit offensichtlich größere Probleme mit der Disziplin auf SPENCER gab, ist
durch die große Anzahl von Disziplinarfällen im Kriegstagebuch belegt. Es sind ver-
gleichsweise mehr als im selben Zeitraum auf der DUANE.

SPENCER passiert U-175 am Heck. Der Schaden am Wintergarten ist deutlich zu erkennen, die Geschütze voraus und achteraus gerichtet. (US-Nationalarchiv)

Sobald erkannt wurde, dass U-175 aufgegeben wurde, befahl SPENCER, das Feuer einzustellen, konnte das aber nicht rasch genug sicherstellen. Nach Feuereröffnung ist es sehr schwer, Artilleristen unabhängig vom Grad ihrer Disziplin zurückzuhalten, so wie es der Artillerieoffizier von SPENCER im Absatz V seines Berichtes bestätigt: »Den Befehlen zur Feuereinstellung wurde wenig Beachtung geschenkt, da an den Geschützen zu viel geredet wurde. Manches Personal am Bereitschaftsgeschütz verblieb dort und meldete sich nicht auf ihrer regulären Gefechtsstation.« Daher wurde noch weiter gefeuert, sogar noch als der letzte Mann von U-175 über Bord sprang.

Leutnant Chester O Kasiea, Führer der Militärischen Wache auf dem ursprünglichen Ziel von U-175, dem US-Tanker G HARRISON SMITH, schrieb: »Geschützfeuer wurde beobachtet … von drei, vier oder fünf Schiffen … ebenso von zwei Zerstörern.«

Der Chef der Militärischen Wache auf S/S LENA LUCKENBACH, Ltjg J J Stevenson, behauptet, »dass das Feuer eingestellt wurde, da sich zwei Zerstörer [SPENCER und DUANE] zwischen dem Ziel und seinem Schiff befanden«. So wird klar, dass Luckenbach (welche außer JAMES JACKSON möglicherweise am dichtesten bei dem auftauchenden U-Boot stand) nicht für den Treffer auf SPENCER verantwortlich war. Nachdem erkannt wurde, dass das Feuer der Handelsschiffe die Geleitfahrzeuge gefährdete, ließ der Konvoikommodore die Signalflagge »Feuer einstellen« setzen. Besonders SPENCER war gefährdet, obgleich nach Ansicht ihres Kommandanten mindestens noch zwei Einschläge nahe an DUANE lagen.

Schweres und schnelles 2-cm-Flakfeuer der beiden Kutter war die Hauptursache für die Verluste auf dem U-Boot. Es bestrich seine Decks, tötete den Kommandanten sowie jene, die ihm direkt durch das Turmluk folgten. Das Feuer tötete sogar noch einige Männer im Wasser nach Verlassen des Bootes, was einige der Überlebenden damals als Absicht beurteilten. Die Fakten widerlegen jene Berichte, nach denen schon vor dem Auftauchen Seeleute im Wasser trieben, die aus einer anderen Luke ausstiegen. Das Verlassen des Bootes begann erst nach dem Auftauchen auf Befehl des Kommandanten.

Die Geschosse der 2-cm-Geschütze hatten offensichtlich die 0,5 cm dicken äußeren Turmaufbauten oder Außenhaut durchschlagen, prallten jedoch von dem 2 cm starken Druckkörper ab. Die Nahaufnahme von U-175 zeigt umfangreiche Beschädigungen am Fundament des U-Bootturms (achtern unter dem »Wintergarten«-Flakstand, offensichtlich von 12,7- oder 7,6-cm-Geschossen verursacht), dazu Schäden am Oberdeck sowie Rauch, der aus dem Turm selbst hervorquillt.

Als SPENCER noch auf Rammkurs erkannte, dass das U-Boot sehr schwer beschädigt war und verlassen wurde, verringerte sie die Fahrt und setzte um 12.15 Uhr ein Boot aus. DUANE bemerkte zwölf Mann beim Verlassen des U-Boots, wahrscheinlich die letzten der Besatzung. Ihre Sonargasten konnten hören, dass eine E-Maschine im U-Boot weiterlief und es etwa zwei Knoten Fahrt machen ließ. Mit leicht steuerbord liegendem Ruder kreist das U-Boot mit langsamer Fahrt voraus, wobei gleichzeitig Wasser weiter eindrang und es tiefer sinken ließ. Der Leitende hatte beim Verlassen der Zentrale alle Flutventile bis auf eines geöffnet. So waren keine zusätzlichen Selbstversenkungsladungen erforderlich, um das Sinken zu beschleunigen. Ein Funkspruch an den BdU konnte nicht mehr abgesetzt werden, weil die Funkeinrichtung zerstört worden war.

SPENCERS Enterkommando versammelte sich am »Monomay 1«-Motorbeiboot, das von Splittern des Artillerietreffers durchlöchert vorgefunden wurde. Daher setzte man das Ruderboot »Monomay 2« aus. Das ausgebildete zehnköpfige Enterkommando unter der Führung von LtCdr J B Oren, US-Küstenwache, bestand aus fünf Offizieren und fünf Mann sowie einer Bootsbesatzung von sechs Mann, wie SPENCER berichtet. Auf dem Foto sind allerdings nur dreizehn Mann zu sehen. Das Boot näherte sich dem U-Boot, aber das Entern war wegen des runden Rumpfes schwierig, so dass ein zweiter Versuch mittschiffs erfolgte. Die zehn Mann des Enterkommandos unter Lt Ross Bullard gelangten alle an Bord, obgleich das U-Boot bereits erkennbar über den Achtersteven sank. SPENCER signalisierte noch: »Nicht entern«, stellte jedoch fest, dass bereits alle an Bord waren und befahl eine Untersuchung des Oberdecks. Drei Tote wurden im Turm und ein weiterer an Oberdeck gefunden. Als U-175 schnell über das Heck wegsackte, beorderte man die fünf Mannschaften in das Beiboot zurück, während Bullard Anweisungen erhielt, die Visiere des vorderen Geschützes zu untersuchen. Einige Bücher zu diesem Vorfall behaupten, nur Lt Bullard hätte das Wrack geentert. Tatsächlich waren aber alle zehn Mann dabei. Clarence S Hall Jr, Bootsmaat 2. Klasse, war nach seinen Äußerungen der »erste«; er sollte das Turmluk öffnen und eine Handgranate hinein werfen, um jeden Widerstand »auszuschalten«. Anschließend sollte er hinunterklettern und »Geheimdokumente« bergen. Als Hall »den Lukendeckel anhob, stand das Wasser in dem Boot bereits 15 cm unter dem Lukendeckel«, und Bullard, der dicht bei ihm stand, untersagte das Einsteigen. Während Hall sich noch wunderte, warum das Öffnen des Luks den Wassereinbruch verursacht hatte, schwammen beide schon selbst im Wasser. Hier behauptet der Bericht von LtCdr Oren irrtümlich, dass die Lieutenants Bullard und Lumpkin vom sinkenden U-Boot springen und zum Beiboot zurück schwimmen mussten.

DUANE hatte mittlerweile ein Rettungsfloß ausgesetzt, und das Beiboot der SPENCER begann, deutsche Überlebende zu bergen. Die Gefangenen mussten sich auf den Bootsboden setzen und ruhig verhalten. Als SPENCERS Boot sieben Überlebende einzeln nacheinander gerettet hatte, wurde es zum Schiff zurück befohlen, wo es um 12.55 Uhr festmachte. Es wurde aufgeheißt. Die letzten, die das U-Boot verließen und an dem Kletterrettungsnetz auf DUANE hochstiegen, waren der Matrosenobergefreite Dieter Wolf und der Mechanikergefreite Peter Wannemacher, die herangeschwommen waren.

Berichte besagen, dass die Gefangenen ihre Tauchretter als Schwimmweste nutzten und alle in Stoffhosen, Wollpullovern oder grauem Lederzeug warm gekleidet waren. Die Berichte erwähnen ebenfalls die gute Qualität der deutschen Ausrüstung.

Die deutschen Überlebenden konnten sich glücklich schätzen, überhaupt geborgen zu werden, da die Anwesenheit weiterer U-Boote in unmittelbarer Nähe am Konvoi bekannt war. Denn gerade das erhöhte die Gefährdung der Geleitfahrzeuge trotz Absicherung durch andere.

DUANES und SPENCERS Logbücher beschreiben das Wetter wie folgt: Wind aus Nordost auf Nord Nordost, Stärke 4-5, Luftdruck 1021 bis 1028 mbar, Luft 6° C, Wassertemperatur 7° C, bewölkt bis bedeckt, Wolken kommen mit 9-10 Zehntel Bedeckung aus Nordost, Sicht 8 Seemeilen. Seegang leicht mit Dünung aus Nordost. SPENCERS Mittagsbesteck ergab eine Position von 47°59'N 21°12'W.

Captain Heinemanns Bericht stellt beim Sinken des U-Boots fest, dass U-175 mit dem Heck voraus sank und SPENCER mit dem Bug darüber hinwegfuhr, allerdings mit einem hinreichenden Sicherheitsabstand dazu, um damit nicht zu kollidieren. Der Auftrieb des Bootes wurde nahm so weit ab, bis die See um 13.20 Uhr das Turmluk erreichte und in die Zentrale eindrang. Sieben Minuten später sank U-175 auf Position 47°59'N 21°12'W.

Captain Heinemanns Bericht behauptet fälschlicherweise, mehrere Besatzungsmitglieder von SPENCER und DUANE hätten »MG-Feuer von der Brücke des U-Boots« wahrgenommen. Eine Umfrage unter neunundfünfzig Offizieren und Mannschaften beider Schiffe, die den Beschuss vom U-Boot aus hätten erkennen können, bestätigt allerdings, dass das Feuer nicht erwidert wurde. Obschon es na-

Matrosenobergefreiter Dieter Wolf erreicht die Sicherheit des Kletterrettungsnetzes der DUANE.
(US-Nationalarchiv)

turgemäß besser ausgesehen hätte, wenn alliierte Verluste von dem U-Boot verursacht worden wären, sprechen alle Beweise dagegen. Der offizielle Bericht räumt ein, das die Schäden an SPENCERS Backbordseite, das Durchlöchern des Beibootes und das Abscheren eines Davits von dem ungenauen Geschützfeuer der Konvoischiffe verursacht wurde, kurz nachdem diese den U-Bootturm gesichtet hatten.

Auf der DUANE, die zwei Offiziere (den L.I. und I WO) und 19 Seeleuten an Bord hatte, wurden vier im Schiffslazarett behandelt: der Leitende und ein Matrose hatten Splitterverletzungen davongetragen, ein Seemann hatte den Arm gebrochen und ein weiterer stand unter Schock. Oberleutnant zur See Leopold Nowroth hatte Splitterwunden im Gesicht und am Kopf sowie einen gebrochenen Kiefer; der Matrose Wilhelm Kistler war an der linken Brust, Arm und Wange verwundet; der Matrose Josef Butscheidt hatte sich einen Arm gebrochen und Alois Saurbach stand unter Schock. Der I WO, Wolfgang Verlohr, war in den Offiziersunterkünften auf DUANE eingesperrt und unterhielt sich dort ziemlich offen mit zwei Offizieren. Dabei gab er seiner erheblichen Sorge um die anderen Besatzungsangehörigen Ausdruck, vielleicht auch unter dem Schock über seine eigene Lage. Diese Unterhaltungen wurden natürlich aufgezeichnet und als Bericht weitergeleitet, um Aufschluss über die Nachrichtenlage zu erlangen. Wie britische Vernehmer später trocken bemerkten, schien er »keine großen Sicherheitsbedenken« gehabt zu haben.

Der nachfolgende Zwischenfall auf SPENCER war auf DUANE offenbar kein Problem. Wie ein Bericht besagt, hatte SPENCERS Mannschaft Mühe, nach dem

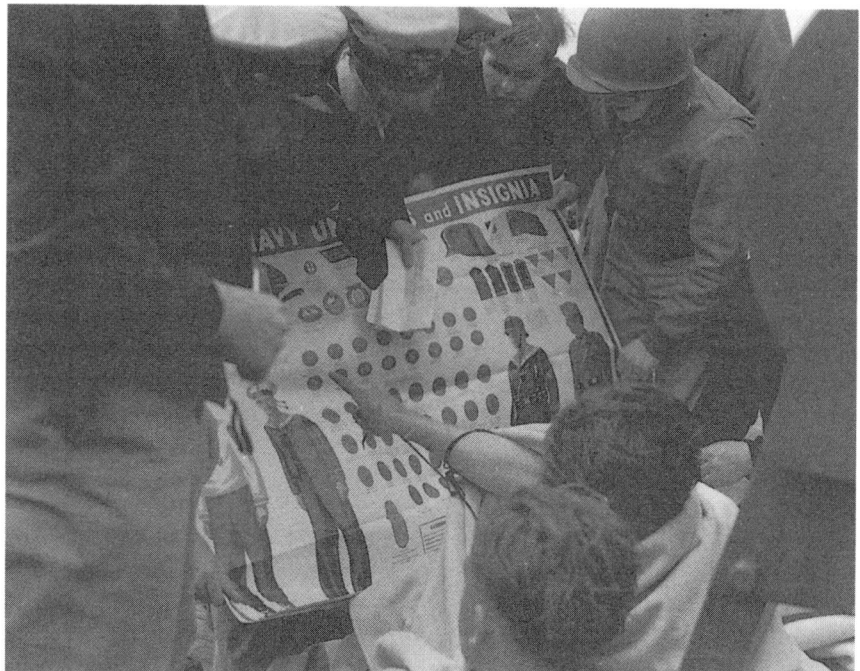

Gefangene an Bord von SPENCER erklären anhand einer Tafel des US-Marinenachrichtendienstes die deutschen Marineabzeichen.   (US-Nationalarchiv)

Entkleiden die deutschen Offiziere zu erkennen, und mangelnde Kooperation bereitete Schwierigkeiten, sie von den Mannschaften zu trennen. SPENCERS Logbuch enthält den Eintrag, dass »die Offiziere sich weigerten, Dienstgrad oder Heimatadressen anzugeben. Es waren: Karl Foalker, Albert Sirchler, Peter Paul Möller, Helmut Klotzsch, Herbert Schwarze und Max Klinger«. (Sirchler, Klotzsch, Schwarze und Klinger waren keine Offiziere). Ein Foto zeigt jedoch, wie die Gefangenen anhand einer übergroßen Tafel, die der US-Marinenachrichtendienst mit den Abzeichen deutscher Marineuniformen erstellt hatte, Erläuterungen abgaben und damit offensichtlich doch kooperierten. Zweifelsohne wurde das Foto auf der SPENCER aufgenommen, denn zwei Offiziere tragen Abzeichen der US-Marine, während an Bord DUANE jedoch keine US-Marineoffiziere eingeschifft waren. Sie gehörten zum US-Marinestab an Bord der SPENCER.

Während der Überfahrt des HX 233 meldete SPENCER insgesamt sechs einzelne U-Bootkontakte und Angriffe der insgesamt acht U-Boote, die, wie wir heute wissen, in der Nähe standen. Den letzten Angriff fuhr HMS BRYONY am 20. April 1943, wie es aus dem Gefechtsbericht ihres Kommandanten, Lt T Hand, RN-Reserve, hervorgeht.

An der Backbordflanke des Konvois erhielt sie am 18. April um 16.30 Uhr sicheren Sonarkontakt zu einem U-Boot auf Position 51°22'N 15°55'W. Sie lief sofort zum Angriff an und warf nach acht Minuten erfolglos einen Teppich von sieben Wasserbomben. Nach der Detonation erhielt sie erneut einen Sonarkontakt. Unterstützt von SPENCER folgte nun eine lange Jagd mit wiederholten Angriffen auf Unterwasserkontakte. Da kein greifbarer Erfolg erzielt wurde, erschien es rat-

Die Besatzung der SPENCER feiert ihren Triumph über U-175 mit einer »Popeye«-Skizze am Schiffsschornstein.   (US-Nationalarchiv)

sam, wieder zum Geleitzug zurückzukehren, da dieser nun schon 14 Seemeilen entfernt stand und nur durch wenige Geleitfahrzeuge gesichert weiterlief. Es ist überhaupt nicht festzustellen, ob bei diesen speziellen Angriffen überhaupt ein U-Boot vorhanden war.

Beobachter auf HMS BRYONY, darunter der ehemalige Kanonier Harry K Rawlings und Bootsmann Stanley James Haskell, Träger der Distinguished Service Medal, erinnern sich, dass »US-Küstenwachkutter SPENCER am Tage zuvor noch auf das U-Boot feuerte, als dessen Besatzung aus dem Turm kletterte und in das Meer sprang«. »Am folgenden Tag«, erinnert sich Rawlings, »fuhren wir schwere Wasserbombenangriffe und hörten neun Detonationen«, während Herr Haskell zugibt: »Ich konnte keine Detonationen zählen, da ich mit dem Ablesen von Messgeräten viel zu beschäftigt war. Auch BRYONY konnte keine Versenkung für sich beanspruchen, da nichts an die Oberfläche kam und wir nach den Angriffen am 18. April nicht weiter dort blieben«.

Zwischenzeitlich hatte U-614 als letztes U-Boot laut Kriegstagebuch des BdU das Geleit am 18. April aus den Augen verloren, so dass ungewiss bleibt, welches U-Boot von HMS BRYONY angegriffen wurde. Es wäre noch zu erwähnen, dass der BdU berichtete, sowohl U-264, U-226 als auch U-382 wären am Tag davor von Angriffen der 3. Unterstützungsgruppe zum Tauchen gezwungen worden. Das zeigt die lebenswichtige Rolle dieser britischen Einheiten in dieser Schlacht.

11

Der Verlust der FORT RAMPART

Die FORT RAMPART war mit 7.130 BRT die dreizehnte von 354 Einheiten des Typs »North Sand«, eines Stückgutfrachters.* Sie wurde auf der Werft Westküste AG in Vancouver, British Columbia, gebaut sowie mit Antriebsanlagen von der John Inglis KG aus Toronto, Kanada, versehen. Die erste dieser Einheiten, FORT ST. JAMES, wurde am 29. Januar 1942 ausgeliefert. FORT RAMPART machte nach dem Stapellauf am 23. Januar 1943 ihre Jungfernfahrt mit dem Konvoi HX 233. Bei ihrer Abfahrt aus British Columbia war sie zur Hälfte mit Holz aus Balboa oder Colon beladen und wurde während der Panama-Kanaldurchfahrt mit Balsaholz aufgefüllt, das von der britischen Luftfahrtindustrie besonders für den Bau ihres zweimotorigen leichten Bombers vom Typ »Moscito« benötigt wurde.

Ihre endgültige Ladung bestand aus 1.400 Tonnen Metall in den unteren Laderäumen sowie 7.300 Tonnen Holz einschließlich der riesigen Deckslast. Ihre Bewaffnung umfasste ein 7,6-cm-Geschütz, zwei 2-cm-Oerlikon-Flakgeschütze, zwei Colt-MG und zwei Kabeldrahtraketen (Parachute And Cable rockets). Zur Besatzung von zweiundfünfzig Mann gehörten sechs Mann der Marine als Geschützpersonal und drei psychisch kranke britische Seeleute auf der Rückkehr in die Heimat. Durch den Torpedotreffer wurden drei Mann verwundet und sechs Mann vermisst, Letztere wurden vermutlich durch die Explosion unterhalb der Wohnräume getötet.

Der Frachter lief am 6. April 1943 aus New York aus, um sich dem Konvoi HX-233 anzuschließen. Sein Kapitän Stein** meldete später, dass er keine Ahnung gehabt hätte, dass U-Boote im Gebiet operierten oder Angriffe unmittelbar bevorstanden. Eine allgemeine Unkenntnis, die im Nachhinein betrachtet gut für alle anderen Handelsschiffe in den Konvois war.

Am 17. April um 05.05 Uhr wurde das Schiff auf Position 47°20'N 22°00'W auf Kurs 043° und 9 Knoten Fahrt von einem Torpedo getroffen. Der Seegang war mäßig, es stand aber eine starke Dünung. Der Wind kam aus Südwest in Stärke 2–3 und die Sicht war bei Tagesanbruch gut.

Der Torpedo, der vor dem Einschlag nicht gesichtet wurde, traf das Achterschiff an Steuerbordseite mit einer heftigen Detonation, gefolgt von einem hellen Blitz. Eine Wassersäule stieg auf, ohne dass Wasser aber das Oberdeck überspülte,

---

* So benannt, um diese Schiffe von den des amerikanischen Typs »Ozean« zu unterscheiden. Die kanadischen Rümpfe stimmten mit den britischen Konstruktionszeichnungen überein, welche die »North Sands-Werft« von JL Thomson & Sohn, Sunderland, UK bereitstellte. Ihre Maßangaben entsprachen dem Typschiff »EMPIRE LIBERTY«, 7.157 BRT, 142 m lang, 20 m breit, Baujahr 1941.
** Kapitän W H Stein OBE (Order of the British Empire) erhielt die Lloyds-Tapferkeitsmedaille, als er als ihr Kapitän am 1. Juni 1942 die EMPIRE STARLIGHT als Kriegsverlust aufgeben musste, die aber später von den Russen geborgen und in MURMANSK umbenannt wurde. Seine Laudatio besagt: »Das Konvoischiff erreicht den nordrussischen Hafen trotz schwerer feindlicher Luftangriffe ohne Schaden. Im Hafen wurde es erneut angegriffen und sank. Während der heftigen Angriffe bewies Kapitän Stein hohen Mut und ausgezeichnete Führungskraft. Er tat alles Mögliche, um sein Schiff zu retten und konnte einen Großteil seiner wertvollen Ladung vor dem Sinken löschen.«

und die Lampen auf der Brücke und im Achterschiff erloschen, die mittschiffs jedoch nicht. Propeller und Ruder wurden abgerissen, sodass die Maschinen leer hochdrehten, und das Schiff lag achtern tiefer. An diesem Absacken erkannte der Kapitän, dass sich das Achterschiff und der Tank im Doppelboden mit Wasser gefüllt hatten.

Die Oberdeckschäden an dem halb genieteten und halb geschweißten Schiff waren erheblich. Ein großer Riss zog sich quer über das Achterdeck zwischen Luke 5 und dem Achterdecksprung und reichte bis zur Wasserlinie hinunter. Ein weiterer Riss führte vom Deckelkranz der Luke 3 quer über den Rumpf hinter der Brücke. Ein dritter Riss, auch dieser bis zur Wasserlinie hinunter, wurde an der Backbordseite hinter dem Schornstein entdeckt.

Der Kompass war aus der Zweipunktaufhängung geschleudert, die Kabel der Funkanlage zerschlagen und alle internen Nachrichtenverbindungen unterbrochen. Es konnten keine Notraketen abgeschossen werden, da sie aus den Werfern herausgedrückt waren. Nur die rote Laterne »Von Torpedo getroffen« konnte noch gesetzt werden, was aber von einigen Geleitfahrzeugen nicht bemerkt wurde. Der

HMS PENN, ein Zerstörer der »P«-Klasse der Heimatflotte, der am 17. April zu dem Konvoi stieß.
(Imperial War Museum)

Kapitän warf die Verschlusssachen und Funkschlüssel in ihren besonders beschwerten Würfeln außenbords, wie es den Vorschriften entsprach, und ging nach achtern, um den Schaden zu begutachten. Die gesamten Mannschaftsunterkünfte waren zerstört und Wasser drang ein. Überlebende der Besatzung, die geschlafen hatten und noch verschlafen waren, mussten vom Kapitän und zwei Mann durch die völlig durcheinander geworfene Deckladung Holz auf dem Achterschiff nach voraus geführt werden. Das Schiff sackte plötzlich achtern rasch ab und erzwang das sofortige Verlassen in den vier Rettungsbooten.

Da ein Mann wegen innerer Verletzungen starke Schmerzen hatte und das Schiff nach einer Stunde erst teilweise unter Wasser lag, beschloss der Kapitän zurückzukehren, um Morphium zu holen. Der Geleitzug war auf gleichbleibendem Kurs völlig außer Sichtweite gekommen, aber gerade als das Boot längsseits des Wracks ging, erschien die Korvette HMS ARVIDA an der Unglücksstelle.

Offenbar hatten sie und der zweite Geleiter, HMS BERGAMOT, als einzige das Signal der FORT RAMPART gesehen. Laut ARVIDAS Logbuch hatte der Wachoffizier um 06.00 Uhr beobachtet: »Position 21 verlässt die Kolonne« und um 6.30 Uhr: »Position 21 zeigt eine rote Laterne.« HMS ARVIDA näherte sich mit Höchstfahrt, um die Rettung zu beginnen, während SPENCER ihren Einsatz abschirmte. Diese umfuhr das Wrack zwei- oder dreimal und warf drei Wasserbomben mit Zündeinstellung 100 m, um lauernde U-Boote abzuschrecken. Um 7.14 Uhr hatte HMS ARVIDA alle zweiundfünfzig Besatzungsmitglieder an Bord genommen und nahm um 10.40 Uhr ihre Station im Geleit wieder ein. In dieser Zeit kehrte SPENCER auf seine Position vor dem Konvoi zurück und erlangte den Sonarkontakt, der zu den Angriffen auf U-175 führte.

ARVIDA hatte drei schwer verletzte Überlebende der FORT RAMPART an Bord, besaß aber nur unzureichende medizinische Ausstattung, um sie zu versorgen. Sie erhielt Befehl, an USCG DUANE heranzufahren, um die Verwundeten zu übergeben. Diese hatte einen Arzt an Bord, und die Übergabe der Verwundeten erfolgte zwischen 11.38 und 11.52 Uhr. Zur gleichen Zeit war die 3. Unterstützungsgruppe herangekommen, bestehend aus den britischen Zerstörern HMS OFFA, PENN, PANTHER und IMPULSIVE, um die anderen Geleitfahrzeuge zu verstärken.

Da FORT RAMPART weiter schwimmfähig blieb, glaubte ihr Kapitän an eine Rettung des Wracks, falls es in Schlepp genommen werden könnte. So wurden PENN und PANTHER angewiesen, das jetzt schon 20 Seemeilen hinter dem Geleitzug zurückgelassene Schiff daraufhin zu untersuchen. Während sie heranschlossen und PANTHER die Sicherung übernahm, warf PENN fünf Wasserbomben auf einen unsicheren Sonarkontakt. Diese fielen auf U-628, welches um 11.20 Uhr die Torpedierung des Wracks der FORT RAMPART meldete, wobei es diese für einen Nachzügler hielt. Hasenschars KTB berichtet gleichfalls von den Angriffen durch drei Zerstörer.

U-628 und U-226, die jeder für sich achteraus des Geleitzugs nach Nachzüglern suchten, hatten ohne voneinander zu wissen die FORT RAMPART verlassen, aber noch schwimmend entdeckt. Sie lag mit dem Heck tief im Wasser und wurde offenkundig durch die Holzladung gehalten.

Als PENN, noch ungefähr sieben Meilen entfernt, anlief, traf ein Torpedo das Wrack. Rohwer ordnet zutreffend beiden U-Booten die Versenkung zu, genau wie es auch aus den Kriegstagebüchern hervorgeht. Aber auch PENN war beteiligt. Die mehrfach torpedierte, beschossene und mit Holz voll beladene FORT RAMPART wollte einfach nicht untergehen. Hasenschar erzielte den ersten Treffer, den PENN auch gesehen hatte, und U-226 versetzte ihr den Todesstoß, aber beide U-Boote wussten nichts von PENNS Hilfestellung.

PENN fuhr als Sofortmaßnahme mit 27 Knoten in das Kampfgebiet, um gegen das schießende U-628 vorzugehen, verringerte dann die Geschwindigkeit auf 20 Knoten, um eine Sonarsuche eine Seemeile backbord querab von FORT RAM-PART durchzuführen. Auf dieser Seite war sie torpediert worden. Obwohl PENNS Sonar zeitweilig ausfiel, fuhr sie jedoch ohne Erfolg drei Seemeilen auf dem Torpedogegenkurs. Dann näherte sie sich dem Wrack und forderte PANTHER auf, die auch im Gebiet stand, sie zu sichern, während sie selbst anlief. Als PENN näher kam, zerbrach FORT RAMPART in zwei Teile und der achtere sank sofort. PENN wusste, dass das Schiff verlassen war und warf drei Wasserbomben unter das Vorschiff. Da erhielt PANTHER erneut einen schwachen Sonarkontakt, vermutlich von U-628, und griff mit Wasserbomben an. Da die Zerstörer nur noch über wenig Kraftstoff verfügten und der Geleitzug schon weit entfernt war, ließ PENN die PANTHER am Kontakt zurück. PENN meldete, dass sie Reste des Wracks mit mehreren 10,2-cm-Salven beschossen hatte, bevor beide Zerstörer um 06.30 Uhr wieder zum Konvoi stießen. Am frühen Morgen des 18. April übernahmen beide Kraftstoff vom Tanker FJORDAAS auf Station 34. Bis dahin war U-628 schwer durchgeschüttelt worden und konnte den Geleitzug, der mit neun Knoten dahinpflügte und schon fünfzig Seemeilen entfernt war, nicht mehr erreichen.

FORT RAMPART war ein kostspieliges Opfer, sowohl für die Alliierten als auch für die Deutschen, bedurfte es doch dreier Torpedos und einhundertdreißig 8,8-cm-Geschosse von U-628, dreier Wasserbomben und einiger 10,2-cm-Geschosse von PENN sowie dreier weiterer Torpedos von U-226 am folgenden Tag, welches das Sinken des Wracks in seiner Meldung auf den 18. April 1943 datierte.

Kommodore O H Dawson, RNR, auf der DEVIS, der Nr. 71 eingeschifft, meldete, dass der Angriff auf FORT RAMPART um 04.55 Uhr erfolgte, während das Geleit 40 Minuten vor Sonnenaufgang auf Kurs 043° bei leichten Winden und 10 Seemeilen Sicht in elf Kolonnen formiert die Position 47°17'N 22°06'W passierte. Eine wichtige Bemerkung in seinem Bericht sagte aus, dass er erst 20 Minuten später den Torpedoangriff erkannte, nachdem FORT RAMPART weit achteraus vom Konvoi zurück gefallen war. Er hatte den Lärm der Detonationen fälschlicherweise für Wasserbomben gehalten, was darauf hinweist, dass es in Wirklichkeit, wie auch Hasenschar berichtete, mehr als eine Detonation gab. Vizekommodore E R Smith, Kapitän der EMPIRE PAKEHA, Nr. 41, meldete, FORT RAMPART hätte zwei kurze Töne mit der Dampfsirene abgegeben und die vorgeschriebene Laterne (»Bin von Torpedo getroffen«) gesetzt. Von der G HARRISON SMITH, Nr. 31, und anderen Schiffen in der Nähe sind keine Aufzeichnungen mehr erhalten. Es erscheint seltsam, dass der Vizekommodore, der von Anfang an Kenntnis von diesem Angriff hatte, seinen Vorgesetzten nicht informierte.

HMS BERGAMOT auf Position L der Geleitsicherung (backbord vor dem Konvoi) meldete, dass sie bemerkt habe, wie das Führungsschiff der Backbordkolonne (FORT RAMPART, Nr. 21) von ihrer Station ausschor. Da sie keine Explosion hörte oder irgendein Signal bemerkte, behielt sie das Schiff aus etwa 4.300 m Entfernung im Auge, weil sie bei ihm einen Maschinenschaden vermutete. Sie wurde erst

Das US-Liberty-Schiff JONATHAN WORTH, eins der Fahrzeuge, das der FORT RAMPART in derselben Kolonne folgte und den Angriff auf diese nicht meldete. (US Navy Photograph)

später durch einen Funkspruch auf den Angriff aufmerksam gemacht. Da BERGA-MOT das Geschehen beobachtete, ist schwer zu erraten, warum keines der Schiffe in FORT RAMPARTS Kolonne, das US-Liberty-Schiff WILLIAM D PENDER (Nr. 22), der Norweger JOHN BAKKE (Nr. 23) und das US-Liberty-Schiff JONATHAN WORTH (Nr. 24), an denen sie ganz nah vorbeitrieb, den Konvoikommodore oder die Geleitsicherung über FORT RAMPARTS Notlage informierte. Niemand schien die Torpedos beim Durchlauf durch das Geleit im trüben Morgenlicht bemerkt zu haben. Gleichwohl hätte WILLIAM D PENDER, die 800 Meter hinter ihr fuhr, die Detonation deutlich vernehmen, sehen oder fühlen müssen oder zur gleichen Zeit die rote Laterne entdecken können. Auf dem US-Tanker G HARRISON SMITH (Nr. 31), etwa 900 Meter an Steuerbord, war die Explosion deutlich zu hören und zu spüren, und obwohl die rote Laterne klar zu sehen war, setzte sie anscheinend keine Meldung ab.

HMS DIANTHUS wusste nichts von dem Angriff, bis sie durch einen Funkspruch an alle Kenntnis davon erhielt und angewiesen wurde, mit SPENCER zusammen die ARVIDA zu sichern, die jetzt schon neun Meilen hinter dem Konvoi als Rettungsschiff Überlebende vom Wrack bergen sollte. Da erschien die dritte Geleitgruppe bereits am Horizont. DIANTHUS vermutete, dass das U-Boot getaucht von voraus den Konvoi zwischen den Kolonnen 2 und 3 passiert und noch innerhalb des Sicherungsschirms von steuerbord achtern auf ihn gefeuert habe. Das Kriegstagebuch von U-628 beweist, dass das Boot aufgetaucht von Norden in das Geleit eindrang, fünf Torpedos abschoss und in der anbrechenden Morgendämmerung richtigerweise ungesehen und ungeortet abtauchte. Alle anderen Geleit- oder Unterstützungseinheiten hatten den Angriff auf den Konvoi weder gesehen noch gehört und blieben bis zum Erhalt neuer Befehle auf ihrer Station.

DIANTHUS schirmte auch SPENCER und DUANE bei ihrer Rettung der Besatzung von U-175 ab. Auf 600 m herangekommen, setzte sie eine ausführliche Meldung über den letzten Kampf des U-Bootes ab, wie sie diesen beobachtet und in ihrem Gefechtsbericht festgehalten hatte.

Ein Vorrangfunkspruch des Befehlshabers der taktischen Gruppe 24.1.3 (Heinemann) vom 18. April 1943 an den CINCWA (Commander In Chief Western Approaches), nachrichtlich an den Verbandschef, Commander Task Force 24, an die Admiralität, an Ottawa, an Island sowie andere meldete: »SPENCER bringt [sic] 750-BRT-U-Boot, U-175, auf, das nach drei Wasserbombenangriffen und Geschützfeuer sank. Vierundvierzig Gefangene, … drei Gefallene [sic] durch Geschützfeuer einschließlich U-Boot-Kommandant Gerhard Muntz von Berndt [sic]. Mitlaufende FORT RAMPART von Geleiter versenkt. [sic]«.

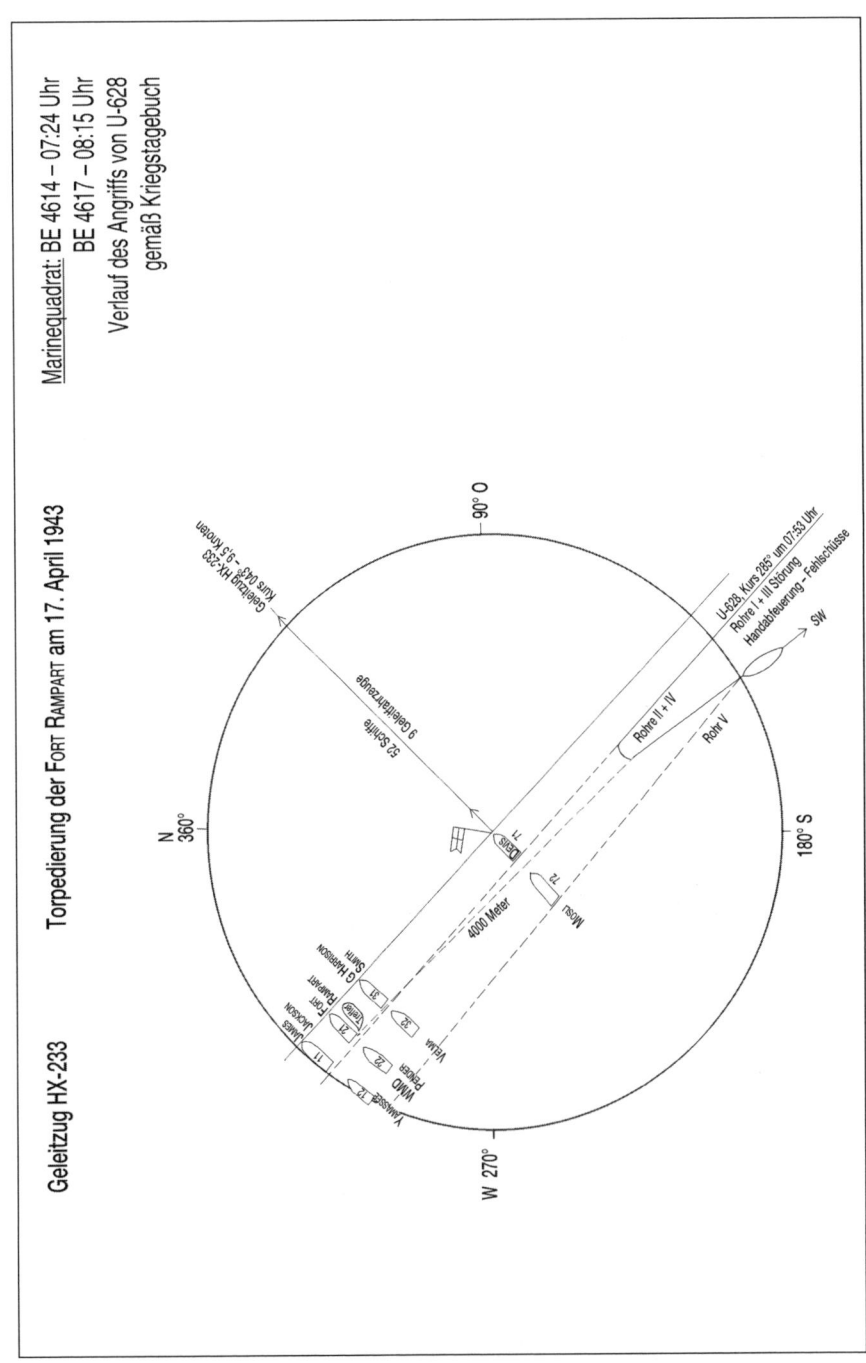

Geleitzug HX-233

Torpedierung der FORT RAMPART am 17. April 1943

Marinequadrat: BE 4614 – 07:24 Uhr
BE 4617 – 08:15 Uhr
Verlauf des Angriffs von U-628
gemäß Kriegstagebuch

Einsätze der Dritten Unterstützungsgruppe

Der Zerstörer HMS OFFA unter dem Gruppenkommandeur Captain J W McCoy, RN, lief am 13. April aus Liverpool aus, um mit PENN, PANTHER und IMPULSIVE in Londonderry zusammenzutreffen. Diese legten dort am 14. April ab, um als Verstärkung den Gleitzug HX-233 am 17. April auf Position 47°N 24°W zu erreichen. PENN meldete Wetterschäden an der Steuerbordseite und eine kontinuierliche Leckage, lief aber trotzdem aus. Da die Zerstörer der Heimatflotte nur eine kurze Reichweite besaßen, war Treibstoff eine der Hauptsorgen, und die Versorgung aus bestimmten Tankern des Konvois, den sie unterstützten, wurde dringend notwendig. Als die dritte Unterstützungsgruppe am frühen Morgen des 17. April in die Nähe des HX-233 kam, lief sie mit dem Wind und dem Mond im Rücken an, entsprechend der Gewohnheit der U-Boote, sich aus diesem Sektor zu nähern.

Die Unterstützungsgruppe bekam den Geleitzug um 08.40 Uhr in Sicht, gerade als SPENCER achteraus von ihm suchte. Als sie heranschlossen, sichtete ein wachsamer Ausguck auf OFFA (J Grimsdick, Seemann P/JK 403417) ein aufgetauchtes U-Boot, welches sofort backbord voraus vom Geleitzug auf Tiefe ging. Die Unterstützungsgruppe suchte die Backbordseite des Konvois ab und fuhr einen konzertierten Angriff, wobei man ein »Hämmern«, wie auf einem beschädigten U-Boot, zu hören glaubte.

Oben: HMS IMPULSIVE, ein Zerstörer der »I«-Klasse und Geschwaderführungsschiff.

(Imperial War Museum)

Unten: HMS PANTHER, ein Zerstörer der »P«-Klasse.

(Imperial War Museum)

Um 09.17 Uhr sichtete PANTHER in Peilung 230° ein aufgetaucht fahrendes U-Boot, vermutlich U-226 (Borchers). Nach Bestätigung des Kontakts liefen alle Einheiten zum Angriff heran. PANTHER legte eine Flaggenboje aus, um die Tauchposition des U-Boots zu markieren, während alle anderen Schiffe eine Vierecksuche um diese aufnahmen. PANTHER und IMPULSIVE fuhren jeder einen Angriff, gefolgt von einem zweiten Angriff durch PANTHER. Dann ging der Sonarkontakt verloren, und OFFA befahl beide Schiffe zurück und entsandte dann PANTHER zu PENN, um diese beim Wrack der FORT RAMPART zu verstärken.

Captain McCoy bestätigte, es für richtig gehalten zu haben, zwei Einheiten sofort zur FORT RAMPART zu entsenden, da diese sicherlich U-Boote anziehen würde. Er wollte sich aber lieber auf das von PANTHERS gesichtete U-Boot konzentrieren, als seine Kräfte zur Suche eines vermuteten U-Boots zu zersplittern. Erst als der Kontakt verloren ging, teilte er ein zweites Schiff zur Suche ab. Zu spät, denn PENN wie PANTHER hatten sinnvollerweise die Jagd abgebrochen, nachdem das U-Boot tief abgetaucht war. Mittlerweile hatte SPENCER U-175 an die Oberfläche gezwungen, ohne dabei OFFA mit einzubeziehen, sehr zum Ärger ihrer Besatzung. »Eine weitere Benachteiligung Irlands«, bemerkte gequält OFFAS Kommandant in seinem Gefechtsbericht. Damit drückte er seine tiefe Enttäuschung aus, dass es ihm nicht erlaubt war, SPENCER zu unterstützen.

Die dritte Unterstützungsgruppe blieb weiter am Geleitzug HX-233 und übernahm Kraftstoff aus dem Tanker FJORDAAS, Nr. 34, wobei sie in der Nacht Stationen um das Geleit einnahm. Sie leistete beste Dienste bei der Jagd nach U-Boots-meldungen, die auf Funkpeilungen oder Flugzeugkontakten beruhten, bis sie am 19. April abgezogen wurde, um sich dem nach Westen laufenden Geleitzug SC-126 anzuschließen. Von nun an verblieb sie an diesem Konvoi, bis sie dem Konvoi ON-178 zugeordnet wurde, um nach Schwierigkeiten mit Packeis unterwegs am 24. April 1943 in St. Johns auf Neufundland einzulaufen.

Die Auswertung aller Unterstützungsoperationen im Nordatlantik vom 14. April bis zum 11. Mai 1943 durch die Admiralität zeigt, dass von siebenundsechzig Angriffen auf U-Boote elf von diesen Einheiten durchgeführt wurden, wobei sie zwei von den acht Booten versenkten. Insgesamt wurden 24 Prozent der Sichtungen und 19 Prozent der Angriffe in der Nähe von Konvois diesen Unterstützungsgruppen zugerechnet. Diese Bewertung gibt jedoch die ganze Leistung dieser Unterstützungsgruppen nur unzureichend wieder, denn obwohl ein U-Boot bei einem Angriff auf einen Geleitzug starken Widerstand erwarten konnte, war es für die U-Boote höchst beunruhigend, schon weit entfernt davon gequält, gejagt und zur Strecke gebracht zu werden. Als Folge davon befahl das deutsche Oberkommando seine U-Boote unverzüglich in Gebiete mit geringerem Widerstand, wodurch die Bedrohung der Lebenslinie nach England über den Nordatlantik abnahm. Neun Geleitzüge, die zwischen dem 14. April und dem 11. Mai insgesamt 470 Stunden lang von U-Booten beschattet wurden, waren zu 38 Prozent dieser Zeit durch Unterstützungsgruppen verstärkt worden. Sechs dieser Verbände begleiteten die Konvois 700 Stunden lang, die 180 Stunden davon durch U-Boote beschattet, aber 520 Stunden nicht verfolgt wurden. In diesem Zeitraum standen die Unterstützungsgruppen 1.860 Stunden in See.

12

U-Boot-Funksprüche –
aufgefangen und entschlüsselt

Die britischen Operationen zum Entziffern der Funkschlüssel sind erst in den letzten Jahren besser bekannt geworden, als der Schleier der kriegsbedingten Geheimhaltung gelüftet wurde, der die Erfolge des Ultra-Systems in Bletchley Park, Buckinghamshire, verhüllte. Im Dezember 1942 hatte diese Einrichtung in Bletchley Park den deutschen »Triton«-Code geknackt, der besonders den im Atlantik eingesetzten U-Booten galt. Von da an konnten alle U-Boot-Funksprüche von den Alliierten entschlüsselt werden. Es ist eindeutig bewiesen, dass die Entzifferung des deutschen Funkcodes einen wichtigen und entscheidenden Faktor bei allen Geleitzugschlachten im Frühjahr 1943 darstellte. Das gilt ganz besonders für die Verteidigung des Konvois HX-233 sowie den Verlust von U-175.

Um die Vernichtung von U-175 trefflich darzustellen, muss man den Funkverkehr von 1943 in der Abfolge chronologisch wiedergeben. Als »Hush Secret« von den Alliierten klassifiziert, unterlag dieser einer sehr hohen Geheimhaltungsstufe. Zu jener Zeit standen die folgenden entschlüsselten Funksprüche den Alliierten eindeutig zur Verfügung:

Während seiner zweiten Feindfahrt, die beinahe tödlich endete, sandte U-175 (Bruns) am 4. Januar 1943 folgende Anfrage an den BdU: »Im Quadrat ET 1698 (Westküste Afrikas) befindet sich ein U-Boot. Ist das ein eigenes oder ein italienisches?« Der BdU antwortete: »Kein Italiener, könnte eigenes sein.«

Am 5. Januar 1943 meldete Bruns aus seinem Patrouillengebiet vor Westafrika an den BdU:

»Durch laufende Flugzeugbombardierung und Scheinwerferlicht für zwei Stunden unter Wasser gedrückt. Systematische Luftangriffe sollen das U-Boot aushungern. Halte Einsatz in Küstennähe für unergiebig, da das U-Boot keine Bewegungsfreiheit erlangt. Habe abgebrochen, da Batterien 55 Grad und Junkers-Luftkompressor seit 31. [Dezember 1942] ausgefallen. Quadrat ET 1932, 129 cbm [Kraftstoff].«

Am 6. Januar ordnete der BdU sechsundzwanzig U-Booten neue Buchstabenkennungen zu, z. B. »CA« für U-175 unter Bruns. Tags darauf befahl der BdU U-175 in die Westnordwestecke des Quadrates ET 38 vor Freetown, von wo Bruns die Trinidad-Geleitzüge, die alle 10 bis 11 Tage Kurs auf Quadrat ED 99 nahmen, zu melden hatte. Der BdU listete auch mehrere Konvois in See auf, woraus ersichtlich wurde, dass die deutsche Funkaufklärung den alliierten Geleitfunk zum damaligen Zeitpunkt mitlesen konnte.

Am 15. Januar informierte der BdU Bruns, dass er Operationsfreiheit im Westen und Südwesten seines Gebietes hätte und sich drei Tage später erneut melden sollte. Der BdU hatte auch U-43 (KptLt Hans-Joachim Schwantke) ein neues Operationsgebiet zugewiesen, wo es am 3. März 1943 den deutschen Blockadebrecher DOGGERBANK (EX SPEYBANK), 5.154 BRT, irrtümlich für die britische DUNNOTTAR CASTLE oder DUNEDIN STAR hielt und versenkte. Auf dem Heimweg, mit 7.000 Tonnen Kautschuk, Fisch und Pflanzenöl aus dem Fernen Osten beladen, lief DOGGERBANKS Kapitän, Kapitän Schneidewind, Höchstgeschwindigkeit und lag daher vor seinem Zeitplan.

Am 19. Januar funkte Bruns dem BdU, er operiere im Quadrat ET 24 vor der afrikanischen Westküste, habe kein Ziel gefunden, verfüge noch über 84 cbm Kraftstoff und alle Torpedos und dass sein Junkers-Luftkompressor noch immer defekt sei. Am 23. Januar meldete er die Versenkung des US-Liberty-Schiffes BENJAMIN SMITH, »7.000 BRT«. Der BdU antwortete mit dem Rückmarschbefehl nach Lorient, wobei unterwegs nachversorgt werden sollte. Dies wurde aber durch einen Funkspruch vom 29. Januar abgeändert, Bruns solle »direkt und ohne Kraftstoffergänzung zum Stützpunkt zurückkehren«. Vier Tage darauf, am 2. Februar, drei Tage nachdem er bei einem Angriff fast vernichtet worden wäre, funkte Bruns:

»Habe nach schwerem Wasserbombenangriff durch Flugzeug am 30. Januar etwa 32 cbm Kraftstoff [im Quadrat] EJ 9677 verloren. Kann jeweils nur eine Batteriehälfte laden oder entladen. Hoher Ladungsverlust. Antriebswelle des Backborddiesel ausgefallen. Starke Vibrationen bei höherer Belastung untragbar. Verringerte Tauchbereitschaft. Benötige dringend Nachversorgung mit Kraftstoff, da höherer Verbrauch (Verlust?). EJ 6141, 20 cbm [Kraftstoff].«

Überlebende von U-175 erinnern sich, dass die schweren Luftangriffe, die das Boot kampfunfähig machten, mit der für denselben Tag vorgesehenen Kraftstoffversorgung zusammentrafen. Das erschien ihnen als ein unglaublicher Zufall, bis sie Jahre später von der Entschlüsselung erfuhren.

Der BdU antwortete am 2. Februar mit der Weisung, »LO 20« (Rendezvousposition) anzusteuern, um dort von U 118 (KKpt Werner Czygan) Proviant und Kraftstoff zu ergänzen. Einen Tag darauf wies der BdU U-118 an, die Ankunft von U-175 und den Tag der Beendigung dieses Spezialeinsatzes (d. h. der Kraftstoffergänzung von U-175) mit Kurzsignal zu melden.*

Am 4. Februar setzte der BdU alle Boote auf den »Funkkreisen 1 und 3« davon in Kenntnis, dass Bruns nach einem Etmal von 95 Seemeilen das Quadrat DT 97 erreicht habe. Bruns meldete dem BdU am 5. Februar, er habe eine Kraftstoffleckage, sodass seine Schätzung des Kraftstoffvorrats ungenau sei. Er bestätigte aber noch einmal seine Tagesleistung von 95 Seemeilen. Am 8. Februar dann funkte Bruns', er würde den Treffpunkt mit U-118 am 11. Februar um 08.00 Uhr erreichen, worauf der BdU wiederum alle U-Boote im selben Seeraum (Funkkreise 1 und 3) über Bruns Standort in Kenntnis setzte.

Mit einem Funkspruch vom 14. Februar meldete dann Bruns dem BdU, dass die Versorgung durch Czygan (U-118) beendet sei, Szygan noch 293 cbm Kraftstoff an Bord habe und im Quadrat DH 2132 westlich der Küste Marokkos stehe. Der BdU wies nun U-175, U-217 (KptLt Kurt Reichenbach-Klinke) und U-108 (KKpt Ralf-Reimer Wolfram) an, auf die so genannte »Irlandschaltung« zu gehen. Dieses Funknetz war eines von acht operativen Funkkreisen für U-Boote in feindlichen Gebie-

---

* Ein komprimierter Text aus einem Signalbuch mit Kurzsignalen. Es sollte das Risiko verringern, durch lange Funksprüche die Position eines U-Bootes zu verraten.

ten. U-175 wurde am folgenden Tag auf den Funkkreis Küste (»Amerika 2«) befohlen. Am 16. Februar wies der BdU über Funk die Boote U-108, U-175 und U-125 (KptLt Ulrich Folkers) an, nach Lorient zurückzumarschieren.

Am 22. Februar teilte der BdU U-175 mit, dass ein Geleit es am 24. um 09.00 Uhr am Punkt »Laterne« aufnehmen würde und setzte alle U-Boote davon in Kenntnis. Dieser Spruch wurde im 54-m-Band mit der Stärke 5 empfangen. Um 23.43 Uhr des nächsten Tages unterrichtete die 10. U-Flottille U-175: »Peilsender Gruppe 1 werden von jetzt bis Tagesanbruch geschaltet.« Bruns hatte die Peilsender angefordert, und seine zweite Feindfahrt nahm nach schrecklichem Verlauf ein sicheres Ende. Sie war mit nur einer Versenkung, des US-Liberty-Schiffs BENJAMIN SMITH, nicht gerade erfolgreich.

U-175 lief am 10. April um 18.00 Uhr von Lorient zu seiner dritten und letzten Feindfahrt aus. Tags darauf befahl der BdU neue Kurse für U-552 (Popp), U-628 (Hasenschar), U-465 (Wolf), U-265 (Looks), U-262 (Franke), Bruns auf U-175 und Borchers auf U-226. Obgleich dieser Spruch keinen Konvoi erwähnte, ergab sich aus den B-Dienst-Meldungen, dass der BdU bereits von der Anwesenheit des Konvois HX-233, der auf der geographischen Breite von Lorient herankam, wusste und die auslaufenden Boote auf Abfangkurs dirigierte. Bruns meldete dem BdU am 15. April seine genaue Position in BE 59 (46°05'N 16°45'W), Kraftstoffvorrat von 223 cbm, Wind aus NW mit Stärke 3, Seegang 2, Dunst unter bedecktem Himmel, Barometer fallend.

Später am selben Tag signalisierte der BdU »allen betroffenen U-Booten«, insgesamt neun Booten, von denen U-175 eines war, Kurs auf »Gebiet JX 65« zu ändern, was der britische Nachrichtendienst in Position 58°39'N 36°24'W als Quadrat AK 15 im mittleren Atlantik vermutete. U-197 (KKpt Robert Bartels) sollte seine Position sofort melden.

Am 15. April übermittelte der BdU um 18.59 Uhr Bruns folgenden Spruch: »Für Maschinenmaat Karl Keutken: In Anerkennung Ihrer Verdienste als Maschinenmaat auf einem U-Boot verleihe ich Ihnen im Namen des Führers und Obersten Befehlshabers der Wehrmacht das deutsche Kreuz in Gold. (gezeichnet) Der Befehlshaber der U-Boote. Herzliche Glückwünsche vom Befehlshaber U-Bootgruppe West!«*

Am selben Abend meldete Bruns um 23.27 Uhr dem BdU: »Ein Zerstörer (möglicherweise SPENCER) im Quadrat BE 4542 (47°03'N 23°15'W).« Dieser leitete den Funkspruch an alle U-Boote auf »Funkkreis 1 mit Signalstärke 5« weiter.

Der B-Dienst (Funkbeobachtungsdienst, der deutsche Funkabhör- und Entschlüsselungsdienst) hatte offensichtlich den alliierten Funkverkehr abgehört und das Auslaufen des Geleitzugs HX-233 erkannt. Das KTB des BdU beweist, dass man sehr wohl von den Zyklen der Geleitzüge im Nordatlantik wusste und wann die nächste Folge erwartet werden konnte. So war man nur teilweise überrascht, den Konvoi so weit südlich von der üblichen Route Nordamerika–England zu finden, und konnte somit noch rechtzeitig reagieren und weitere auslaufende U-Boote, die in der Nähe standen, darauf ansetzen. Als U-262 (KptLt Franke) vom Kon-

---

* Deutsches Kreuz in Gold. Der zweithöchste, nur im Zweiten Weltkrieg verliehene Orden in drei Klassen: Gold mit Diamanten, Gold und Silber. Gold wurde für Tapferkeit vor dem Feind verliehen. Normalerweise wurde es in Anerkennung mehrerer herausragender Leistungen und weniger für eine einzige tapfere Tat verliehen. Der Orden wurde am 28. September 1941 gestiftet und sollte die Lücke zwischen dem Eisernen Kreuz 1. Klasse und dem Ritterkreuz zum Eisernen Kreuz schließen.

voi abgedrängt wurde und auf seinen Grundkurs für die »Operation Elster« zurückkehrte, befahl der BdU Koch, Fühlung zu halten.

Am 16. April um 19.03 Uhr verlangte der BdU von Bruns eine Wettermeldung für
05.00 Uhr, die er daraufhin als Kurzzeitsignal am nächsten Morgen um 03.36 Uhr
abgab. Um 10.57 Uhr meldete er dem Hauptquartier:
»Halte Fühlung.« Das war der letzte Funkspruch von U-175. Der BdU übermittelte
allen Booten auf Funkkreis 1: »Bruns hält Kontakt zu Konvoi [HX-233].« Ein
Funkspruch des BdU am nächsten Morgen wies Bruns an, die Operation abzubrechen und das Quadrat BD 51 anzusteuern. Eine weitere Aufforderung, um 21.44 Uhr
eine Wettermeldung abzugeben, blieb unbeantwortet. Sie kam zu spät. Bruns war
gefallen, U-175 gesunken und seine überlebende Besatzung in Kriegsgefangenschaft geraten.

Der BdU bemerkte den Verlust von U-175 eine Zeit lang überhaupt nicht. Am
folgenden 18. April funkte er neue Kursbefehle an die acht Boote, einschließlich
U-175, mit der Weisung: »Einsatz am 18. April vormittags abbrechen. Ebenso die
Boote, die nachts nicht mehr angreifen können oder vor dem Konvoi stehen. Position und Kraftstoff melden und Quadrat ansteuern wie in Absatz 2 befohlen«
(d. h. AK 51 auf Position 55°55'N 34°45'W).

Am 25. April, offensichtlich noch immer in Unkenntnis über den Verlust von
U-175, sandte der BdU einen Funkspruch an Bruns, der ihm die Ernennung seines
II WO, Paul Möller, zum Oberleutnant zur See mitteilte und die Glückwünsche der
10. U-Flottille einschloss. Spätere Aufzeichnungen in den Unterlagen des BdU besagen, dass U-175 von den US-Küstenwachkuttern SPENCER und DUANE, die den
Konvoi HX-233 begleiteten, am 17. April 1943 auf Position 47°58'N 21°12'W versenkt wurde, und »die einzige Information über Bruns vor seiner Versenkung war
seine Auslaufmeldung aus Frankreich. SPENCERS Sonarkontakt praktisch mitten
im Geleitzug führte zu seiner Vernichtung« (vom 14. Februar 1945). Eine weitere
Anmerkung hält fest, dass Bruns nicht überlebt habe und listet als überlebende Offiziere auf: »Verlohr, OltzS, Möller, Paul, LtzS, und Nowroth, Ing. Kriegsgefangene.«

Je mehr die Alliierten ihre Fähigkeiten verbesserten, den U-Bootfunkverkehr
mitzuhören, waren U-Booterfolge wie an früheren Geleitzügen angesichts der
wachsenden technischen und materiellen Überlegenheit nicht mehr zu erzielen.

Funkpeilungen und Lagekarten der britischen Admiralität zeigen, dass deutsche
U-Boote seit dem 15. April 1943 Fühlung zum Konvoi HX-233 hielten. Es wird
das auslaufende U-262 (KptLt Franke) gewesen sein, das die Fühlung dem BdU
meldete. Dieser wiederum führte sieben weitere auslaufende U-Boote, die in der
Nähe standen, zum Angriff in die Nähe des Geleitzugs heran. Dabei handelte es
sich um U-614, U-382, U-264, U-358, U-226 und U-628, alles VII C-Boote, und
U-175 vom größeren Typ IX C.

Der BdU hält in seinem KTB fest, dass U-262 abgedrängt worden sei und Kontakt verloren habe. SPENCER verzeichnete am 15. April Funkpeilungen, die wahrscheinlich von U-262 stammten. Sie hielt diese aber für so weit entfernt, dass ein
unmittelbares Handeln des Geleits nicht für erforderlich angesehen wurde. Die
Funkpeilkladde belegt aber in Wirklichkeit Peilungen schon ab 10.00 Uhr am
11. April, die alle nicht beachtet wurden. Der Bericht zählt sechsundvierzig U-Boot-
funksprüche auf, die während der Überfahrt vom Geleitzug HX-233 aufgefangen
wurden. Davon waren dreißig stark genug zum Peilen und zwölf erstklassige Pei-

lungen von U-Booten in unmittelbarer Nähe des Konvois, nur noch 10 bis 25 Seemeilen entfernt. Sieben Peilungen wurden noch am 17. April in den vier Stunden vor dem Angriff aufgefasst, alle sieben wurden dabei als »Sprüche höchster deutscher Vorrangstufe« oder »Feindlicher Angriffsfunkverkehr« eingestuft.

Diese sieben Peilungen vom 17. April zeigten Funkverkehr von vier U-Booten backbord querab vom Konvoi, eine backbord voraus und eine fast recht voraus. Dazu kamen eine voraus an Steuerbord, während eine weitere hinter dem Geleitzug ein U-Boot als Beschatter auswies. Diese Peilungen ermöglichten mehrere Gegenangriffe durch die Geleitfahrzeuge. Hier soll angemerkt sein, dass Funkpeilungen es schon einmal der dritten Unterstützungsgruppe ermöglichten, die vorher den Konvoi HX-230 als Verstärkung begleitete, ein funkendes U-Boot unter Wasser zu drücken. Dadurch entstand eine Lücke in einem weitreichenden Aufklärungsstreifen, durch die der Konvoi sicher hindurchstoßen konnte. Von den folgenden schnellen Geleitzügen wurde HX-231 (einundsechzig Handelsschiffe) von fünfzehn U-Booten der Gruppe »Löwenherz« und die sie verstärkenden sieben weiteren Booten angegriffen.

Etwa achtundneunzig neue U-Boote waren im April im Atlantik angekommen. Dabei handelte es sich um eine Konzentration von vielen unerfahrenen Kommandanten, jungen Wachoffizieren und einem hohen Anteil unerfahrener Besatzungen, deren Ausbildung auf einige wenige, aber intensive Monate verkürzt worden war. Darüber sagt eine Quelle Folgendes aus:

US-Küstenwachkutter SPENCER im Jahre 1943 mit erkennbarer HF/DF-Antenne am vorderen Mast.
(US Navy Photograph)

»In den letzten Märztagen, während der U-Booteinsätze gegen die Geleitzüge durch die U-Bootführung, erhielten die Alliierten erste wesentliche
Hinweise auf eine sinkende U-Bootmoral.«

Das ist nicht richtig, denn die Moral blieb bis zum Ende hoch und sank nicht
ab. Die Wirksamkeit der U-Bootangriffe nahm wegen der Zuführung neuer Boote
und unerfahrener Besatzungen dramatisch ab. Dies war gepaart mit der ins Unend-
liche gesteigerten Stärke und Effektivität des Gegners. HX-231 wurde von der Eli-
te-Geleitgruppe B-7 geschützt, die von Commander Peter Gretton, RN, geführt
wurde. Sie konnte mit Hilfe von Langstreckenflugzeugen nicht nur die Angriffe der
Wolfsrudel bei einem Verlust von drei Konvoischiffen und drei Nachzüglern abwei-
sen, sondern versenkte zwei U-Boote und beschädigte mehrere andere. Das kann
als das »Ende vom Anfang« bewertet werden, da die U-Boote nie wieder Erfolge
wie an den Geleitzügen HX-229/SC-122 aufweisen konnten. Diese Schlacht hatte
292 Offizieren und Mannschaften, hauptsächlich von der britischen Handelsmarine, das Leben gekostet. HX-231 wurde noch als »Krisengeleitzug« bezeichnet. Der
folgende Konvoi HX-232 verlor drei Schiffe und HX-233, wie wir gesehen haben,
nur noch eins. Am 17. April hatte sich das Blatt deutlich gewendet. Zu diesem Zeitpunkt schien es, dass der BdU endlich auf die Gefahren aufmerksam wurde, die der
exzessive Funkverkehr der U-Boote hervorrief. Das bemerkte man, als die Alliierten etwa in diesem Zeitabschnitt einen Funkspruch entschlüsselten, der als Rüge
für zu häufigen Funkverkehr zu sehen war. Doch der BdU verließ sich weiter auf
die »Enigma«-Schlüsselmaschine, die man für einbruchsicher hielt. Für die Alliierten war das Schlimmste vorbei, denn die Gesamtverluste durch U-Boote sanken im
April auf sechsundfünfzig Schiffe mit 327.943 BRT, das ist nur geringfügig mehr als
die Hälfte der Verluste des Vormonats.

Es gab sicherlich zahllose Fehler und Fehlurteile auf beiden Seiten, doch die
U-Boote verloren gegen die Verbindung aus fortschrittlicher Technik und überwäl-
tigender Kampfkraft. Der entscheidende Faktor ließ am Ende die Seite siegreich
sein, welche die wenigsten Fehler machte, wobei sich allerdings die Alliierten mehr
Fehler erlauben durften.

Das Versagen des BdU, die alliierten Fähigkeiten bei der Nutzung der Funkpeilung und -aufklärung zu erkennen oder auch nur zu vermuten, war einer der
schlachtentscheidenden Faktoren. Die Deutschen schienen nie erkannt zu haben,
dass die alliierten Geleitfahrzeuge U-Boote anhand ihrer Funksprüche in der Nähe
eines Geleitzugs einschließlich ihrer Position orten konnten. Die Aufmerksamkeit
der U-Boote war stattdessen so fest auf die Wirksamkeit und Genauigkeit der feindlichen Radargeräte gerichtet, dass sie den Zusammenhang zwischen ihren Funksprüchen und der sofortigen Reaktion der Geleitsicherung darauf nicht erkannten.

Angesichts der Tatsache, dass OltzS Otto Ites von U-94 schon im Juni 1942
nach heftigen Wasserbombenangriffen diese Möglichkeit in Betracht zog, verwun-
dert es doch, dass die Auswertung des BdU diesen Verdacht im Mai 1943 nicht erwähnte. Des Weiteren hatte der deutsche Nachrichtendienst sichere Beweise dafür,
dass Geleitfahrzeuge mit Kurzwellen-Funkpeilern ausgerüstet waren. Als der Geleitzug ON-175 unentdeckt einen Aufklärungsstreifen von U-Booten passieren
konnte, hatten diese am 4. April 1943 dem B-Dienst gemeldet, dass ein Geleiter
(SPENCER als Führungsschiff der Einsatzgruppe 24.1.9) »mit Kurzwellenpeiler«
oder »Kurzwellenantenne« ausgerüstet sei. Zwei ähnliche Meldungen folgten. Das

U-Boot hatte SPENCERS HF/DF-Antenne bemerkt, die auf dem Foto auf Seite 130 deutlich am vorderen Mast zu erkennen ist, sich aber keinen Verwendungszweck vorstellen können.

Auch hatten deutsche Agenten in Spanien gegenüber von Gibraltar beim Ein- oder Auslaufen britische Zerstörer mit HF/DF-Antennen fotografiert, ohne deren Bedeutung zu erfassen. Hätte der BdU die enorme Wichtigkeit dieser neuen Technologie begriffen, hätte er sofortige Gegenmaßnahmen, nicht zuletzt das Einstellen des überflüssigen Funkverkehrs, einleiten können. Man hätte auch, wie Prof. Dr. Rohwer vorschlägt, Funkbojen auslegen können, um die Geleitfahrzeuge in exponierte Lage zu locken, wo sie dann durch den neuen schallsuchenden Torpedo (»Zaunkönig«), der im Herbst 1943 zum Einsatz kam, bekämpft werden konnten.

Andererseits hatten die Alliierten auch Möglichkeiten vertan. Am 15. April hatte U-262, nach Bestätigung der BdU-Anweisung zur Operation »Elster«, in vier Funksprüchen die Genehmigung zum Angriff auf Geleitzüge beantragt. Das U-Boot lief im Quadrat BE 7274 auf westlichem Kurs und damit auf Kollisionskurs zu dem Konvoi. SPENCER fing den Funkspruch von U-262 (Franke) an den BdU auf, aus dem hervorging, dass es den Konvoi am 16. April 1943 um 04.34 Uhr gesichtet habe. Sie drückte U-262 eine Stunde später unter Wasser, wobei dieses sechs Stunden lang wiederholte schwere Wasserbombenangriffe über sich ergehen lassen musste. Schließlich musste Franke deswegen seinen Angriff abbrechen. Andererseits wurden zahlreiche weitere HF/DF-Peilungen jedoch vernachlässigt.

13

Die letzte Etappe des Geleitzugs HX-233

Der Konvoikommodore O H Dawson, RNR, auf DEVIS meldete, einundfünfzig Schiffe mit einer durchschnittlichen Geschwindigkeit von 9,5 Knoten seien aus New York und sieben aus Halifax ausgelaufen. Im Geleitzug wurde dem US-Liberty-Schiff JAMES FENIMORE COOPER, einem Frachter, die Station Nr. 95 zugeteilt. Der US-Frachter LENA LUCKENBACH (ex. EASTERN SAILOR, gebaut 1920 in Japan, 5.238 BRT, bereedert von der Luckenbach Dampfschiff Co. New York), ebenfalls mit Stückgut beladen, fuhr auf der Station Nr. 81. Sie stand damit steuerbord querab von DEVIS, konnte aber auf Grund von Maschinen- und Ruderproblemen oder wegen unerfahrener Wachoffiziere schlecht ihre Station halten. Der Kommodore wusste von diesen Problemen und sah die Gefahr für die neben ihr fahrenden Schiffe. So befahl er dem Schiff, die freie Station 105 einzunehmen, das war die des letzten Schiffes in der Kolonne 10. Auch JAMES FENIMORE COOPER wurde am 20. April 1943 ohne weitere Angabe von Gründen angewiesen, die Station Nr. 102 einzunehmen.

Am frühen Morgen des 20. April, kurz nachdem SPENCER und DUANE den Geleitzug verlassen hatten, meldeten LENA LUCKENBACH und JAMES FENIMORE COOPER ihre Kollision; glücklicherweise hatten beide keine explosive Ladung an Bord, wie es auf vielen anderen Schiffen dieses Konvois der Fall war. Der Kommandant von HMCS WETASKIWIN war zu diesem Zeitpunkt dienstältester Offizier und befahl HMS DIANTHUS, dorthin zu laufen, die Lage zu klären und falls erforderlich Beistand zu leisten.

DIANTHUS meldete, dass das Heck der JAMES FENIMORE COOPER eingedrückt und die Vorpiek vollgelaufen sei. Sie »könne möglicherweise nicht schwimmfähig gehalten werden, aber noch 6 Knoten Fahrt machen«. Ohne geeignete Seekarten an Bord musste COOPER von HMS ARVIDA in den Fluss Clyde geleitet werden.

DIANTHUS näherte sich der LENA LUCKENBACH und berichtete, dass diese vorn sehr tief im Wasser läge. Zwei Stunden später zog der Kapitän der LUCKENBACH die Aufgabe des Schiffes in Erwägung, da eindringendes Wasser bis zum Schott des Maschinenraums gestiegen war. DIANTHUS informierte den Kapitän, dass Schlepper unterwegs seien, und ermutigte ihn, an Bord zu verbleiben. Sollte er jedoch gezwungen sein aufzugeben, möge er die Geheimsachen sicherstellen und eine Arbeitsgruppe zum Festmachen der Schlepptrossen an Bord belassen. Der in der Nähe stehende US-Frachter M/S LIGHTNING, der Liverpool anlaufen sollte, wurde angewiesen, LUCKENBACHS Rettungsboote aufzunehmen, nachdem man erfahren hatte, dass das Schiff verlassen worden war. Die LIGHTNING barg

LENA LUCKENBACH, die am 20. April 1943 mit dem Liberty-Schiff JAMES FENIMORE COOPER kollidierte und von HMS BERGAMOT gerettet wurde.   (The Steamship Historical Society of America)

sechsunddreißig Seeleute aus den Rettungsbooten und setzte um 13.00 Uhr ihre
Fahrt nach Liverpool fort. Eine Arbeitsgruppe zur Unterstützung beim Geschleppt-
werden verblieb nicht an Bord.

Noch am Morgen des 20. April hatte HMS BERGAMOT Befehl erhalten, LENA
LUCKENBACH zu suchen. Sie fand sie nach einer Weile verlassen, mit tiefliegendem
Bug und im schweren Seegang schlingernd vor. Obwohl der Kapitän es versäumt
hatte, wie von DIANTHUS befohlen eine Mannschaft zum Wahrnehmen der
Schleppleinen an Bord zurückzulassen, war die Bergung immer noch möglich. BER-
GAMOT sandte eine Bergungsmannschaft an Bord, um eine Schleppverbindung
herzustellen. Im starken Seegang umkreiste DIANTHUS beide, um eine Sonarsiche-
rung durchzuführen und Öl zur Beruhigung der rauen See außenbords zu pumpen.

Die Schlepptrossen wurden erfolgreich an Bord genommen und belegt. Ein Be-
satzungsmitglied erinnert sich: »Unter diesen Bedingungen und bei diesem Wetter
eine 11-Zoll-Schleppverbindung herzustellen, war gute Arbeit aller Beteiligten.«
Beim Anschleppen jedoch brach die Trosse mit einem lauten Knall, als eine große
Welle den schlingernden Frachter traf, ihn heftig anhob und zu viel Zug auf die
Schlepptrosse kam.

BERGAMOTS Bergungsmannschaft meldete, die LENA LUCKENBACH sei offensichtlich in unnötiger Hast, wenn nicht gar in Panik verlassen worden. Die Tatsache, dass alle Rettungsboote fehlten und auf den Backen der Mannschaft Essens-
reste, Spielkarten und Geldscheine herumlagen, war ein weiterer Hinweis eines
übereilten Aufbruchs. Bei dem Aufwinschen durch die BERGAMOT reichte die Besatzung des Bootes Andenken von der LUCKENBACH nach oben. Der Kommandant sah dies und befahl die sofortige Rückgabe, was auch prompt geschah.

Zum Erstaunen und Ärger der BERGAMOT-Besatzung erschien um 07.35 Uhr in der nun schwächer gehenden See der Schlepper HM GROWLER der BUSTLER-Klasse. Er legte sich unter das Heck des verlassenen Schiffes, während seine Besatzung eifrig jegliches bewegliche Gut hinunter an Deck warf.

BERGAMOT sicherte, bis ein zweiter Schlepper, die DESTINY, ankam und beide die LENA LUCKENBACH endlich in Fahrt bringen konnten. Sie sollte, wie an anderer Stelle beschrieben, letztendlich auf Grund gesetzt werden. Obwohl sie mit dem Bug 60 cm tiefer lag, 5° nach Backbord krängte und fast gesunken wäre, konnten die Schlepper sie sicher nach Rothesay bringen. Danach kehrte BERGAMOT zu ihrem Stützpunkt Gladstone Dock in Liverpool zurück.

Erinnerungen auf der BERGAMOT an das beschädigte Schiff waren von Beginn der Reise an sehr lebhaft. Eines Nachts im Konvoi sah der achtere Ausguck in der Dunkelheit der Nacht plötzlich ihren Bug über dem Heck aufsteigen und zum Rammstoß ansetzen. Nach seiner hektischen Meldung an die Brücke begann das Schiff stark zu vibrieren, als es auf »Volle Fahrt Voraus« ging, um dem außer Kontrolle geratenen Frachter auszuweichen. BERGAMOTS Ausguck meldete dann, dass auf dem Bug dieses Schiffes zwei heftig schreiende und gestikulierende Seeleute standen, die damit andeuten wollten, man hätte die Kontrolle über das Schiff verloren.

Die Kollision von LENA LUCKENBACH und JAMES FENIMORE COOPER ereignete sich auf Position 55°10'N 09°W, und Ltjg J J Stevenson, der Kommandeur der Militärischen Wache auf LENA LUCKENBACH, berichtet, dass das Schiff anfangs hinter dem Geleitzug herhinkte und ihn erst am 14. April 1943 erreichte. Er hielt weiterhin fest:

»... das Schiff wurde von einem anderen Frachter, der JAMES FENIMORE COOPER, an der Backbordseite zwischen den Luken 1 und 2 gerammt. Die LUCKENBACH wurde schwer beschädigt und begann sofort über den Bug zu sinken. Die anderen Konvoischiffe liefen weiter, aber es gelang, eine Korvette durch Lichtsignale aufmerksam zu machen, die dann die LUCKENBACH unterstützte. Um etwa 10.45 Uhr befahl der Kapitän angesichts der

JAMES FENIMORE COOPER kollidierte mit LENA LUCKENBACH. Trotz der Schäden am Bug konnte sie unter Geleit sicher den Hafen erreichen. (The Steamship Historical Society of America)

LENA LUCKENBACH mit der Bergungsmannschaft von BERGAMOT beim Klarmachen der Schleppvorlauf-
leinen. Man beachte die Schäden an der Geschützplattform.   (T F J Rogers)

hoffnungslosen Lage des Schiffes und nach Rücksprache mit der Korvette,
das Schiff wegen des hohen Seegangs zu verlassen. Das wurde in guter Disziplin erledigt, und das M/V LIGHTNING brachte die gesamte Besatzung
später nach Liverpool in England. Die Marinegeschützbesatzung verlegte
man nach Londonderry. Nach der Bergung des Schiffes meldete sich der Artillerieoffizier am 10. Mai mit fünf Mann an Bord zurück, während der Rest
der Militärischen Wache in Londonderry auf weitere Befehle wartete.«

Ensign William E McCarthy, Artillerieoffizier auf der JAMES FENIMORE COO-
PER, berichtete: »Am 20. April um 06.00 Uhr kollidierten wir mit einem anderen
Handelsschiff, wodurch ein schwerer Schaden an unserem Bug entstand. Unsere
Geschwindigkeit sank um die Hälfte, und ein Geleiter blieb bei uns, bis wir den Ha-
fen erreichten.«

In einem angefügten undatierten Zusatzbericht meldete Ensign McCarthy in
drei Absätzen folgende knappe Einzelheiten:

»Wir kollidierten am frühen Morgen des 20. April 1943 mit der LENA LU-
CKENBACH. Als ich den Alarm hörte, eilte ich auf die Brücke. Zu diesem
Zeitpunkt lag das andere Handelsschiff steuerbord voraus und schien außer
Kontrolle geraten zu sein. Das war um 06.00 Uhr.

Ein Wachgänger auf der 7,6-cm-/L50-Geschützplattform erzählte mir von
den Ereignissen. Dieser Mann heißt R J Forte, Seemann 2. Klasse. Das
Schiff, mit dem wir kollidierten, schien in sicherem Abstand von Backbord
nach Steuerbord unseren Bug zu kreuzen. Dann verlor er das Schiff kurzzeitig aus den Augen, als heftige Gischt über den Bug sprühte. Im nächsten
Moment sah er das Schiff recht voraus auf Kollisionskurs. Forte verließ das
Geschützdeck, um sich an der vorderen 2-cm-Lafette an Steuerbord hinzu-

legen und Schutz zu suchen. Beim Hinabsteigen hörte er, wie der Maat das Schallsignal für eine Kursänderung nach Backbord gab. Dann schien es lange zu dauern, bis die Kollision erfolgte. Danach begab sich der Mann nach mittschiffs, wo kurz danach das Heck des anderen Schiffes mit uns kollidierte. Als dieses langsam wegtrieb, schien es noch immer keine Ruderwirkung zu haben.

Die Kollision bewirkte das Fluten der Vorpiek. Die Ankerklüse war ebenfalls losgerissen, und man konnte Schäden unterhalb der 7,6-cm-Lafette vermuten. Das Heck der LUCKENBACH verbeulte einige Rumpfplatten an der Seite unseres Schiffes. Es gab meines Wissens keine Opfer.«

Während die Berichte beider Artillerieoffiziere kein wahres Licht auf die Ereignisse werfen, was besonders für die LUCKENBACH galt, zeigen jedoch die Beschwerden, die der Konvoikommodore Dawson über deren Stationshalten erhielt, dass sie von Beginn an Probleme mit Maschine und Ruder gehabt haben musste. Sie war ein altes Schiff, das während der küstennahen Handelsfahrten vor Nordamerika viele Jahre nicht hinreichend gewartet wurde. Wie viele in der Küstenschifffahrt vor dem Krieg, konnten diese jahrelang vernachlässigten Schiffe kaum den Anforderungen des Wetters im Nordatlantik und der Fahrt in Geleitzügen genügen. Es grenzt an ein Wunder, dass sich nicht mehr Ausfälle oder Kollisionen ereigneten, obschon viele hastig ausgebildete junge Offiziere die Verluste der ersten Monate nach Kriegseintritt ersetzen mussten.

LENA LUCKENBACH schien aus dem Ruder gelaufen zu sein, als sie in schwerer See mit JAMES FENIMORE COOPER kollidierte. Dadurch klaffte an der Steuerbordseite vorne weit vor der Luke 1 ein Leck im Vorschiff und es erfolgte ein starker Wassereinbruch. Sie traf COOPER erneut mit dem Heck, bevor sie endlich freikam. Zwar sank LENA LUCKENBACH nicht, die schweren Schäden ließen dies jedoch befürchten. Bezeichnenderweise musste sie nach dem sicherem Einschleppen in Kames Bay auf Grund gesetzt werden.

HMS BERGAMOT schleppt den US-Frachter LENA LUCKENBACH. Originalgemälde von T F J Rogers.
(T F J Rogers)

Nahaufnahme der LENA LUCKENBACH mit dem längsseits kommenden Schlepper GROWLER.

(Jim Morris)

Nach zwei Monate dauernden Reparaturarbeiten verließ LENA LUCKENBACH am 9. August 1943 Großbritannien, um mit dem Konvoi ON-196 in die USA zurückzukehren. Am 10. Dezember 1943 lief sie erneut aus New York aus und erreichte mit dem Konvoi HX-270 den River Clyde in Schottland. Am 4. August 1944 wurde sie von der Schiffsliste gestrichen. Später wurde sie als Teil des »Gooseberry I«-Wellenbrechers vom künstlichen Hafen »Mulberry-A« bei Arromanches vor der Küste der Normandie versenkt. So wurde sie Teil der alten unbrauchbaren Schiffe, die sich, ohne weiteren Einsatzwert zu besitzen, auf diese Weise einen ehrwürdigen Abgang verschafften.

Am 20. April 1943 um 05.00 Uhr verließen SPENCER und DUANE den Geleitzug HX-233 auf Position 55°05'N 09°54'W, um in den Marinestützpunkt Greenock einzulaufen. Dienstältester Offizier der Geleitsicherung war nun der Kommandant von HMCS WETASKIWIN, LtCdr J R Kidston, RCNR, der am Nachmittag die Schiffe des Geleits in ihre jeweiligen Bestimmungshäfen entließ. Sechs davon gingen nach Loch Ewe, um dort weitergeleitet oder an einen Russlandkonvoi übergeben zu werden. Weitere sechs Schiffe fuhren in Häfen am Clyde und die übrigen nach Mersey, während man einige wenige vorher nach Belfast umgeleitet hatte. Viele von ihnen hatten Munition und Getreide, eine Mehrzahl der Tanker aber hatte Flugbenzin an Bord, um die Luftoffensive des Bomberkommandos gegen Deutschland zu unterstützen, jener Befehlsstelle also, die sich ironischerweise beständig geweigert hatte, Langstreckenflugzeuge zum Schutz eben dieser Geleitzüge bereitzustellen.

14

Epilog

Wir verfolgen nun den Weg zweier Männer von U-175, die jeweils von einem der amerikanischen Kutter gerettet worden waren, in die Gefangenschaft und bis zu ihrer endgültigen Entlassung in die Heimat nach Kriegsende.

Der Mechanikergefreite Peter Wannemacher, der am 17. April seinen 19. Geburtstag gefeiert hatte, verließ als letzter das U-Boot, als er von der Backbordseite des Hauptdecks über Bord sprang. Dies geschah auf der dem Feuerhagel abgewandten Seite, wobei er jede nur mögliche Deckung des schon schwer beschädigten Turms ausnutzte. An einem Punkt überlegte er, auf das sinkende Boot zurückzukehren, da ihm das Rettungsboot zu weit entfernt schien. Von seinem Dräger-Tauchretter über Wasser gehalten, erreichte Wannemacher zusammen mit dem Matrosengefreiten Dieter Wolf das Kletterrettungsnetz an der Seite der DUANE, wo man ihnen an Bord half. Die Amerikaner zogen ihnen die nasse Kleidung aus, hüllten sie in trockene Wolldecken und gaben jedem eine Notausrüstung. Sie wurden natürlich mit großer Neugier von der Küstenwachbesatzung beobachtet, jedoch während ihrer Zeit auf dem Kutter immer gut behandelt und versorgt. Am 20. April liefen sie in Greenock, Schottland, ein, wo britische Heereswachen sie übernahmen, in einen Zug verfrachteten und in das Befragungszentrum für deutsche Kriegsgefangene nach London begleiteten. Die Gefangenen auf der DUANE waren sehr davon überrascht, dass ihre Kameraden auf der SPENCER in Handschellen gefesselt waren.

Es war zweckmäßig, die Gefangenen nach England zu bringen, da U-175 an einem heimkehrenden Geleitzug und nur vier Tagereisen entfernt von England versenkt wurde. So wurde in Absprache mit den US-Marinebehörden festgelegt, die Gefangenen in England durch erfahrenes Verhörpersonal vernehmen zu lassen. Dieses war wahrscheinlich die weitaus wirksamste Wahl. Bis zum 15. Mai blieben die Gefangenen in der Londoner Anlage, ehe Wannemacher in das amerikanische ETO-Kriegsgefangenenlager Nr. 1 bei Oxford verlegt wurde. Von dort ging es am 2. Juni nach Liverpool, wo er tags darauf auf einem Truppentransporter auslief. Die Kriegsgefangenen landeten am 12. Juni in Norfolk, Virginia, und wurden mit der Eisenbahn in das riesige deutsche Lager außerhalb von Trinidad, Colorado, überführt. Dieses Lager lag im Bezirk Südliches Las Animas knapp nördlich der Grenze von Neumexiko. Die überwiegende Mehrheit der Kriegsgefangenen in diesem Lager waren entweder über England abgeschossene Piloten der Luftwaffe oder Soldaten des Afrikakorps, die in Nordafrika in Gefangenschaft geraten waren.

Wannemacher blieb bis zum 16. Januar 1944 in Trinidad und kam dann vom 19. Januar bis zum 26. März nach Camp Warner, Utah. Er wurde dann nach Fort Ord in Kalifornien verlegt und kam am 1. Mai in das Camp Papago Park in Arizona, einem reinen Marinelager. Dort blieb er dann bis zum 30. September, ehe er nach Idaho Falls in Idaho geschickt wurde, um bei der Kartoffelernte zu helfen. Am 6. Oktober 1945 verschlug es ihn nach Pocatello.

Bei der Kartoffelernte wurden die Gefangenen täglich mit Lastwagen zur Arbeit auf eine Farm gefahren. Wannemachers Farmer war ein Deutschamerikaner, dessen raues Verhalten wahrscheinlich seine eigene Unbeliebtheit während des Krieges ausdrückte. Am Mittag des ersten Tages stellte seine Frau einen dampfenden Topf mit dem Mittagessen in die Scheune. Wannemacher jedoch ging sofort hinaus, nahm eine Scheibe Brot aus der Tasche und begann im Grase sitzend zu essen. Er sagte dem Farmer, dass er keine Gewissensbisse habe, das Essen des Farmers abzulehnen, da er es nicht gewohnt sei, in einer Scheune voller Tiere zu essen. Zu seiner Überraschung bat der Farmer ihn an seinen Esstisch.

Schließlich befand sich Wannemacher unter den Gefangenen, die am 8. Februar 1946 nach Oakland, Kalifornien, transportiert wurden, um auf der SEA EAGLE, einem 8.007 BRT großen C-3-S-A1-Truppentransporter, eingeschifft zu werden. Dieser war erst kürzlich nach Kriegseinsätzen als Truppentransporter bei Landeoperationen an die zivile Handelsmarine zurückgegeben worden. Nach einem kurzen Aufenthalt in San Pedro am 28. Februar passierte die SEA EAGLE am 17. März den Panamakanal.

Die deutschen Kriegsgefangenen wollten ihren Augen nicht trauen, als sie auf der Pazifikseite des Kanals vor der Durchfahrt um 08.00 Uhr am 17. März dort

Deutsche Kriegsgefangene werden in Schottland unter Bewachung der britischen Militärbehörden vom Küstenwachkutter DUANE weggeführt.   (US-Nationalarchiv)

ankerten. Aus dem Kanal kommend dampfte ihnen der riesige Schwere Kreuzer PRINZ EUGEN* entgegen.

Sie riefen und winkten hinüber, als sie feststellten, dass eine gemischte deutsch-amerikanische Besatzung darauf fuhr. Vom Kreuzer kam laut und klar der berühmte Hamburger Gruß »Hummel-Hummel«, der von den Kriegsgefangenen mit dem ebenfalls berühmten norddeutschen »Mors-Mors« noch lauter und mit großer Freude beantwortet wurde. Viele Kameraden hielten diese Geschichte für frei erfunden, bis später einmal der Amerikaner, der an diesem Tage die PRINZ EUGEN kommandierte, auf einem Veteranentreffen in Deutschland davon berichtete. PRINZ EUGEN lief durch den Pazifik als Zielschiff zu dem Atombomben-Test, der sich am 17. Juni 1946 auf dem Bikini-Atoll ereignete. Sie wurde bei dem nachfolgenden Test im November des nächsten Jahres versenkt. Ein Schiffspropeller hatte beide Atombomben-Explosionen unbeschädigt überstanden und kann heute auf dem Gelände des deutschen Marineehrenmals in Laboe an der Kieler Förde nahe der Ostsee besichtigt werden.

Die SEA EAGLE machte nach kurzem Aufenthalt auf Jamaika am 1. April 1946 in Liverpool fest. Wannemacher kam kurz in das Lager 180 in Northwich und wurde später in die Lager Manin 76 und 86 in Brampton, Cumbria, südlich von Carlisle verlegt. Im Lager 76 arbeitete Wannemacher in einem Steinbruch und führte wegen seiner guten Englischkenntnisse bald einen ganzen Zug seiner Mitgefangenen. Im Lager 86 musste er Sumpf-Dränageröhren verlegen.

Sein englischer Hauptmann eröffnete Wannemacher eines Tages im Steinbruch, dass er seine Leute beim Diebstahl von Kohle aus einem Güterwagen beobachtet habe und er eine Klärung durch Wannemacher erwarte. Die Männer gaben die Kohle an Wannemacher und einen weiteren Gefangenen zurück, die aber bei dem Rücktransport von einem Wachposten beobachtet wurden. Dieser wollte ihre Geschichte nicht glauben und führte sie zu dem Hauptmann. Der teilte ihnen mit, dass sie nun wohl vor Gericht gestellt werden sollten. Vor dem Verfahren schickte er ihnen jedoch einen fließend Deutsch sprechenden englischen Offizier, der ihnen mitteilte, sie brauchten vor dem Prozess oder dem Verhör keine Angst zu haben. Das müsse so sein. Die »harte« Strafe am Ende des Verfahrens lautete »Vierzehn Tage Arbeitsverbot«. Ein gutes Beispiel englischer Fairness, an das sich alle ehemaligen Gefangenen noch gut erinnerten.

Um in Amerika die Zeit zu überbrücken, hatte Wannemacher versucht, Schiffsmodelle von Zerstörern, U-Booten und Flaschenschiffen zu bauen und einige davon nach England mitgebracht. Ein Händler in Brampton, ein ehemaliger Sergeant, bewunderte Wannemachers Schiffsmodelle und bot ihm an, sie in seinem Laden zu verkaufen. Die Modelle gingen weg »wie warme Semmeln«, meint Herr Wannemacher heute. Er konnte den Bedarf des englischen Händlers kaum decken, und der Verdienst in englischen Pfund war ein guter Anreiz.

Am 18. Juni 1947 wurde Wannemacher in Hull nach Cuxhaven eingeschifft, wo er am nächsten Tag eintraf. Über das englische Lager Munsterlager führte sein Weg dann nach Dachau. Dort entließ man ihn am 2. Juli 1947, er war endlich frei und in der Lage, nach Hause zurückzukehren.

* Schwerer Kreuzer, gebaut auf der Germania Werft Kiel, Stapellauf 22. 8. 1938, 13.900 t, 654 t Panzerung, an den Seiten 120 mm, Deck 105 mm, Türme 120 mm, Bewaffnung: 8 20,3-cm-, 12 10,5-cm-, 12 3,7-cm und 28 2-cm-Flak, 12 53,3-cm-Torpedorohre, 3 Flugzeuge, Besatzung: 1.600 Mann. Unterstützte die Ostfront 1944/45, kapituliert in Kopenhagen im Mai 1945, Kriegsbeute der USA, durch Atombombentest am 17. 6. 1946 im Bikini-Atoll beschädigt, am 15. 11. 1947 im Kwajalein-Atoll versenkt.

Wir verfolgen nun das Schicksal eines jener Männer, die nach dem Untergang von U-175 von SPENCER gerettet wurden. Dabei handelt es sich um den Maschinenobergefreiten Werner Bickel aus Zella-Mehlis in Thüringen, dessen schriftliche Aussagen von unschätzbarem Wert für die Rekonstruktion dieser Ereignisse sind. Er ging am Morgen des 17. April seine Wache in der »Zentrale des U-Boots« und war daher mit allen Vorkommnissen an Bord von U-175 vor dessen Aufgabe bestens vertraut.

Das U-Boot tauchte vor dem Geleitzug HX-233 ab, nachdem es ihn in der Nacht vom 16. auf den 17. April nach zehn Stunden Höchstfahrt überholt hatte. Um 08.30 Uhr, die Besatzung befand sich auf Gefechtsstation, kam der Konvoi im Sehrohr in Sicht und Bruns nahm die Zielauswahl vor. Plötzlich meldete der Mann am Gruppenhorchgerät Schraubengeräusche aus Peilung 120°, schnell näher kommend. Bruns hatte bereits befohlen, einen Dreierfächer zum Schuss auf das größte Schiff im Geleit, den Esso-Tanker G HARRISON SMITH, vorzubereiten, und der Torpedomechaniker hatte die Schussdaten sowohl im »Torpedo-Schuss-Empfänger« als auch im »Vorhaltrechner« eingegeben. Er wartete nur noch auf das Kommando: »Torpedo los«, als die Schraubengeräusche stärker wurden. Bruns erkannte die Gefahr zu spät. Im gleichen Augenblick explodierten elf Wasserbomben mit schrecklicher, zerstörerischer Wirkung um, über und unter dem Boot. Wie schon beschrieben, sackte das schwer durchgeschüttelte U-Boot mit 40° Vorlastigkeit auf etwa 350 m Tiefe durch, wobei alle losen Ausrüstungsgegenstände nach voraus flogen. Wasser brach in den Batterieraum ein, und es entwickelte sich tödliches Chlorgas. Der Leitende Ingenieur meldete Bruns, dass das Boot nicht mehr zu hal-

Ein letzter Blick auf U-175, bevor es am 17. April 1943 um 12.27 in den Wellen versinkt. Bei der Schlacht im Atlantik hatte sich die Waage zur Seite der Alliierten geneigt.   (US-Nationalarchiv)

ten sei. Darauf erging der Befehl »Anblasen« (Tauchtanks leeren); der Tiefenmesser zeigte 200 m, 150 m, 100 m, 60 m, 30 m, 20 m, 7 m, und das Boot tauchte auf. Bruns öffnete das Turmluk und frische Luft drang herein und das giftige Chlorgas verflüchtigte sich.

Da traf das erste Geschoss den Turm, kurz darauf ein zweites. Als Bickel auf den Turm kletterte, entdeckte er Bruns, der als Erster aufgestiegen war, am Sehrohr in seinem eigenen Blute liegend. Dahinter lagen zwei derartig verstümmelte Körper, sodass er sie nicht identifizieren konnte. Im Feuerhagel der Geschosse und Kugeln, die von Steuerbord her einschlugen, suchte Bickel an der Backbordseite Schutz. Als das Feuer kurz nachließ, sprang er von Bord in den kalten ungastlichen Atlantik. Der Konvoi war noch am Horizont zu sehen.

Seine letzten Blicke erfassten U-175, dessen Bug aus dem Wasser ragte, während es über das Heck sank. Er sah die anderen Überlebenden bei ihrem Kampf mit dem kalten, endlosen Ozean. Bickel war einer der sechs Mann, die vom Rettungsboot der SPENCER geborgen und dann über ein Kletterrettungsnetz auf den Kutter gelangten. Die geschockten, chlorgasgeschädigten und ängstlichen Überlebenden von U-175 glaubten, ihr Ende sei gekommen, als ein schwarzer Stewardsmaat mit gezücktem Messer auf sie zukam. Stattdessen aber schnitt man ihnen die kalte und nasse Kleidung vom Leib. Sie erhielten Wolldecken mit der Aufschrift »US-Navy«, um sich einzuwickeln, dazu heißen Kaffee, Weinbrand und Willkommens-Zigaretten. Bewaffnete Posten geleiteten sie in eine leere Kabine, wo sie bald eine warme Mahlzeit erhielten. Doch plötzlich erschütterte eine nahe Wasserbombendetonation das Schiff, was ihnen sofort den Appetit verdarb. Sie wurden hastig in ihre Gefängniszelle zurückgetrieben und unter Bewachung gestellt.

Am Tage danach erhielten die Männer eine Rettungsausrüstung und durften nach deren Anlegen mit Handschellen zu zweit gefesselt an Oberdeck gehen. Dort bemerkte Bickel ein 5 bis 10 cm großes Loch in SPENCERS Verkehrsboot, das ein Querschläger des eigenen »freundlichen Feuers« getroffen und dabei einen Mann getötet und vierzehn weitere von der SPENCER verwundet hatte.

Der Maschinenmaat Hermann Küffner, so etwas wie ein Künstler, zeichnete Skizzen von Alpenszenen auf Briefpapier der US-Navy, für die er von den souvenirhungrigen Amerikanern pro Stück eine Stange Zigaretten erhielt. Drei Tage später machte SPENCER im Marinestützpunkt Greenock an der Pier fest. Die Gefangenen brachte man in Handschellen gefesselt hinter denen der DUANE an Land und übergab sie einem englischen Offizier, der ihnen sofort die Handschellen abnehmen ließ.

Die Kriegsgefangenen von U-175 wurden nun von Schottland per Eisenbahn nach London transportiert, wo sie vom 21. April bis zum 13. Mai verhört wurden. Bickel wurde von verschiedenen britischen Offizieren vier Verhören unterzogen, wobei er zu den unterschiedlichsten Themengebieten befragt wurde. Am 13. Mai wurden die Gefangenen mit dem Zug in das ETO-Lager Nr. 1 des amerikanischen Heeres mit der alliierten Postleitzahl 871 verlegt. Das war ein Lager in der Nähe von Oxford mit doppeltem Stacheldrahtzaun und Nissenhütten. Dort befanden sich bereits etwa 1.000 Fallschirmjäger der Luftwaffe und zumeist in Nordafrika gefangen genommene Soldaten der Panzertruppe. Das Essen wurde für gut befunden, und auf einer Sportanlage konnten verschiedene Spiele, wie z. B. Volleyball, ausgetragen werden.

Deutsche Kriegsgefangene von U-175 an Bord von SPENCER. Von links: Hermann Küffner, Werner Kahmann, Erwin Geimeier, Helmut Schlosser, Hermann Kohler, Walter Wepplemann und Max Klinger. (US-Nationalarchiv)

Bickels Gefangenenakte (ISB-ETO-709-Na) enthält den Hinweis, dass er nach dem Fotografieren seine Fingerabdrücke abgeben und eine Nummer erhalten sollte. Er wurde gemäß der Weisung für Gefangene, Abschnitt II, POW Cir 3, WD 1943, des amerikanischen Heeres (Ausgabe von Toilettenartikeln) am 7. Juli 1943 behandelt. Seine persönlichen Gegenstände beließ man ihm.

Jeder Gefangene erhielt monatlich »Lagergeld« (POW-Chips oder -marken) im Wert von 3 US-Dollar, womit er Zigaretten, Seife, Briefpapier und andere notwendige Dinge kaufen konnte. Eine Schachtel mit 20 Zigaretten kostete nur 12 Cent. Der deutsche Lagerführer war ein Oberfeldwebel einer Luftlandedivision, ein athletisch gebauter ehemaliger Polizist aus Berlin, dem alle im Lager voll vertrauten.

Ein Luftwaffenoffizier erdachte den Plan eines Fluchttunnels. Er wollte ein Flugzeug entführen, falls die Flucht unter dem Zaun hindurch gelingen sollte. Der Tunnel nahm seinen Anfang unter dem Ofen am Ende der Baracke, die dem Zaun am nächsten lag; aber bevor der Plan umgesetzt werden konnte, hatte man Bickel mit Hunderten anderer auf Lastwagen zur nächsten Bahnstation verfrachtet und am 3. Juni 1943 nach Liverpool in Marsch gesetzt.

Auf einem nicht näher bezeichneten 8.000-BRT-Truppentransporter eingeschifft, fuhren sie am folgenden Tag als Einzelfahrer nach Amerika. Das Schiff lief Zickzackkurse und hohe Fahrtstufen, um lauernden U-Booten auszuweichen. Es lief am 12. Juni in Norfolk, Virginia, ein. Die Gefangenen wurden ausgeschifft, marschierten zu einem Bahnhof und mussten sich dort auf Stühle setzen. Dann erhiel-

ten sie unter den Augen zahlreicher schwer bewaffneter Wachen einen extrem kurzen Haarschnitt, bis ein Offizier einschritt und diese unnötige Erniedrigung unterband. Die Desinfektion danach war schon erniedrigend genug. Ihre Kleidung wurde durch US-Drillichzeug ersetzt, auf dessen Jacken und Hosen die Buchstaben
»PW« aufgedruckt waren.

Man führte die Gefangenen in Pullmann-Wagen des »Pacific Express«, wo sie
von jeweils einem bewaffneten Polizisten an den Wagenenden bewacht wurden.
Um 18.00 Uhr desselben Tages ging es dann über Richmond, Cincinatti, Indiana-
polis, St. Louis und Kansas City zunächst nach Pueblo, Colorado, und dann weiter nach Süden bis Trinidad. Dort kamen sie am 14. Juni an und wurden auf einem
2 km langen Marsch vom Bahnhof in das Lager geführt. Die müden, verängstigten
Gefangenen hatten von dem Lager, das auf einer Hochebene in 2.000 m Höhe am
Fuß der Rocky Mountains lag, einen atemberaubenden Blick auf das Gebirgspano-
rama.

Das Lager war von doppeltem Stacheldraht und doppelten Toren umgeben, die
von in großen Abständen aufgestellten Wachtürmen überblickt wurden. Es bestand aus fünf Abteilungen für Mannschaften sowie einer für Offiziere. In jeder Baracke wohnten 250 Mann. Das Essen hatte die Qualität »eines Drei-Sterne-Ho-
tels«. Zwei Monate später, im August 1943, traf ein großer Schub von Soldaten des
Afrikakorps ein, das im Mai des Jahres in Tunesien kapituliert hatte. Dadurch füll-
te sich das Trinidad-Lager sehr schnell.

Maschinenobergefreiter Werner Bickel.
(Peter Wannemacher)

Bickel meldete sich freiwillig zu Arbeiten im Offizierlager und verdiente so zusätzlich zu seinen drei US-Dollar Lagergeld weitere zwölf US-Dollar. Ein gutes Einkommen, welches er sparte. Er nahm außerdem Unterricht in den Grundlagen der englischen Sprache und Stenografie. Die deutschen Gefangenen hielten reguläre Theateraufführungen ab, die U-Bootgefangenen gründeten einen Shantychor unter Leitung des Unteroffiziers Küffner, dessen »Rolling Home« donnernden Applaus von den dankbaren Mitgefangenen erhielt.

Bickel wurde mit vier Besatzungsmitgliedern von U-175 und zweiundzwanzig weiteren Gefangenen am 13. März 1944 in das Gefangenenlager Papago Park in Arizona verlegt. Dort blieb er bis zum 31. Mai, kam dann ins Camp Beal, Kalifornien, und vom 22. Oktober bis 2. Dezember 1944 wieder nach Papago Park zurück. Es folgten Mesa und Queens Park, Arizona, zwei Zeltlager, von wo aus sie Baumwolle pflückten. Dann kehrte er bis zum 27. September 1945 nach Papago Park zurück. Am 30. September wurde er zur Kartoffelernte in das Camp Rupert, Idaho, und wieder in die Zeltlager in Arizona verlegt. Ein letztes Mal kehrte er bis zum 19. Februar 1946 nach Papago Park zurück. Zwei Tage später wurde Bickel auf die erste Etappe seiner Rückkehr in die Heimat und in die Freiheit nach San Francisco in Marsch gesetzt.

Die Heimfahrt auf dem C 1-A-Schiff CAPE DOUGLAS begann am frühen Morgen des 21. Februar 1946, als die Leinen losgeworfen wurden und das Schiff an der Insel Alcatraz vorbei unter der Golden-Gate-Brücke hindurchlief. Auf der Fahrt nach Süden gab es Kesselprobleme, sodass in Panama Reparaturarbeiten notwendig wurden. Der Kanal löste bei den Gefangenen erhebliche Bewunderung und Erstaunen aus. Auf der Überfahrt über den Atlantik feierte Bickel seinen vierundzwanzigsten Geburtstag und das dritte Jahr in Kriegsgefangenschaft. Nach der Ankunft des Schiffes in Liverpool am 21. März 1946 fanden sich die ehemaligen Besatzungsangehörigen von U-175 in englischem Gewahrsam wieder. Sie wurden in ein Gefangenenlager in der Nähe des kleinen Ortes Barlow östlich von Leeds in den Midlands gefahren, und ihre Freiheit schien weiter entfernt denn je. Zu jeweils zehn Mann in Holzbaracken hinter Stacheldraht untergebracht, mussten sie im Eisenbahndepot arbeiten. Ihre Werkzeuge trugen den Aufdruck »Hotel Astoria Hamburg«, wahrscheinlich eine Kriegsbeute des englischen Heeres.

Nach vier Jahren wurde Bickel schließlich am 22. Februar 1947 in das Repatrierungs-Lager im nahe gelegenen Snaith überführt. Schließlich ging es nach vier langen und verschwendeten Jahren zurück in die Heimat. Dabei wurden die Gefangenen nach ihren Heimatwohnorten sortiert, und Bickel feierte am 13. März seinen fünfundzwanzigsten Geburtstag sowie das vierte Jahr in Gefangenschaft. Am nächsten Tag, sozusagen als ein verspätetes Geburtstagsgeschenk, musste er für die Fahrt nach Kingston-upon-Hull packen, wo er und andere Gefangene auf dem Transporter EMPIRE SPEARHEAD zur kurzen Überfahrt nach Cuxhaven in Norddeutschland eingeschifft wurden.

Zufällig war die EMPIRE SPEARHEAD ein Schwesterschiff der CAPE DOUGLAS, die Bickel im Jahr zuvor von Kalifornien herübergebracht hatte.

Die Gefangenen kamen am 16. März frühmorgens in Cuxhaven an und wurden mit der Bahn in die ehemalige Kaserne Munsterlager gebracht. Das war ein Übungs- und Erprobungsgelände südlich von Hamburg, welches zum früheren Wehrbereich X des Oberkommandos des Heeres gehörte. Dort blieben sie zwei

Tage, um dann wiederum mit dem Zug in das Flüchtlingslager »Friedland« verlegt zu werden. Hier haben die Briten Bickel körperlich untersucht und als »weder behindert noch an ansteckenden Krankheiten leidend« eingestuft, unterzeichnet hatte ein Dr. Beudel. Sein Entlassungsschein (Control Form D 2) vom 17. März 1947 trägt die Unterschrift des Chief Store Masters W Cahill von den Irish Guards der englischen Armee. Bickel kam zunächst in das Dorf Arenshausen und von dort über die Grenze zur sowjetischen Besatzungszone nach Hermsdorf, wo er vom 22. März bis 3. April unter Quarantäne stand. Dies seien, so erzählt Bickel, angesichts der so nahen Heimat die längsten 14 Tage seiner vierjährigen Gefangenschaft gewesen. Ein grausamer, letzter Test von Geduld und Willensstärke. Nach vier Jahren und einem Monat Gefangenschaft sowie nach einer Dienstzeit von sechs Jahren und zwei Monaten in der Marine wurde er am 3. April 1947 entlassen und bestieg den Zug über Erfurt nach Zella-Mehlis, wo er am Abend des 4. April von seiner geliebten Mutter und getreuen Ruth in die Arme geschlossen wurde. Rückblickend betrachtet Bickel wie auch die übrigen Überlebenden von U-175 den 17. April 1943, als er aus dem kalten Wasser des Nordatlantiks gezogen wurde, als seinen zweiten Geburtstag. Es war sein größtes Glück, dem nahen Tod und dem Inferno des Krieges entronnen zu sein, um dann am Ende doch wieder in eine brutale Militärdiktatur zurückzukehren.

Es dauerte Jahre, bis sich die U-Bootbesatzung erneut traf, aber durch hartnäckiges Bemühen und einige Glücksfälle begannen sie sich erst einzeln und später dann gemeinsam im Abstand von zwei Jahren mit Frauen und Familien zu treffen. Zum Schluss trafen sie sich jährlich in jeweils einer ihrer Heimatstädte. Im Jahre 1991 war es die Aufgabe von Max und Anni Klinger, sie in Aichach in Bayern zu bewirten. Es war ein besonderes Jahr. Sie gedachten der Indienststellung des Bootes vor 50 Jahren, und eine Anzahl der ursprünglichen Besatzung weilte unter den Feiernden.

Geleitfahrzeuge und Kommandeure

Am 18. April 1943 um 18.45 Uhr wurden auf der SPENCER alle Freiwachen in Ausgehuniform auf das Achterdeck befohlen, um der Seebestattung von Julius T Petrella, Radiomaat 3. Klasse, USCG, beizuwohnen. Er fiel, »während das Schiff am 17. April 1943 den Feind bekämpfte«. Um 18.55 Uhr wurde die Geschwindigkeit auf dreiundsechzig Umdrehungen pro Minute verringert und die Nationalflagge auf Halbmast gesetzt. Der Kommandant verlas die kurze Trauerrede und der Leichnam wurde dem Meer übergeben, während gleichzeitig ein Ehrenzug drei Schuss Trauersalut feuerte. Vier Minuten später nahmen alle ihre ursprünglichen Tätigkeiten auf dem Schiff wieder auf.

Am 20. April übernahm HMCS WETASKIWIN um 05.00 Uhr die Führung des Geleitschutzes, und SPENCER wie DUANE verließen auf Befehl des CINCWA den Konvoi HX-233. Um 18.00 Uhr machten die beiden Küstenwachschiffe längsseits HMS ECLIPSE an der Nordpier von Greenock fest, und eine Stunde später wurden die deutschen Überlebenden von U-175 in den Gewahrsam des zuständigen britischen Heeresoffiziers überstellt.

Am 24. April 1943 um 14.42 Uhr verlegten SPENCER und DUANE in den US-Marinestützpunkt Londonderry in Nordirland, wo sie um 09.10 Uhr des fol-

genden Tages eintrafen. Am 30. April ging es dann von Londonderry auf dem
Großkreis mit höchster Geschwindigkeit nach Boston. Am 3. Mai wurde DUANE
nach Argentia, Neufundland, entlassen.

Die Ankunft der SPENCER in Boston am 6. Mai 1943 um 11.23 Uhr an der
Ostpier des US-Marine-Trockendocks Boston-Süd bedeutete das Ende ihres Einsatzes in der Geleitgruppe A-3 im Nordatlantik, die aufgelöst worden war. Während ihres Einsatzes in der A-3 im Nordatlantik vernichtete SPENCER zwei U-Boote: U-225 am 21. Februar und U-175 am 17. April 1943. SPENCER kam im Jahre
1944 als Geleitfahrzeug im Mittelmeer und in der Karibik zum Einsatz. Nach ihrer
Umrüstung in ein AGC, ein Flaggschiff für amphibische Operationen mit sehr viel
mehr und besseren Fernmeldemitteln, wurde sie in den Jahren 1944–45 bei den
Landungen auf den Philippinen und auf Borneo eingesetzt. DUANE wurde wie ihre
Schwester gleichfalls zum AGC umgerüstet, wurde allerdings im Mittelmeer eingesetzt und war später während der Invasion von Südfrankreich im Jahre 1944
Flaggschiff der 8. Landungsflotte.

SPENCER blieb nach dem Krieg noch weiter im Dienst und kam unter anderem
im Jahre 1969 vor Vietnam zum Einsatz. Sie wurde am 15. Dezember 1980 außer
Dienst gestellt, als Schulschiff für die Ausbildung von Schiffstechnikern verwandt
und am 8. Oktober 1981 verkauft.

Das Ende der DUANE war ziemlich unehrenhaft. Sie wurde am 1. August 1985
außer Dienst gestellt und am 27. November 1987 als künstliches Riff versenkt.

Der Esso-Tanker G HARRISON SMITH, das Ziel von U-175 an jenem denkwürdi-
gen Tag im Nordatlantik, konnte mit intaktem Rumpf und mit Glück ihre Ladung am
22. April 1943 nach Bowling am Clyde bringen. Auf ihrer ungefährdeten Rückreise
nach New York verlor sie einen Mann, der unterwegs bei einem Unfall im Maschinenraum ums Leben kam. Das Schiff transportierte in den Jahren 1939–45 insgesamt
10 334.870 Fass Treibstoffe an die verschiedenen Fronten. Es überstand den Krieg.

Captain Heineman, einer der Hauptakteure als Kommandeur der Geleitgruppe
A-3, war etwas erfolgreicher als sein Vorgänger, auch wenn er möglicherweise wegen bestimmter Verhaltensweisen seiner US-Marine-Vorgesetzten ernsten Reibe-
reien mit den englischen und kanadischen Marinestellen ausgesetzt war. Sein
Glück war eben, dass an einem kritischen Punkt der Schlacht um den Geleitzug
HX-233 die englische Unterstützungsgruppe mit ihren vier gut ausgerüsteten und
bewährten Zerstörern eintraf. Dieser britische Teil seines Kommandobereiches hatte allesamt lange und harte Einsätze in der Arktis und im Nordatlantik durchge-
standen und schon einige U-Boote vernichtet. HMS BRYONY hatte drei Russlandkonvois hinter sich, darunter war der hart umkämpfte PQ-18. HMS DANIELLA
fuhr in acht dieser Geleitzüge, unter anderem in dem unglücklichen PQ-17, und
HMS BERGAMOT verteidigte in vier Einsätzen nach Russland unter anderem den
Konvoi PQ-15, den ersten von Torpedo-Flugzeugen angegriffenen Geleitzug. Zur
dritten Unterstützungsgruppe gehörte auch HMS OFFA, ein Veteran von fünfundzwanzig Russlandkonvois, darunter sowohl PQ-17 als auch PQ-18. Und dann war
da noch HMS IMPULSIVE, welche die unerreichte Anzahl von dreizehn Geleitzügen sicherte; ein Rekord, der nur bei dem Malta-Entsatz überboten wurde. Fünf
Handelsschiffe des Konvois HX-233 hatten als Veteranen dieser höchst gefährde-
ten Geleitzüge an neun Fahrten nach Russland teilgenommen. Die Anzahl ähnlich
erfahrener Besatzungen der Handelsmarine bleibt unbekannt.

Nach Auflösung der Geleitgruppe A-3 diente Captain Heineman zunächst als »Auswerteoffizier« der Atlantikflotte und wurde am 19. Juli »stellvertretender Kommandeur der Universität für U-Bootsjagd« in der Nähe von Norfolk, Virginia. Obgleich seine Karriere in der U-Jagd nicht an die seiner britischen Kameraden heranreichte, hatte er jedoch den Vorteil, kampferprobte englische und kanadische Geleitfahrzeuge in der kurzen Zeit seines Kommandos unterstellt bekommen zu haben. Am 22. September 1943 wurde er zum U-Jagd-Koordinator der Marine ernannt und von einem Marineschriftsteller als »einer der Besten in jedweder Marine« eingestuft.

Im Jahre 1944 wurde Captain Heineman Kommandant des am 23. März 1943 ganz neu in Dienst gestellten Leichten Kreuzers BILOXI, CL-80, kurz bevor dieser zu der Einsatzgruppe 38.4 im Pazifik stieß und als Teil der 3. US-Flotte vom 17. bis 25. Oktober 1944 an der Invasion auf Leyte teilnahm.

Commander John B Heffernan, USN, Heinemans Vorgänger, wurde zum Captain ernannt, nachdem er auf USS BUCK im 13. Zerstörergeschwader gefahren war. Dieses war dabei, als die Einsatzgruppe 37 Island besetzte. Heffernan begleitete danach den Konvoi AT-17, der unbeabsichtigt 20.000 britische Soldaten in Singapur den Japanern auslieferte. Captain Heffernan wurde dann am 8. November 1942 auf dem neuen Zerstörer USS BRISTOL (DD 453, LIVERMORE-Klasse), Kommandeur des 13. Zerstörergeschwaders. Das war Teil der Hauptangriffsgruppe bei der Landung bei Cap Fedhla in Marokko und damit Teil der Einsatzgruppe 34.9 der Task Force 34 unter dem Kommando von Rear Admiral H Kent Hewitt. BRISTOL fuhr einen erfolglosen Gegenangriff auf U-173 (Schweihel), ein Schwester-Boot von U-175, nachdem jenes den Tanker USS WINOOSKI (AO-38) und den Zerstörer USS HAMBLETON (DD-455) bei Fedhla vor Anker liegend torpediert

Captain Paul E Heineman, USN, Geleitkommandeur (links) im Gespräch mit Commander Harold S Berdine, Kommandant der SPENCER.   (US-Nationalarchiv)

hatte. Danach befehligte Heffernan die Versorgerdivision 38 auf der LAMAR (APA-47) bei der Landung auf Guam im Pazifik 1944. Als Nächstes war er dann Kommandant des alten Schlachtschiffs USS TENNESSEE (BB-43), das am 24. Oktober 1944 an der Schlacht in der Straße von Surigao sowie zur Feuerunterstützung bei der Landung auf Okinawa am 1. April 1945 teilnahm. Schließlich zum Rear Admiral ernannt, wurde er Leiter des US-Marinearchivs in Washington, DC.

Captain H G Bradbury aus dem USCG-Lehrgang von 1920, Kommandant der DUANE, war Kommandant des Versorgungsschiffes USS WAKEFIELD, das in dem westwärts laufenden Konvoi TA-18 in Brand geriet und am 3. September 1942 aufgegeben werden musste. Das Wrack brannte acht Tage, konnte aber völlig zerstört vor Halifax auf Grund gesetzt werden. Er wurde später gehoben, repariert und noch 1944 wieder in Dienst gestellt. Captain Bradbury brachte als Kommandant des Transporters USS LEONARD WOOD (AP-12) im Geleitzug AT-17 englische Truppen in den Fernen Osten, wobei der Transporter einmal wegen eines Kesselschadens ausfiel, dann aber wieder Anschluss fand. Ähnlich wie der ehemalige Erste Offizier der SPENCER, John B Oren, USCG-Lehrgang von 1933, wurde er als Rear Admiral in den Ruhestand versetzt.

Die zwei Admirale gerieten in heftige Meinungsverschiedenheiten über die Ereignisse um die Vernichtung von U-175, die im Bulletin für USCG-Schulabgänger 1981 veröffentlich wurden.

Commander Harold S Berdine, USCG, wurde zum Captain ernannt und erhielt das Kommando über den alten Glattdeckzerstörer USS DECATUR (DD-341) sowie das Kommando über die Geleitgruppe TF-64, die aus sieben von der Küstenwache bemannten Geleitzerstörern und drei alten Zerstörern bestand.

Captain H G Bradbury, Kommandant der DUANE, auf der Brücke während der Schlacht um den HX-233. (US-Nationalarchiv)

Als die Gruppe am 1. April 1944 Geleitschutz für den nach Osten laufenden Konvoi UGS-36 fuhr, der sich aus zweiundsiebzig Schiffen und achtzehn Panzerlandungsschiffen (LST) zusammensetzte und von der 37. britischen Geleitgruppe unterstützt wurde, wurden zwei U-Boote abgedrängt. Ein Luftangriff von zwanzig deutschen Flugzeugen westlich von Algier beschädigte lediglich das US-Liberty-Schiff JARED INGERSOLL.

Von den anderen Akteuren war Captain J W McCoy, RN, als dienstältester Offizier der dritten Unterstützungsgruppe Kommandeur des lebenswichtigen Geleitschutzes am Konvoi JW-55B, einem aus neunzehn Schiffen bestehenden Geleitzug nach Nord-Russland, der am 20. Dezember 1943 aus Loch Ewe auslief. Dieser stand am 1. Weihnachtstag im Mittelpunkt der Schlacht vom Nordkap, welche schließlich zum Verlust des erfolgreichsten und aktivsten Schlachtschiffs der Kriegsmarine, der SCHARNHORST, führte. Die SCHARNHORST sank am 26. Dezember nach schwerem Beschuss durch die DUKE OF YORK und nach mindestens vierzehn bis fünfzehn Torpedotreffern. Die britischen Zerstörer konnten nur sechsunddreißig ihrer zweitausend Mann Besatzung aus dem schwarzen, eisigen Nordmeer bergen; darunter befand sich kein Offizier.

Von den acht U-Booten, die gegen den Geleitzug HX-233 operierten, gingen noch 1943 vier Boote einschließlich U-175 verloren; zwei weitere im folgenden Jahr. Nur zwei Boote erlebten das Jahr 1945, eins davon wurde verschrottet, das

Viele U-Boote ergaben sich den Alliierten. Hier U-532 in Liverpool im Mai 1945.

(Britisches Kriegsmuseum)

andere nach Schäden durch eine Kollision am Ende des Krieges selbst versenkt. Zwei Boote wurden durch Luftangriffe vernichtet, der Rest fiel englischen Schiffen zum Opfer. U-175 war bis zu seiner Versenkung mit zehn vernichteten Schiffen das erfolgreichste aller acht Boote. Nur U-628 reichte mit sechs Versenkungen dicht an U-175 heran, bis es wenige Wochen später in der Biskaya versenkt wurde. Der Verlust wurde Flugzeugen zugeschrieben.

Die Geleitfahrzeuge wurden nach dem Kriege rasch verkauft und wurden zu Geschichte und Schrott. Nach Kriegsende schrieb Winston Churchill: »Schlachten können verloren oder gewonnen werden, Unternehmungen Erfolg haben oder fehlschlagen, Gebiete können gewonnen oder verloren gehen, aber wir verdanken unsere treibende Kraft, den Krieg fortzuführen oder uns selbst am Leben zu halten, der Tatsache, dass wir die ozeanischen Verbindungswege und die Zufahrten und Zuwege zu unseren Häfen beherrschten ..., das einzige, was mich während des Krieges ständig ängstigte, war die U-Boot-Gefahr.«

Die Verluste der alliierten und neutralen Handelsschifffahrt betrugen 62.933 Mann, von denen 24.000 auf dem Ehrenmal Tower Hill in London namentlich verewigt sind und alle anderen auf über die ganze Welt verteilten Denkmälern gewürdigt werden. Die 6.000 toten Seeleute der amerikanischen Handelsmarine überstiegen prozentual die Verluste aller anderen US-Teilstreitkräfte. Die überwiegende Mehrzahl der 50.758 toten und 820 vermissten Seeleute der Royal-Navy fielen in der Schlacht im Atlantik. Die höchste Verlustrate hatten die deutschen U-Bootbesatzungen zu beklagen, deren Lebenserwartung weniger als fünfzig Tage betrug.

Die Überlebenden von U-175 verbrachten den Rest des Krieges als Gefangene in Lagern der USA in Colorado, Arizona, Utah und Kalifornien, versuchten zu fliehen oder arbeiteten hauptsächlich in der Baumwollernte oder ernteten Getreide bei den örtlichen Bauern. Sie kamen letztendlich in ein zerstörtes, zerschlagenes und besetztes Land, in dem viele ihrer Lieben vermisst, manche auch nur vertrieben waren, und in dem sie versuchten, ihre Heimat und ihr eigenes Leben wieder aufzubauen.

Die überlebenden Seeleute beider Seiten sind weiterhin besonders stolz darauf, an dieser lang andauernden Auseinandersetzung, »Schlacht im Atlantik« genannt, beteiligt gewesen zu sein. Die wahre Geschichte beschrieb am besten und knappsten Rear Admiral Leonard Murray, RCN, der Oberbefehlshaber für den Bereich Nordwestlicher Atlantik: »Die Schlacht im Atlantik wurde nicht von irgendeiner Marine oder Luftwaffe, sondern von Mut, Tapferkeit und dem Durchhaltewillen der britischen und alliierten Handelsmarinen gewonnen.«

Einige Autoren halten den sicheren Transport von 250.860 amerikanischen Soldaten im Jahre 1942 nach England für einen bedeutenden alliierten Sieg, und selbstverständlich war das auch so. Die Schiffsbrücke der Jahre 1942/43 von der Neuen in die Alte Welt hätte, wenn sie von den U-Booten siegreich unterbrochen worden wäre, die britische Bevölkerung viele weitere Monate hungern lassen. Diese lebte ohnehin schon von einem unsicheren Rationierungssystem und hätte wie ihre amerikanischen Verbündeten einer möglicherweise erniedrigenden Kapitulation entgegengesehen. Die Operationen in Nordafrika und die Landung in der Normandie wären nicht möglich gewesen. Wir mussten weitermachen.

ENDE

Anhang

1. Berichte der Kommandeure der Militärischen Wachen an den Stellvertretenden Befehlshaber der US-Flotte

1. Ensign Ray A Dyke kommandierte die Militärische Wache auf dem US-Liberty-Schiff JAMES JACKSON und beschreibt sein Schiff als »Frachter der EC-2-Klasse mit Stückgut-Ladung, Eigner war die Kriegsverwaltung der Maritimen Kommission, bereedert von der South Atlantic Steamship Lines«, Auslaufen aus New York am 5. April um 12.00 Uhr Greenwich-Zeit (GMT) und Einlaufen in Liverpool, England am 21. April 1943 um 09.50 Uhr GMT. Der Bericht vom 21. April 1943 war vertraulich eingestuft.

Ensign Dyke meldete am 17. April 1943 um 06.00 Uhr GMT auf Position 47°05'N 27°16'W, Kurs 047°, Wind aus Nordost Stärke 4, mittlere Sicht:

>»Das Führungsschiff der ersten Kolonne [FORT RAMPART] wurde zweimal torpediert. Das Schiff schor planmäßig aus dem Konvoi aus und sackte an dessen Backbordseite achteraus. Ein Geleitfahrzeug [HMS ARVIDA] folgte dicht bei ihr. Es ist nicht bekannt, ob das Schiff unterging. Es schwamm noch, bis es außer Sicht kam.«

Später beschrieb er die Rolle seines Schiffes und seiner Geschützbesatzung so:

>»Am 17. April um 12.35 Uhr GMT auf Position 47°48'N 21°06'W. Wetterbedingungen: Kurs 047°, Wind NO 4, sehr gute Sicht, teilweise bewölkt und ruhige See. Ein U-Boot tauchte etwas steuerbord achteraus von unserem Schiff 2,5 Seemeilen hinter dem Geleitzug auf. Das Boot war anscheinend durch die Wasserbombenangriffe zweier Geleiter an die Oberfläche gezwungen worden.
>
>John M Welch, 709-30-58, Spezialist 1. Klasse, V-6, USNR, war Verschlussmann am 12,7-cm-51-Geschütz. Er sichtete das U-Boot und eröffnete sofort das Feuer. Zu diesem Zeitpunkt befand sich die Geschützbedienung als Bereitschaftswache vollzählig in der Nähe der Waffe. Die Besatzung dieses Schiffes feuerte zwei Salven, bevor die Geleitfahrzeuge ihren Kurs änderten und auf das U-Boot zudrehten. Die S/S JAMES JACKSON hatte als erstes Schiff auf das U-Boot geschossen. Bei Sichtung des U-Bootes wurde sofort der Zahlenwimpel 1 gesetzt. Acht Salven wurden abgegeben, die ersten sieben lagen kurz, die achte traf den U-Bootturm am Fundament. Aus der Sicht des Meldenden schien das der zweite Treffer auf dem U-Boot gewesen zu sein. Die acht Salven wurden auf eine Entfernung von 2,8 Seemeilen mit einem Seitenvorhalt von 49 mils gefeuert. Das Feuer wurde eingestellt, als sich die Geleitfahrzeuge dem Zielgebiet um das U-Boot auf einige 100 Meter genähert hatten. Mehrere andere Handelsschiffe nahmen am Gefecht teil. Ein Blick durch das Fernglas zeigte offensichtlich schwere Schäden am U-Boot. Aus dieser Entfernung war kein Abzeichen am U-Boot auszumachen. Es war offensichtlich ein größeren Typ.«

Zum Problem der Disziplinarvorfälle schrieb Ensign Dyke unter »Empfehlungen«:

>»Der Chef der Einheit sollte die Genehmigung haben, ein Mitglied der Besatzung als untauglich für diesen Dienst auf abgelegenen Dienststellen zu erklären und seine Versetzung wie Ersatz zu fordern. Der Stab des Hafendirektors sollte das Urteil des Offiziers mit allen Mitteln unterstützen und ihm dahingehend helfen. Eine rechtzeitige Versetzung oder Austausch hätte Disziplinarmaßnahmen verhindern können und eine entsprechende Eintragung in der Akte des Disziplinlosen erübrigt.«

Ensign Dyke war nicht der einzige militärische Kommandeur auf diesen Schiffen im Konvoi, der sich über Disziplinlosigkeit und ernste Personalprobleme beschweren sollte. Er berichtete über mehrere vermutete Sabotagefälle und Verstöße gegen die Sicherheitsvorschriften während des Aufenthalts in England und der Rückreise.

Nach Rückkehr des Schiffes in die Vereinigten Staaten kam am 18. Mai 1943 ein ungenannter Offizier (»Boarding Officer«) des Dritten Marineabschnitts an Pier

2 von Staten Island, New York, an Bord. Ensign Dyke und der Zweite Offizier, F Cogswell, befragt, konnten aber keine weitere Ergänzung zu ihrer in Liverpool eingereichten Sofortmeldung abgeben. Der »Boarding Officer« fügte jedoch hinzu: »… die Versenkung des U-Bootes wurde einem der Geleitfahrzeuge zuerkannt. Dyke war der Ansicht, dass S1/c Welch eine wie auch immer geartete Belobigung erhalten sollte, da er als Erster das U-Boot sichtete, als es auftauchte.

Der Kapitän der JAMES JACKSON, Robert L Chaplin, schrieb ohne Datum an den Hafendirektor von New York: »Lt jg Dyke und seine Männer sind für ihren Mut und ihre schnellen Maßnahmen zur Verteidigung unseres Schiffes, als dieses [sic] von einem U-Boot angegriffen wurde, zu loben.«

> »Unsere Geschützbedienung sichtete als erste das U-Boot, und wir waren das erste Handelsschiff, welches das Feuer eröffnete. Nach mehreren Salven erzielten Dyke-Männer einen Volltreffer [sic], der zur Zerstörung des Feindes beitrug.«

Der Befehlshaber des Dritten Marineabschnitts (Hafendirektor) F G Reinicke schrieb in einem Memorandum an das Komitee für Orden und Ehrenzeichen des Marineministers am 2. Juni 1943:

> »Am 17. April um 12.33 Uhr GMT griff auf Position 47°48'N 21°06'W ein U-Boot den Geleitzug an [sic], in dem das 7.176-BRT-Handelsschiff S/S JAMES JACKSON mitfuhr. Ich schlage den Lt jg Ray A. Dyke Jr D-V (S), USNR, Führer der Geschützbesatzung der Militärischen Wache, für eine Auszeichnung vor. Er hat sofort und entscheidend das Feuer auf ein angreifendes [sic] U-Boot eröffnet, als es 2,5 Seemeilen achteraus des Geleits auftauchte. Lt jg Dyke und seine Männer waren die erste Geschützbesatzung, die das Feuer eröffnete, konnten mit der achten Salve einen Volltreffer (sic!) auf dem herausragenden Turm erzielen. Das einsetzende Feuer aller Schiffe zerstörte das feindliche Fahrzeug.«

Herr James E Bentley Sr aus Tennessee war vom 21. März 1943 bis zum 26. Februar 1944 Maschinenkadett der USMMA auf dem Liberty-Schiff JAMES JACKSON, er erinnert sich:

> »Ich hatte Wache im Maschinenraum, als das Gefecht am fraglichen Tage [der 17. April 1943] begann. Kurz vor Ende meiner Wache hörten wir unsere 12,7-cm-Heckkanone drei Salven abfeuern. Als ich an Deck kam, sah ich achteraus den US-Küstenwachkutter SPENCER auf ein beschädigtes U-Boot zujagen. Man sagte mir, SPENCER hätte uns Feuereinstellung befohlen. Unsere Geschützbesatzung sprach von einem Volltreffer auf dem U-Boot. Nach dem Untergang des U-Bootes kehrte SPENCER mit Überlebenden auf dem Oberdeck zum Geleitzug zurück.«

Herr Robert D Mattox fuhr vom 21. März bis 28. August 1943 als Deckskadett auf demselben Schiff und erinnert sich an seine erste Erfahrung mit einem Geleitzug gleich nach Beendigung seiner Grundausbildung in Pass Christian, Mississippi. Des Weiteren erinnert er sich, dass das Schiff vor dem Auslaufen aus einem Hafen an der US-Ostküste nach Liverpool in England an der US-Ostküste mit einer Winsch und einem Fesselballon gegen Luftangriffe ausgerüstet wurde:

> »Als Kadett in der Ausbildung wusste ich nichts von unserer Positionsnummer im Geleitzug, erinnere mich aber, dass wir in der so genannten ›Sargecke‹ als Führungsschiff der äußeren Kolonne fuhren. Aus irgendeinem Grund wurde der Geleitzug während der Fahrt schmaler gemacht und die JAMES JACKSON auf der letzten Station [von Station 11 auf Station 12$]$ in einer der anderen Kolonnen als letztes Schiff stationiert. Da fuhr sie auch, als das deutsche U-Boot, durch Wasserbomben der Geleitfahrzeuge beschädigt, weit achteraus vom Konvoi auftauchte. Die Militärische Wache der US-Marine an Bord der JACKSON eröffnete das Feuer mit unserem 12,7-cm-Geschütz, bis die Geleiter Feuereinstellung befahlen.«

2. Ensign Farris D Weigel befehligte die Militärische Wache auf der S/S ALCOA CUTTER Station 75 im Konvoi, als sie von New Yorks North River abfuhr und am 22. April 1943 um 09.00 Uhr morgens in Swansea, Wales, eintraf. Er berichtete weiter:

»Am 16. April 1943 [sic] hatten wir die erste Feindberührung. Wir konnten nichts erkennen, aber die Geleitfahrzeuge warfen Wasserbombenteppiche. Am 17. April 1943 um 10.45 Uhr warf einer der Geleiter mehrere Wasserbomben unmittelbar vor dem Führungsschiff der Kolonne an unserer Steuerbordseite. Vier Geleitfahrzeuge jagten durch den Konvoi hindurch und versuchten, etwa 200 m backbord achteraus von uns eine ›Mausefalle‹ [sic] zu bilden. Um 11.45 Uhr sah man ein U-Boot 20° achterlicher als backbord querab von uns in einer Entfernung von ca. 2,3 Seemeilen auftauchen. Wir mussten unser Geschützfeuer einstellen, da zwei Geleitfahrzeuge zwischen uns und dem U-Boot lagen. Andere Schiffe an unserer Backbordseite und zwei Geleitfahrzeuge eröffneten jedoch das Feuer. Das wurde um 12.00 Uhr eingestellt. Die Geleitfahrzeuge hatten offensichtlich die U-Bootbesatzung gefangen genommen, und das U-Boot versank, vermutlich von einem Geschoss der Geleiter getroffen, um 12.20 Uhr. Unser Abstand hatte sich vergrößert und wir konnten keine Einzelheiten mehr erkennen.«

3. Ensign William F Milligan vom Tanker SUN der Sun Oil Company (mit 9.002 BRT) auf Station 82 meldete, sein Schiff hätte keinen Feindkontakt gehabt.:

»Im Großen und Ganzen bestanden Hin- und Rückreise aus Routine. Zweimal hatten die Geleitfahrzeuge tatsächlich Kontakte mit feindlichen Unterwasserfahrzeugen. Am 17. April 1943 um 11.40 Uhr Konvoizeit warf ein Geleitfahrzeug Wasserbomben vor die ersten Schiffe des Konvois und manövrierte in engen Drehkreisen. Nachdem der Geleitzug dieses Gebiet durchfahren hatte, tauchte ein U-Boot auf und wurde von zwei Geleitern beschossen. Aus einer Entfernung von mehr als 3 Seemeilen sah das U-Boot wie eines der 500-Tonnen-Klasse aus.«

Ensign Milligan berichtete auch: »Am 18. April 1943 zwangen die Geleitfahrzeuge ein weiteres U-Boot etwa 6 Seemeilen hinter dem Konvoi zum Auftauchen. Da kein Geschützfeuer zu hören war, nahmen wir an, dass Gefangene gemacht wurden.«

4. Ensign S J Marzullo, USNR, befehligte die Militärische Wache auf dem Liberty-Schiff S/S ROGER WILLIAMS, Station 83 und meldete kurz und bündig am 16. April 1943: »Wasserbomben von Geleitschiff geworfen«, und am 17. April: »Geleiter wirft Wasserbomben von 11.00 bis 12.00 Uhr, vermutlich ein U-Boot versenkt. U-Boot taucht manövrierunfähig hinter dem Geleitzug auf. Weitere Wasserbomben während des Abends geworfen.«

5. Ensign James Sherman, USNR, auf dem Liberty-Schiff GEORGE HANDLEY und einige andere meldeten noch knapper: »Keine Feindberührungen.«

6. Ensign Chester C Kasiea auf dem großen Esso-Tanker G HARRISON SMITH, der ja das Ziel von U-175 und wahrscheinlich auch von U-628 war, schrieb etwas detaillierter:

»Wir verließen New York am 6.4.43 um 10.30 Uhr in einem Geleitzug von dreiundfünfzig Schiffen und fünf Geleitfahrzeugen. Von Halifax kamen fünf weitere Schiffe und zwei Geleiter später dazu …Wir liefen am 21.4.1943 um 15.12 Uhr in den Clyde ein. Am 17. April 1943 um 16.50 Uhr ereignete sich am Heck des Schiffes unmittelbar an unserer Backbordseite eine Explosion. Die drei Ausgucks an Backbord berichteten, dass sich das ganze Achterschiff aus dem Wasser zu heben schien. Einer glaubte, kurz vor der Explosion ein grünes Phosphorleuchten [vom Torpedo?] im Wasser gesehen zu haben. Das Schiff setzte alle nur möglichen Lichter zuletzt aber nur noch ein einzelnes rotes Licht für »torpediert« und ein weißes. In der Zeit bis nachmittags wurden etwa zwanzig Wasserbomben gezählt. Wir beobachteten um 11.45 Uhr am selben Tag Geschützfeuer von vier bis fünf Schiffen etwa 1,3 Seemeilen hinter uns sowie von zwei Zerstörern, die sofort in das Einsatzgebiet liefen. Plötzlich sahen wir dann ein Objekt zwischen den beiden Zerstörern, welches, gut bewacht durch Letztere, dann außer Sicht kam. Offenkundig war das Objekt ein zum Auftauchen gezwungenes U-Boot.«

Dabei ist interessant, das Ensign Kasiea in seinem Bericht nicht erwähnt, gesehen zu haben, wie die deutschen Kriegsgefangenen in Schottland abgeführt wurden oder wie ein Seemann der Handelsschiffsbesatzung auf der Rückreise ums Leben kam. Beide Zwischenfälle geschahen ohne Einschalten der Militärischen Wache.

7. Ensign Edward S Wise an Bord des Liberty-Schiffs S/S JONATHAN WORTH, Station 24, berichtet sehr ins Einzelne gehend und bestätigt, dass der Geleitzug am 15. April 1943 neu formiert wurde. Die Kolonne 1 wurde ohne Begründung aufgelöst, sodass Kolonne 2 zur äußeren an Backbord-Kolonne wurde. Das US-Liberty-Schiff JAMES JACKSON war von Station 11 auf die Station 125 oder als letztes Schiff in der Kolonne 12 verschoben worden. Der unter Panama-Flagge fahrende Frachter YEMASSEE, Station 12, wurde auf eine freie Stelle an der Steuerbordseite des Geleits eingeteilt. Es ist unklar, wohin die übrigen Schiffe stationiert wurden, aber vermutlich in freie Positionen der Kolonnen 2, 3, 4 sowie 11 und 12. Aus den offiziellen Dokumenten oder dem Bericht des Kommodore geht eigenartigerweise nirgendwo hervor, warum die Schiffe umgestellt wurden.

Ensign Wise beschrieb den Angriff auf HX-233 so:

»Am 17. April 1943 um 05.50 Uhr GMT auf Position 47°20'N 22°29'W meldete Bootsmaat McSorley, der zur Freiwache gehörte und auf dem Weg zur Morgenmusterung war, dem Chef der Militärischen Wache im Ruderhaus, er habe ein Geräusch gehört, das wie das Feuer vom 10,2-cm-Geschütz des Schiffes Nr. 21 klang. Es wurde Gefechtsalarm gegeben. Von der Brückennock beobachtete der Kommandeur der Militärischen Wache, wie die Nummer 21, die FORT RAMPART, ein britischer Holz- und Stückgutfrachter, querab seiner Kolonne mit dem Bug nach außen in Kursrichtung lag. Die Geschütze wurden zur Breitseite nach 270° gerichtet. Es herrschte gute Sicht und ruhige See. [WILLIAM D PENDER]. Schiff Nr. 22 drehte nach Backbord, um an dem getroffenen Schiff vorbeizudampfen, und lief etwa 30 Sekunden parallel dazu. Schiff Nr. 21 setzte ein weißes Licht im Mast und eine rote Laterne [»Bin torpediert«] über der Brücke. Lichter bewegten sich auf ihrem Achterdeck. Schiff Nr. 23 [JOHN BAKKE] und Schiff Nr. 125 [JAMES JACKSON], fuhren achtern bzw. voraus an dem Schiff vorbei. Es schien nicht zu stoppen, aber die Besatzung machte die Boote klar zum Aussetzen. Ein weiterer Angriff fand nicht mehr statt. Als das torpedierte Schiff nach achteraus sackte, verließen zwei Korvetten den Geleitschirm, um das Gebiet abzusuchen. Eine davon kehrte gegen 06.30 Uhr GMT in den Schirm zurück, während die andere die Suche fortsetzte. Um 07.15 Uhr GMT lag das Schiff Nr. 21 tief im Wasser hinter dem Horizont, schien aber nur langsam zu sinken, sehr langsam. Die Männer am vorderen 7,6-cm-Geschütz waren der Explosion am nächsten und beschrieben sie als einen roten Feuerball, der scheinbar bis zur Oberkante des Decks hinaufschoss, gefolgt von einer noch viel höheren grau-weißen Rauchwolke. Für die Männer am Bug klang das wie der gedämpfte Knall eines 10,2-cm-Geschützes. Sofort nach dem Angriff erschienen vier britische Zerstörer [Unterstützungsgruppe B–3] am Horizont. Sie passierten achteraus, offensichtlich um die Angriffszone abzusuchen.«

Die Vernichtung von U-175 beschreibt Ensign Wise später in demselben Bericht so:

»Es war etwa 12.10 Uhr GMT auf Position 47°51'N 21°00'W, als der Kommandeur der Militärischen Wache in die Brückennock stieg, gleich nachdem ein US-Küstenwachkutter einen Wasserbombenteppich unmittelbar vor den Kolonnen 3 und 4 geworfen hatte. Gegen 12.15 Uhr GMT warf derselbe Kutter einen Wasserbombenteppich etwa 300 m vor und steuerbord voraus von dem Schiff Nr. 31 [G HARRISON SMITH] und lief dann auf eine Position hinter dem Geleit. Der Ausguck der Militärischen Wache in der Brückennock sichtete einen Ölfleck zwischen den Kolonnen 2 und 3. Um 12.40 Uhr GMT eröffnete das Schiff auf Station 125 [JAMES JACKSON] das Feuer auf ein Objekt in Peilung 170°. Das Objekt wurde sofort als teilweise aufgetauchtes U-

Boot ausgemacht. Um 12.42 Uhr eröffnete auch unser Schiff das Feuer mit dem achteren 7,6-cm- Geschütz. Es feuerte vier Salven, bis der Konvoikommodore das Feuer einstellen ließ. Die ersten drei Geschosse lagen kurz, während der vierte mit einer Entfernungseinstellung von über 6000 m im Zielgebiet aufzuschlagen schien. Man konnte unmöglich einzelne Aufschläge beobachten, da auch andere Schiffe und die zwei Kutter schnell in das gleiche Zielgebiet schossen. Nach dem Befehl zur Feuereinstellung liefen die beiden Küstenwachkutter beiderseits des U-Bootes auf nächste Entfernung heran. Sie schienen den Überlebenden eine Gelegenheit zum Aufgeben gewähren zu wollen. Das U-Boot war zweifellos durch Geschützfeuer und Wasserbomben beschädigt. Letztere zwangen es zum Auftauchen. Schiff Nr. 125 [JAMES JACKSON] hatte mindestens einen Treffer erzielt. Der Geleitzug lief mit gleichem Kurs und Fahrt weiter, und das U-Boot schlingerte in den Wellen und *machte keine Anstalten, weiter zu kämpfen* [Betonung hinzugefügt]. Es sackte unter den darauf gerichteten Geschützen der Küstenwachkutter weiter achteraus. Gegen 14.00 Uhr GMT lief ein Kutter zum Geleitzug zurück, der zweite etwas später.«

Ensign Wise beschwerte sich bitter über das schlechte Stationshalten des Schiffes Nr. 22 (WILLIAM D PENDER), da dessen Manöver den anderen Schiffen erhebliche Schwierigkeiten bereiteten und sie teilweise gefährdete. Er kommentiert auch sarkastisch seine Probleme mit einem Mitglied seiner Besatzung, dessen sofortige Versetzung er empfohlen hatte.

8. Der Kommandeur der Militärischen Wache auf dem US-Liberty-Schiff WILLIAM D PENDER meldete keinen Feindkontakt, obwohl er zugab, dass die Geleitfahrzeuge mehrfach Wasserbomben geworfen hatten. Erst in Loch Ewe hatte er von »Offizieren der britischen Schifffahrtsleitung« erfahren, dass ein feindliches U-Boot an »die Oberfläche gebracht« und durch Geschützfeuer vernichtet worden sei. Diese Aktion soll hinter dem Geleit stattgefunden haben und kann von S/S WILLIAM D PENDER, die vorne im Geleit fuhr, nicht bestätigt werden.

Herr Perry Jacobs, USMMA, fuhr als Ingenieurkadett auf WILLIAM D PENDER, Station 22, direkt hinter FORT RAMPART, als diese am frühen Morgen des 17. April 1943 torpediert wurde. Er schreibt:

> »Frühmorgens um 05.00 Uhr war alles grau, dunstig und kühl. Fast die ganze Besatzung der PENDER, nur nicht der Deckskadett Ray Smith, bei dem ich war, schlief in ihrem Zeug. Als Gefechtsalarm gegeben wurde, sprang Ray aus der Koje [über mir] und rannte splitterfasernackt mit seinem Überlebensanzug aus Gummi unter dem Arm an Deck.
> Ich konnte mich nur erinnern, dass ein Schiff mit gesetzter roter Laterne [Ruderversager] und Schlagseite nach Steuerbord nach achteraus vorbeitrieb, während wir dessen Station einnahmen. Ich hörte keine Explosion und wurde nach meiner Erinnerung vom Läuten des Gefechtsalarms geweckt, worauf wir unsere Stationen besetzten.«

9. Der Esso-Tanker WALLACE E PRATT (7.991 BRT) auf Station 102 hatte, wie Lt jg Walter S Grimala, USNR, der die Militärische Wache befehligte, meldete, bis zum 17. April 1943 keine Feindberührung, als er um 05.00 Uhr etwa neun Wasserbombendetonationen spürte. Der Bericht führt weiter aus:

> »10.05 Uhr: Steuerbord Geleitfahrzeug wirft 20 Wasserbomben. Ungefähre Wurfzeiten 10.18 Uhr, 10.25 Uhr und 10.55 Uhr. Das führende Geleitfahrzeug warf vor unserem Backbordbug etwa? Seemeile entfernt 16 Wasserbomben. Diese Wasserbomben zwangen das besagte U-Boot zum Auftauchen. Der führende Geleiter hielt Kontakt, bis der Geleitzug das Gebiet passiert hatte. Ein weiteres Geleitfahrzeug wurde mit der Morselampe heranbefohlen, um bei dem auftauchenden U-Boot zu helfen. Zwei Geleitzerstörer [sic] nahten und begannen [sic] das U-Boot zu beschießen. Zwei oder drei Handelsschiffe gaben aus den hinteren Kolonnen des Konvois Feuerunterstützung … Nach meinen Beobachtungen wurde das aufgetauchte U-Boot zerstört und mindestens ein weiteres beschädigt. Diese Beschädigung eines U-Bootes beruht auf der Beob-

achtung der dunklen Ringe um den Detonationsschwall der Wasserbomben. [Diese Bewertung des Kommandeurs der Militärischen Wache Grimala konnte möglicherweise zutreffen, da U-226 meldete, dass Wasserbomben ganz dicht bei ihm detonierten und es beschädigten, während U-175 versank. Das war zur gleichen Zeit wie die Versenkung von U-175.]

10. Lt jg J J Stevenson befehligte die Militärische Wache auf dem alten US Frachter LENA LUCKENBACH, die ursprünglich auf Station 81 fuhr, aber wegen der Schwierigkeiten beim Halten ihrer Station vom Konvoikommodore auf Station 105 nach achtern beordert worden war. Lt Stevenson berichtete, das Schiff fuhr in Charter der United States Lines mit einer Ladung von Phosphat, Tabak, Draht, Weizen und Stahlbarren beladen. Er beschreibt die Vernichtung von U-175 so:

»Wasserbomben wurden während der Reise gelegentlich von den Geleitfahrzeugen geworfen. Bis zum Morgen des 17. April wurden jedoch keine feindlichen Schiffe gesichtet, als gegen 11.30 Uhr durch unmittelbar vor den Geleitzug geworfene Wasserbomben ein schwer beschädigtes U-Boot auftauchte. Das geschah etwa 800 m backbord achteraus der LENA LUCKENBACH, die zu diesem Zeitpunkt in der letzten Reihe [sic] an Steuerbordseite [Station 105] des Geleits fuhr. Das zuvor bemannte 10,2-cm-Heckgeschütz und die beiden achteren 2-cm-Geschütze wurden sofort auf U-Boot gerichtet, es wurde aber nicht gefeuert, da zwei Geleitfahrzeuge zwischen unserem Schiff und dem Ziel lagen und dort offensichtlich Herr der Lage waren. Die Zerstörer schossen auf das nahezu widerstandslose U-Boot und brachten es offensichtlich auf. Das Gefecht konnte von unserem Schiff deutlich verfolgt werden. Um weitere Überraschungsangriffe von anderen Feindfahrzeugen aus jeglicher Richtung auszuschließen, blieb der Gefechtsalarm bestehen und es wurde sorgfältigst Ausguck gehalten. Währenddessen behielt der Geleitzug seinen Kurs bei, und das endgültige Schicksal des Unterseeboots und seiner Besatzung bleibt unbekannt. Wetter und Seegang waren mäßig.«

Dieser Teil von Lt Stevensons Bericht über die Kollision und Aufgabe der LENA LUCKENBACH ist unter »Schäden« zu finden. Er meldete aber interessanterweise, dass »die Beziehungen zwischen ziviler und militärischer Besatzung sehr gut waren«.

11. Ensign William E McCarthy, USNR, befehligte die Militärische Wache auf dem US-Liberty-Schiff JAMES FENIMORE COOPER, Station 95. Er meldete folgende Einzelheiten über die Versenkung von U-175 am 17. April 1943 an die Marineleitung:

»Während der Reise gab es bis Sonnabend, den 17. April, keinen Anlass für einen Alarm. Morgens um 10.05 Uhr wurden die Geschützbesatzungen und ich auf unsere Gefechtsstationen gerufen. Als ich auf die Brücke kam, zeigte mir der Wachoffizier den schwarzen Zahlenwimpel an einem Geleitschiff steuerbord achteraus. Der Geleiter warf 12 Wasserbomben. Die Geschützbesatzung trat weg, als der schwarze Wimpel eingeholt wurde. Um 10.50 Uhr wurden wir erneut alarmiert, als der Geleiter Wasserbomben etwa 30° voraus an Backbord warf. Die Bereitschaft wurde nach Einholen des schwarzen Wimpels wiederum aufgehoben. Um 11.40 Uhr tauchte ein U-Boot zwei Strich achterlicher als backbord querab auf. Ich hielt die Geschützbesatzungen in Bereitschaft, während die zwei Geleitfahrzeuge auf das U-Boot feuerten, das zurückschoss. Das Feuer hörte nach einigen Augenblicken auf, und das U-Boot schien sich den beiden Geleitschiffen zu ergeben, die bei ihm blieben, während wir weiterliefen. Um 12.20 Uhr warf ein Geleiter vier Wasserbomben 2 Strich achterlicher als querab. Die Geschützmannschaft ging um 12.30 Uhr von Station.«

Ensign McCarthy behauptete auch, die Ladung seines Schiffes bestand aus »Benzin, Stahl, Getreide und Stückgut« und dass sie »von den American President Lines gechartert, aber im Besitz der U.S. Lines fuhr.« Das war falsch.

2. Auslaufanweisung für den Geleitzug HX-233

An: CTU 24.18.17 (R), nachrichtlich von CF 24

Für Kommodore HX-233 51 Schiffe mit zusätzlicher THORSHOLM verließen Schleuse um 13.00 Uhr Q-Zeit. Tanker VOCO, von Delaware kommend, trifft voraussichtlich Punkt Z bei ihnen ein. ESSO NASHVILLE und die britische HARMONY nicht ausgelaufen. Mit VOCO sind es 52 Schiffe; VOCO wird noch im Hafen beladen und wird sich nicht anschließen.

Route HX-233
(1) C   40 07 N 72 5 W um 19.00 Z/6 April
     D   40 10 6749
     E   42 28 6424
     F   42 50 5501
     G   43 13 4538

Westchop 13.00 Z/8 April

(2) HOMP 42 35 N 60 58 W 14.00 Z/9 April
Westomp 44 28N 45 01W at 19.00 Z/12 April

(3) H   48 48 N 41 22 W
    J   54 03   35 48
    K   55 20   25 57
    L   55 59   15 01
Chop 20.00 Z/15 April 36° W

(4) Route für Nachzügler
    N   48 48 N 42 22 W
    O   51 19   41 11
    P   54 48   36 04
    Q   56 09   26 10
    R   56 47   15 03
    S   55 50   08 00
    FOIC Island weiterleiten an NOIC Island zur Information

Konvoi HX-233 Gliederung:
    Konvoikommodore und Kommandeur Div 3 O H Dawson, RNR, auf DEVIS
Vizekommodore H C Smith auf EMPIRE PAKEHA, Kommodore achtern E Garner
auf CITY OF DELHI, Kommandeur Div 1 W S Stein auf FORT RAMPART Kommandeur Div 2 P W Barry auf EMPIRE WORDSWORTH Kommandeur Div 4 W
Pittman auf R F HAND
(2) Geräuschmacher, Kolonnenführer und Schiffe auf Stationen 32, 33, 34, 35, 72,
73, 74, 75, 102, 103, 104 Leichte Geräuschmacher werden in See zugeteilt.
(3) 12 Einzelkolonnen 4 3 4 4 5 5 4 5 5 5 4 3
Zahlenwimpel für Halifax 23 73 123

CESF an CINCONWA zur Ausführung weitergeben, HX-233 CTU 24.1.3 auf SPENCER

1. Übernehmen Sie Befehl über SPENCER, DUANE, ARVIDA, WETASKIWIN, BER-GAMOT und BRYONY und laufen Sie aus 08.30 Z am 11. April
2. Treffen mit HX-233 auf Position 44°28'N 45°01'W am 12. April um 19.00 Z Annäherungskurs und -fahrt Geleit HX-233 022°, 9,5 Knoten
3. Anliegende Funksprüche von Befehlshaber Geleitkräfte 022025/4 061515Z/4 Kommandeur 3. US Marineabschnitt New York 061721Z/4 062101Z/4 Hafendirektor New York 062216Z/4 062252Z/4 CINCCNWA 081407Z/4
4. Örtliche Geleitfahrzeuge West für HX-233 stellt TU 24.18.7 mit LINCOLN (Kommandeur), OAKVILLE, BROCKVILLE und LETHBRIDGE
5. Zur Vermeidung von Treibeis unterwegs zum Treffpunkt, passieren Position 10 Seemeilen östlich Cape Race
6. ROSHERN und DIANTHUS werden auslaufen und heranschließen, wenn fertig

3. Zusammensetzung des Geleitzugs HX-233

Name:	Tonnage:	Flagge:	Typ:	Ladung:	Nr./Anmerkungen
JAMES JACKSON	7 176	US	Liberty	Stückgut	11; Nachkriegsreserve
YEMASSEE		PAN	Frachter	Stückgut	12
KENTUCKIAN	5 200	US	Frachter	Stückgut/Getreide	13
GEORGE HANDLEY	7 176	US	Liberty	Stückgut	14; 1964 verschrottet
FORT RAMPART	7 130	BR	Frachter	Stückgut/Holz	21; torpediert
WILLIAM D PENDER	7 176	US	Liberty	Stückgut/Mun.	22; 1960 verschrottet
JOHN BAKKE	4 718	NO	Frachter	Stückgut/Mun.	23; 2 Passagiere
JONATHAN WORTH	7 176	US	Liberty	Stückgut	24; 1969 verschrottet
G HARRISON SMITH	11 752	US	Tanker	Benzin	31
VELMA	9 720	NO	Tanker	Treibstoff	32
BRITISH PRIDE	7 106	BR	Tanker	Flugbenzin	33
FJORDAAS	7 361	NO	Tanker	Treibstoff	34
EMPIRE PAKEHA	8 115	BR	Frachter	Stückgut/Kühl S.	41; 1950 verschrottet
CITY OF KHIOS	5 574	BR	Frachter	Stückgut/Mun.	42
CISTULA	8 097	NL	Tanker	Gas/Kerosin	43
GOOD GULF	7 874	PAN	Tanker	Öl	44
FERNWOOD	4 695	NO	Frachter	Stückgut/Mun.	51; 4 Flugzeuge
EMPIRE WORDSWORTH	9 891	BR	Tanker	Benzin	52; 1960 verschrottet
MAYA	5 383	HON	Frachter	Stückgut/Mun.	53
VILLANGER	4 884	NO	Frachter	Stückgut/Mun.	54
JOHN BIDWELL	7 176	US	Liberty	Zucker	55; 1960 verschrottet
AXTELL JOG BYLES	8 955	GR	Tanker	Treibstoff	61; s. Anhang 4
SKIENSFJORD	5 922	NO	Frachter	Stückgut/Mun.	62
AXEL JOHNSON	4 915	SW	Frachter	Stückgut	63; 47 Passagiere
EGDA	10 050	NO	Tanker	Flugbenzin/Öl	64
KRONPRINSEN	7 073	NO	Tanker	Treibstoff/St.-Gut	65; 4 Passagiere
DEVIS	6 054	BR	Frachter	Stückgut	71; s. Anhang 4
IVARAN	4 955	NO	Frachter	Stückgut/Mun.	74
ALCOA CUTTER	4 965	US	Frachter	Stückgut	75
THORSHOLM	9 937	NO	Frachter	Stückgut	81
SUN	9 002	US	Tanker	Schweröl	82
ROGER WILLIAMS	7 176	US	Liberty	Mun./Wertsachen	83; 1965 spurlos gesunken

KAITUNA	4 907	BR	Frachter	Stückgut/Mun.	84; s. Anhang 4
SANTOS		BR	Frachter	Stückgut/Mun.	85
ESSO NASHVILLE	7 943	US	Tanker	Schweröl	91; nicht mitgekommen
BRIMANGER	4 883	NO	Frachter	Stückgut	91
STICKLESTAD	9 349	NO	Tanker	Benzin	92
NORSOL	11 870	NO	Tanker	Flugbenzin	93
CHARLES B AYCOCK	7 176	US	Liberty	Stückgut/Mun.	94; 1962 verschrottet
JAMES F. COOPER	7 176	US	Liberty	Stückgut	95; 1967 verschrottet
CITY OF DELHI	7 443	BR	Frachter	Stückgut	101; s. Anhang 4
WALLACE E PRATT	7 991	US	Tanker	Benzin	102
WEARFIELD		BR	Tanker	Benzin	103
BRASIL	12 400	NO	Tanker	Treibstoff	104
LENA LUCKENBACH	5 238	US	Frachter	Stückgut?	105; Kollision
ROBERT F HAND	12 197	BR	Tanker	Flüssiggas	111
G S WALDEN	10 627	BR	Tanker	Benzin	112; s. Anhang 4
ATENAS	4 639	US	Frachter	Bomben	113
SKARAAS	9 826	NO	Tanker	Benzin	114
WILLIAM R KEEVER	5 350	US	Frachter	Stückgut	121
ISAAC SHARPLESS	7 176	US	Liberty	Getreide/St.-Gut	122; Nachkriegsreserve
VILLE D´ANVERS	7 462	BEL	Frachter	Stückgut	124

Nachzügler oder nicht mitgekommen:

MOSLI	8 291	NO	Tanker	Schweröl	Tanker f. d. Geleitfahrzeuge
TUDOR PRINCE	1 914	BR	Frachter	Stückgut/Mun.	
HANNIBAL HAMLIN	7 176	US	Liberty		Einzelfahrer
EMPIRE LIGHTNING	6 942	BR	Frachter		nicht mitgekommen
EASTGATE	5 032	BR	Frachter		nicht mitgekommen

Anmerkungen

(1) Konvoikommodore O H Dawson, RNR, auf DEVIS, Station 71.

(2) Vizekommodore H C Smith auf EMPIRE PAKEHA, Station 41.

(3) Geleitkommandeur Captain Paul Heineman, USN, auf USCG SPENCER, Kommandant Commander Harold S Berdine, USCG.

(4) Kein Rettungsschiff zugeteilt, HMS ARVIDA übernimmt diese Aufgabe.

Frachter: 32   Tanker: 20   Geschw.: 9 Knoten   Kolonnenabstand 1000 m.

4. Daten einiger Schiffe des Geleitzugs HX-233

M/V G S WALDEN

10.627 BRT, 149 m lang, 22 m breit, gebaut 1935, Geschw. 12 Knoten, Reederei Oriental Trade and Transport, London und Toronto. Torpedotreffer und beschädigt am 3. August 1942, Konvoi ON-115, 45°45'N–47°17'W durch U-552 (Topp). Repariert und wieder in Dienst. Erneut torpediert und beschädigt am 14. Mai 1944 durch U-616 (Koitschke) auf Position 36°45'N 00°45'Ost.

(U-552 selbst versenkt 2. Mai 1945, Wilhelmshaven; U-616 versenkt am 14. Mai 1944, Mittelmeer.)

M/V SUN

Geschw. 11 Knoten, gebaut 1928 bei Chester Pennsylvania, 9.002 BRT, 160 m lang, 22 m breit, 12 m Tiefgang, Reeder Sun Oil Company, Philadelphia. Zweimal torpediert: zuerst von U-502 (von Rosenstiel) am 23. Februar 1942 auf Position 13°02'N 70°41'W, 54 Seemeilen nordwestlich Aruba, Westindien, als unbewaffneter Einzelfahrer. Zwischenreparatur in Aruba, dann Reparatur in Chester, Pa und wieder in Dienst. Am 16. Mai 1942 erneut torpediert von U-506 (Wurdemann) vor Southwest Pass, Louisiana, USA unter Kapitän John P Bakke auf Position 28°41'N 90°19'W. Erreicht den Mississippi, repariert und wieder in Dienst.

(U-506 sank am 5. Juli 1942 in der Biskaya, keine Überlebenden.)

S/S ATENAS

4.639 BRT, 115 m lang, 15,7 m breit, gebaut 1908, wurde von U-106 (KptLt Hermann Rasch, Ritterkreuzträger) unterwegs von New Orleans, Louisiana, nach Christobal in der Panama, Kanalzone im Golf von Mexiko mit Geschützfeuer belegt. Das Schiff trug Stückgut und befand sich am 26. Mai 1942 auf Position 22°50'N 89°05'W. Die Militärische Wache wehrte sich tapfer mit dem achteren 10,2-cm-Geschütz. U-106 hatte seine Torpedos verschossen, verfolgte ATENAS und feuerte aus etwa 2.000 m Entfernung auf sie; er erzielte sieben Treffer mit zwei kleinen Bränden, die schnell gelöscht wurden. Kapitän Trygue Angell manövrierte das Schiff geschickt, um ein möglichst kleines Ziel zu bieten, und versuchte mit äußerster Fahrt, welche die alten Maschinen bringen konnten, zu entkommen. Klugerweise beendete U-106 das Gefecht und tauchte, denn nur ein einziger Treffer im Druckkörper hätte sein Ende bedeutet.

(U-106 wurde am 2. September 1943 nordwestlich Kap Ortegal bombardiert und versenkt.)

S/S AXTELL J BYLES

8.955 BRT, 160 m lang, 22 m breit, 12 m Tiefgang, 1927 von Chester, Philadelphia gebaut, im Besitz der Tidewater Associated Oil Company, New York, Reeder Frank Haskell. Am 18. April 1942, vier Meilen querab Wimble Shoals, North Carolina, auf Position 35°32'N 75°19'W von U-136 (Zimmermann) torpediert, Schiff erreichte mit eigener Kraft Hampton Roads, Virginia, wurde repariert und wieder in Dienst gestellt.

(U-136 wurde am 12. Juli 1942 im Mittelmeer versenkt, keine Überlebenden.)

S/S CITY OF DELHI

Gebaut 1925, 7.443 BRT, 12 Knoten, 137 m lang, 17 m breit, 8 m Tiefgang, Reederei Ellermann Lines Ltd, London. Nahm an der »Operation Husky«, der Landung auf Sizilien, teil. Ein DEMS-Kanonier erinnert sich an die schlimmsten Augenblicke seines Lebens vor Augusta: »Während wir vor Anker lagen, kam der Feind JU 88 und Stukas, es war fürchterlich; sie griffen uns alle 1½ Stunden drei Tage und vier Nächte lang an. Wir liefen endlich bei Syrakus auf den Strand, um die DUKW (Amphibische Lastkraftwagen) zu entladen, und schwammen mit der Flut mehrere Tage später wieder auf.«

Nach der »Operation Husky« blieb die CITY OF DELHI im Mittelmeer und im Indischen Ozean mehr als 14 Monate vom Heimathafen weg.

S/S DEVIS

Das Schiff des Konvoikommodere, 6.054 BRT, 134 m lang, 19 m breit, 8 m Tiefgang, 12 Knoten, 1938 gebaut, von Lamport-Holt in Liverpool bereedert. Am 5. April 1940 in einem Konvoi von neun Ju 88 gebombt und schwer beschädigt, dabei sieben Tote und vierzehn Verwundete. In Piräus, Griechenland, wurde sie durch das explodierende Munitionsschiff CLAN FRASER schwer beschädigt und leck.

War auch in dem Geleitzug KMS-18B Schiff des Konvoikommodore, Rear Admiral Hugh England. Am 5. Juli 1943 von U-593 (KptLt Gerd Kelbing), unterwegs 600 Meilen vor dem Brückenkopf am Strand von Sizilien mit 4 000 Tonnen Militärgütern sowie 2 Landungsbooten an Oberdeck, torpediert und versenkt nach einem Treffer in Höhe der Luke 4 an Steuerbord. Sie sank in 15 Minuten, 52 Seeleute starben. Die Überlebenden wurden in Bougie, Algerien, ausgeschifft.

(U-593 wurde am 13. Dezember 1943 vor Constantine, Algerien, von USS WAINWRIGHT und HMS CALPE vernichtet.)

S/S EMPIRE PAKEHA

8.115 BRT, 159 m lang, 21 m breit, 1910 gebaut bei Harland & Wolff Ltd, Belfast; bereedert von Shaw, Savilland Albion Ltd. Wurde mit den Schiffen der selben Reederei, MARMARI und WAIMANA, von der Regierung übernommen und so umgebaut, dass sie Großkampfschiffen ähnelten, z.B. PAKEHA einem Schlachtschiff der ROYAL-SOVEREIGN-Klasse. Sie lagen in Scapa Flow vor Anker, um feindliche Flugzeuge abzulenken. Als sie dafür nicht länger benötigt wurden, hat man sie für ihre ursprüngliche Aufgabe als Kühlschiffe zurückgebaut. PAKEHA wurde 1950 in Briton Ferry verschrottet.

S/S ESSO NASHVILLE

7.934 BRT, 158 m lang, 21 m breit, 15 m Tiefgang, Dampfturbinenantrieb, gebaut 1940 in Sparrows Point, Maryland. Reederei Standard Oil Company, New Jersey. Am 21. März 1942 sechzehn Meilen nordöstlich von Flying Pan Shoals auf Position 33°35'N 77°22'W von U-124 (KptLt Mohr) torpediert. Schiff war auf dem Weg von Port Arthur nach New Haven als unbewaffneter Einzelfahrer mit voller Ölladung. Die Detonation zerbrach den Kiel und das Vorschiff versank. Das Achterschiff wurde von USS UMPQUA (ATO-25) nach Moorehead City und später am 1. Juni 1942 nach Baltimore geschleppt, wo ein neues Vorschiff angebaut wurde. Sie wurde am 16. März 1943 wieder in Dienst gestellt, wurde 1952 als JOSHUA HANDY verkauft und 1958 als HELEN in Onomichi verschrottet.

(U-124 wurde vor Porto, Portugal, versenkt; keine Überlebenden.)

S/S FJORDAAS

7.361 BRT, 129 m lang, 18 m breit, 7 m Tiefgang, 11 Knoten, gebaut 1931 von J Morland, Arendal in Norwegen. Am 11. September 1942 im Konvoi ON-127 auf Position 51°16'N 29°08'W von U-218 torpediert. Beschädigt und in Clyde repariert.

(U-218 ergab sich 1945 in Bergen und wurde bei der Operation »Deadlight« versenkt.)

S/S KAITUNA

4.907 BRT, 126 m lang, 17 m breit, 7 m Tiefgang, 1938 gebaut, Reederei war die Plymouth (Neuseeland) Shipping Company. Eines der ersten schon am 17. August 1939 bewaffneten Handelsschiffe.

S/S KRONPRINSEN

7.073 BRT, Norweger, am 9. Juni 1942 von U-432 (Schultze) auf Position 42°53'N 67°11'W torpediert und beschädigt. Repariert und wieder in Dienst gestellt.

(U-432 wurde von der französischen Korvette ACONIT im mittleren Atlantik versenkt.)

S/S THORSHOLM
9.937 BRT, Norweger, im Februar 1943 von U-118 (Czygan) vor Kap Espartel torpediert und beschädigt. Repariert und wieder in Dienst gestellt.
(U-118 hatte U-175 auf dessen zweiten Feindfahrt beölt. Es wurde am 12. Juni 1943 von Flugzeugen der USS BOGUE im Atlantik westlich der Kanaren versenkt.)

Liberty-Schiff JAMES FENIMORE COOPER
Gebaut von der Oregon Shipbuilding Corporation in Portland, Oregon. 1942 in Dienst gestellt, nach dem amerikanischen Novellisten (1789–1851) benannt. Kollidierte in der Nacht vom 18. April 1943 auf Konvoi-Station 95 mit LENA LUCKENBACH, Station 105. Beschädigt erreichte sie mit eigener Kraft einen englischen Hafen und wurde repariert. Am 8. Dezember 1944 kollidierte sie in einem Geleitzug von Norfolk nach Nordafrika mit der gerade in Dienst gestellten Fregatte der TACOMA-Klasse, der USS HURON PF-19. Diese wurde schwer beschädigt. COOPER wurde 1955 verkauft und in MOHAWK umgetauft. Im Jahr darauf heißt sie ALGONKIN, dann WORLD LOYALTY 1962, um letztendlich als FARO verkauft zu werden. Auf einer Fahrt von Muroran nach Keelung in Ballast lief sie bei schlechtem Wetter am 4. Januar 1966 zwei Meilen vor Nojima, Japan, auf Grund. Die Position war 34°53'N 139°55' Ost. Sie wurde als technischer Verlust eingestuft und im folgenden Jahr »wie besehen« nach 25 Jahren treuer Dienste an japanische Abwracker verkauft.

S/S G HARRISON SMITH
11.752 BRT, 163 m lang, 24,5 m breit, 11 m Tiefgang, Reederei war die Standard Oil Company of Jersey. Fertiggestellt im Oktober 1930 von der Federal Shipbuilding. Antrieb: Zwei De-Laval-Getriebe-Dampfturbinen mit zweifacher Untersetzung von je 4.400 PS. Überlebte den Zweiten Weltkrieg und wurde 1950 als ESSO BELFAST unter britischer Flagge zur Überbrückung bis zum Zulauf der neu gebauten ESSO OXFORD-Klasse eingesetzt. Sie wurde 1958 in La Sayne verschrottet.

5. Geleitfahrzeuge

1. Nahbereichsgeleit:
OAKVILLE, RCN, Korvette, »Flower«-Klasse, 21. 6. 41 von Port Arthur Shipbuilding erbaut; 1946 als PATRIA an Venezuela verkauft.

LINCOLN, ehemals USS YARNELL, RNorN Zerstörer, 1.090 Tonnen, 103 m lang, 10,5-m-breit, 1 10,2-cm, 1 7,6-cm, 4 2-cm-Flak, 3 53,3-cm-Torpedorohre; Sept. 41 an Norwegen, 26. 8. 44 bis 19. 8. 52 als DRUZNI an Russland, 1952 verschrottet.

BROCKVILLE, RCN, BANGOR-Klasse-Minensucher, 20. 6. 41 von Marine Industries gebaut, RCMP MACLEOD 1950, RCN 1951.

LETHBRIDGE, RCN, Korvette, FLOWER-Klasse, gebaut von Vickers, Montreal, am 21. 11. 40 abgeliefert. 1952 als NICHOLAS VINKE verkauft.

2. Hochseegeleit:

USCG Kutter SPENCER, WPG-36, 2.216 Tonnen, 110 m lang, 13 m breit, 4,5 m Tiefgang, 2 Wellengetriebe-Turbinen mit je 6.200 PS für 20 Knoten. 3 12,7 cm, 3 7,6 cm, gebaut vom NY Navy Yard, am 6. 1. 37 abgeliefert, Reichweite: 8.000 Seemeilen bei 12 Knoten.

USCG Kutter DUANE, WPG-33, Daten wie oben, aber beim Philadelphia Naval Yard gebaut und 3. 6. 36 abgeliefert. HMS BRYONY, Korvette »Flower«-Klasse, bei Harland & Wolff in Belfast gebaut, 15. 3. 41 abgeliefert, 1948 als POLARFRONT II an Norwegen verkauft.

HMS DIANTHUS, Korvette »Flower«-Klasse«, von Robb gebaut, 9. 7. 40 abgeliefert, 1947 als THORSLEY verkauft.

HMS BERGAMOT, Korvette »Flower«-Klasse, von Harland & Wolff gebaut, 15. 2. 41 abgeliefert, 1946 als SYROS verkauft.

HMCS ARVIDA, Korvette »Flower«-Klasse, von Morton Quebec gebaut, 29. 9. 40 abgeliefert, etwa 1946 als LA CEIBA verkauft.

HMCS SKEENA, Zerstörer, 1.337 Tonnen, 103 m lang, 11 m breit, von Thornycroft gebaut, 10. 10. 30 abgeliefert, 4 10,2 cm, 8 Torpedorohre. Veteran, Teil der kanadischen Vorkriegsmarine. War ein Geleitfahrzeug am Konvoi SC-2 unter dem Kommodore Rear Admiral E Bodham-Whetman mit dreiundfünfzig Schiffen, der vom ersten erfolgreichen U-Boot-Rudel am 25. August 1940 angegriffen wurde. Sie war Geleiter am Konvoi SC-42 im September 41. Der Konvoi bestand aus fünfundsechzig Schiffen, von denen fünfzehn verloren gingen; ein schwerer Verlust. Zwei U-Boote wurden vernichtet. Captain Bernhard Edwards schrieb über Cdr James Hibbard, RCN, den Kommandanten der SKEENA: »Hibbard muss ein sehr müder Mann gewesen sein, als der Kampf mit den U-Booten begann. Seine weiteren Erfolge waren hervorragend, als er praktisch den Konvoi allein mit seinem Schiff verteidigte.«

Am 31. Juli 1942 führten HMCS SKEENA unter ihrem amtierenden Kommandanten LtCdr K L Dyer, DSC, RCN und HMCS WETASKIWIN unter LtCdr G Windeyer U-588 in einen damals so genannten »Totentanz«. Nach fünfstündigen Angriffen kamen Wrackteile und menschliche Überreste an die Wasseroberfläche, für den Bewertungsausschuss der Admiralität ein zweifelsfreier Beweis dafür, dass das U-Boot vernichtet worden war. SKEENA wird am 25. 10. 44 vor Island zum Wrack, 1945 vor Ort verkauft.

HMS WETASKIWIN, Korvette »Flower«-Klasse, am 18. 7. 40 von Burrard als BANFF abgeliefert, 1941 umbenannt; 1946 als VICTORIA an Venezuela verkauft.

HMS DANIELLA, ehemals DAFFODIL, Korvette »Flower«-Klasse, bei Lewis gebaut, 3. 9. 40 abgeliefert, umbenannt 26. 10. 40, in Portaferry 1947 verschrottet.

6. Einheiten der Unterstützungsgruppe

HMS OFFA, Zerstörer, 1.540 Tonnen, 112 m lang, 11,6 m breit, 5 10,2 cm, 1 9,3 cm, 4 Torpedorohre, in Fairfield am 11. 3. 41 abgeliefert, 1949 als TARIQ an die pakistanische Marine übergeben. 1959 bei Young in Sunderland verschrottet.

HMS PANTHER, Zerstörer, 1.540 Tonnen, 112 m lang, 11,6 m breit, 4 10,2 cm, 4 Torpedorohre, in Fairfield gebaut, am 9. 10. 43 in der Straße von Scarpanto durch Luftangriff versenkt.

HMS IMPULSIVE, Zerstörer, 1.370 Tonnen, 105 m lang, 11 m breit, 4 10,2 cm, 10 Torpedorohre, 1937 von White gebaut, am 22. 1. 46 von Young, Sunderland verschrottet.

HMS PENN, Zerstörer, 1.540 Tonnen, 112 m lang, 11,6 m breit, 4 10,2 cm, 4 Torpedorohre, am 12. 2. 41 von Vickers Armstrong, Tyne, abgeliefert, am 31. 1. 50 verkauft und in Troon verschrottet.

US-Küstenwachkutter der Secretary-Klasse:
WPG-33, gebaut Philadelphia Navy Yard, Kiellegung 1. 5. 35, vom Stapel 3. 6. 36, in Dienst am 1. 8. 36, außer Dienst am 1. 8. 85, am 27. 11. 87 als künstlicher Wellenbrecher versenkt.

WPG-36, gebaut New York Navy Yard, 11. 9. 35 Kiellegung, 6. 1. 37 vom Stapel, 1. 3. 37 in Dienst, 23. 1. 74 außer Dienst, 8. 10. 81 verkauft.

Kosten: 2 486 460 $ pro Schiff.

Verdrängung: 2.750 Tonnen, ab 1945 2.216 Tonnen, 110 m lang, 14 m breit, 4,5 m Tiefgang.

Hauptmaschinen: 2 zweifach untersetzte Getriebeturbinen; 2 Babcock & Wilcox-Hochdruckheißdampfkessel.

Wellenleistung: 6.200 PS für 19,5 Knoten.

Schrauben: 2 dreiblättrige.

Geschwindigkeit:
Höchst: 19,5 Knoten;
Dauerhöchst: 19,0 Knoten, 4.200 Seemeilen Reichweite;
Marsch: 13,0 Knoten, 7.000 Seemeilen Reichweite;
Wirtschaftliche: 11,0 Knoten, 9.500 Seemeilen Reichweite.

Kraftstoffvorrat: 520 Tonnen.

Besatzung: 24 Offiziere, 2 Fachoffiziere, 226 Mann, 1945.

Elektronikausrüstung:
(1) Spezial: Britischer HF-Funkpeiler, 1942
(2) Radarsuchgeräte:
    (a) SPENCER SC-4, SGa
    (b) DUANE SC-3, SGa
(3) Feuerleitradar: MK 26
(4) Sonar: QC-Serie

Bewaffnung:
3 12,7 cm/L 51, Einzellafetten, 3 7,6 cm/L 50 Einzellafetten,
Wasserbomben-Ablaufbühnen, K-Werfer
14 4 cm/L 60 (2 x Vierlings-, 3 x Zwillingslafetten)
8 2 cm/L 80 (Einzellafetten).

7. Die 08.00-Uhr-Positionen des Geleitzugs HX-233 (UK-Zeit)

DATUM	POSITION
7. April 1943	40°N' 71°25'W
8. April 1943	40°40'N 66°45'W
9. April 1943	42°28'N 62°25'W

10. April 1943	42°45'N 57°10'W
11. April 1943	43°05'N 51°40'W
12. April 1943	43°35'N 46°25'W
13. April 1943	45°30'N 42°10'W
14. April 1943	45°15'N 36°58'W
15. April 1943	45°10'N 31°40'W
16. April 1943	45°03'N 26°20'W
17. April 1943	47°22'N 22°00'W
18. April 1943	50°02'N 18°00'W
19. April 1943	52°40'N 13°20'W
20. April 1943	55°20'N 09°00'W
21. April 1943	Liverpool, äußeres Feuerschiff

8. Verluste an Bord des US-Küstenwachkutters SPENCER

Name	Dienstgrad	Verwundet/Gefallen
Anderson, Harold V	SOM 2/c, USCG	mehrfach/allgemein
Appel, William H	Sea 2/c, USCG	oberer Rücken
Barnett, William E	CC Std. USCG	rechtes Bein
Bugbee, William E	RDM 3/c, USCG	allgemein
Buzzell, Richard A	MATT 2/c, USCG	linkes Bein
Croak, Robert J	MM 1/c, USCG	linke Hand
Fowler, Leon O	Sea 2/c, USCG	Trommelfelle geplatzt
Glemser, Robert	SM 1/c, USCG	Trommelfelle geplatzt
Godfrey, Ernest A	Sea 2/c, USCG	Bauch
Haddon, David A	RDM 3/c, USCG	oberer Rückenbereich
Hamilton, Marvin D	BM 1/c, USCG	Trommelfelle geplatzt
Hoggard, James M	MATT 1/c, USCG	allgemein
Hoyt, James R	Sea 2/c, USCG	Trommelfelle geplatzt
Hudek, Frank	Surfman USCG	Verbrennungen
Karnis, Joseph	CY, USN	gebrochenes rechtes Bein
Lee, Hampton	MAH 1/c, USCG	Trommelfelle geplatzt
Maxwell, Vern E	GM 2/c, USCG	Trommelfelle geplatzt
Morton, Edward W	Sea 1/c, USCG	Trommelfelle geplatzt
Petrella, Julius T	RM 3/c, USCG	gefallen
Russell, Louis	Sea 2/c, USCG	linkes Bein
Schiewe, Wesley A	SM 2/c, USN	Arm und Bein rechts
Schuster, George	CC Std. USCG	kleiner Finger rechts
Stratton, Richard E	F 1/c, USCG	allgemein
Walker, Herbert D	EM 1/c, USCG	Trommelfelle geplatzt
Whitt, Alfred R	Sea 2/c, USCG	Trommelfell geplatzt

9. Verluste an Bord der FORT RAMPART

Gefallen:
James Turnbull Douglas, 21 Jahre alt, Heizer/Kohlentrimmer,
Anthony Grimes, 23 Jahre alt, Heizer/Kohlentrimmer,
Thomas Hutchinson, 28 Jahre alt, Heizer/Kohlentrimmer,
Gerald Lively, 23 Jahre alt, Seemann,
William Etherington Magee, 37 Jahre alt, Seemann,
Samuel Tait, 34 Jahre alt, Heizer.

Verwundet:
Ambrose H Carr, AB,
Alexander Lengstone, AB,
Harry Mitchell Öler/Schmierer (von HMS ARVIDA am 17. April 1943 um 11.05 Uhr
übernommen und an USCG DUANE übergeben).

10. Deutsche Kriegsgefangene an Bord der SPENCER

Offiziere

Name	Dienstgrad	Geburtsdatum
Möller, Paul	Leutnant zur See	29.11.10
Voelker, Karl	Fähnrich zur See (Ing.)	22. 9.23
Weppelmann, Walter	Fähnrich zur See	12.12.23

andere Dienstgrade

Name	Dienstgrad	Geburtsdatum
Bickel, Werner	Maschinenobergefreiter	13. 3.23
Brückmann, Gustav	Maschinengefreiter	29. 4.23
Brunken, Herbert	Mechanikermaat	13.12.19
Geimeier, Erwin	Maschinenmaat	22. 8.19
Kahmann, Werner	Maschinenmaat	27. 8.19
Klinger, Max	Matrosenobergefreiter	20. 3.22
Klotzsch, Helmut	Obersteuermann	12. 2.14
Kohler, Hermann	Funkmaat	29. 8.21
Küffner, Hermann	Maschinenmaat	24. 3.18
March, Rudolf	Funkobergefreiter	11. 6.22
Rosenkranz, Josef	Mechanikerobergefreiter	15. 8.23
Schlosser, Helmut	Maschinist	6. 2.07
Schroeder, Walter	Maschinenobergefreiter	19. 1.20
Schwarze, Herbert	Matrosenobergefreiter	6. 3.23
Sichler, Albert	Matrosenobergefreiter	19. 7.22
Urbanek, Ewald	Matrosenobergefreiter	29. 4.22

11. Deutsche Kriegsgefangene an Bord der DUANE

Offiziere:

Name	Dienstgrad	Geburtsdatum
Nowroth, Leopold	OltzS (Ing.)	28. 9.10
Verlohr, Wolfgang	LtzS	21. 4.21

andere Dienstgrade

Name	Dienstgrad	Geburtsdatum
Bamberg, Jean	Matrosengefreiter	8. 4.24
Blümling, Peter	Maschinengefreiter	31. 1.22
Böhnsch, Alfred	Maschinenmaat	19. 9.19
Butscheidt, Josef	Maschinenmaat	3. 2.16
Grund, Werner	Maschinenobergefreiter	6.12.21
Herklotz, Werner	Maschinenobergefreiter	20. 8.22
Herzke, Otto	Maschinengefreiter	12. 1.22
Keutken, Karl	Obermaschinist	7. 1.14
Kistler, Wilhelm	Matrosengefreiter	16. 4.23
Labs, Phillip	Maschinenobergefreiter	5.10.21
Niemann, Werner	Maschinenmaat	22. 6.21
Noak, Gerhard	Maschinengefreiter	21. 2.22
Petrik, Josef	Maschinengefreiter	2. 1.23
Saurbach, Alois	Bootsmannsmaat	13. 7.14
Stachel, Ludwig	Matrose	5. 5.24
Tepke, Alfred	Matrosengefreiter	6. 3.22
Wannemacher, Peter	Mechanikergefreiter	17. 4.24
Winkler, Gerhard	Matrosenobergefreiter	22. 2.23
Wohlmann, Heinz	Matrosenobergefreiter	10.11.21
Wolf, Dieter	Matrosenobergefreiter	7. 4.22

12. Gefallene des U-Bootes U-175

Offiziere

Name	Dienstgrad	Geburtsdatum
Bruns, Heinrich	Kapitänleutnant	3. 4.12
Lohmeier, Hans	Fähnrich zur See	4. 7.23

andere Dienstgrade

Name	Dienstgrad	Geburtsdatum
Falter, Herbert	Maschinenmaat	14.10.16
Flickinger, Wilhelm	Maschinenobergefreiter	26. 3.22
Fritze, Gerhard	Matrose	13. 3.24
Kordt, Wilhelm	Maschinengefreiter	1. 1.24

Krause, Victor	Bootsmannsmaat	14.12.19
Schlie, Friedrich	Obermaschinist	12. 9.12
Schlüter, Kurt	Bootsmannsmaat	3. 5.16
Steinle, Robert	Maschinengefreiter	3. 2.16
Wienand, Walther	Mechanikergefreiter	19.11.24
Wönnemann, Fritz	Funkgefreiter	9. 9.20
Zacharias, Rudi	Funkmaat	30. 9.21

13. U-Boote im Einsatz gegen den Geleitzug HX-233

Typ VIIC: Hochseefähig

Erstes Boot 1940 vom Stapel, 769/871 Tonnen, 73,5 m lang, 6,5 m breit, 5,1 m Tiefgang; 2 Wellen, je ein Diesel- und ein E-Motor mit 2.800/750 PS für 17/7,5 Knoten Höchstfahrt. Tauchzeit 30 Sekunden. Fahrstrecke: 10 000 sm bei 12 Knoten, getaucht 80 sm bei 4 Knoten, 1 8,8-cm-, 1 3,7-cm-, Flak, 2 2-cm-Flak-Einzellafette, Torpedorohre 4 53,3 cm im Bug, 1 im Heck, 14 Torpedos oder 14 Minen, Besatzung 44 bis 50 Mann (Anmerkung: ab 1942 wurde der Druckkörper verstärkt, um tiefer tauchen zu können, Deckgeschütz wurde ausgebaut, Flak verstärkt, teilweise mit 2-cm-Vierling.)

Typ IXC: Langstrecke

Erstes Boot 1940 vom Stapel, 1.144/1.247 Tonnen; 83 m lang, 7,3 m breit, 5,2 m Tiefgang, 2 Wellen, je ein Diesel- und ein E-Motor mit 4.400/1.000 PS für 18,25/7,25 Knoten Höchstfahrt, Fahrstrecke: 11.000 sm bei 12 Knoten/getaucht 63 sm bei 4 Knoten; 1 10,5-cm-, 1 3,7-cm-Flak, 2 2-cm-Flak; 6 53,3-cm-Torpedorohre (4 Bug, 2 Heck), 22 Torpedos mit Reserve an Oberdeck; Besatzung: 48 bis 54 Mann.

U-Boot/Kommandant	Typ	Bauwerft	Geschichte/Erfolge
U-262, KptLt Heinz Franke, Ritterkreuz	VIIC	Bremer Vulkan Vegesack	vier Schiffe versenkt, in Gotenhafen durch Bomben beschädigt, 2.4.45 in Kiel außer Dienst, abgewrackt.
U-628, KptLt Heinrich Hasenschar	VIIC	Blohm & Voss Hamburg	sechs Schiffe versenkt, in Biskaya NW Kap Ortegal am 3.7.43 durch Bomben vernichtet, 49 Gefallene.
U-226, KptLt Rolf Borchers	VIIC	Germania Kiel	$^{1}/_{2}$ Schiff versenkt (Todes-Fangschuss Stoß), im Nordatlantik vor Neufundland durch RN Sloops STARLING und KITE am 6.11.43 versenkt.
U-358, KptLt Rolf Manke	VIIC	Flensburger Schiffbau Gesellschaft	4 Schiffe versenkt, am 1.3.44 im Nordatlantik bei den Azoren von RN Fregatten GOULD, AFFLECK, GORE und GORLIES versenkt, 50 Gefallene.
U-264, KptLt Hartwig Looks	VII	Bremer Vulkan Vegesack	drei Schiffe versenkt, am 19.2.44 im mittleren Nordatlantik durch RN Sloops WOODPECKER und STARLING versenkt, Besatzung gefangen genommen.

U-382, KptLt Leopold Koch	VIIC	Howaldts Werke Kiel	ein Schiff beschädigt zwei weitere möglich, Kollision in der Ostsee Januar 1945, gehoben; am 3. Mai 1945 selbst versenkt.
U-614, KptLt Wolfgang Sträter	VIIC	Blohm & Voss Hamburg	zwei Schiffe versenkt, am 29.7.43 im Nord-Atlantik vor Kap Finisterre bombardiert und versenkt, neunundvierzig Gefallene.
U-175, KptLt Heinrich Bruns	IXC	Deschimag Bremen	zehn Schiffe versenkt, im Nordatlantik von USCG SPENCER gestellt, selbst versenkt, dreizehn Gefallene.

Von den obigen U-Booten wurden insgesamt neunundzwanzig Schiffe versenkt. (Anmerkung: Da andere U-Boote auf der geographischen Breite von Lorient operierten, ist es möglich, dass weitere ebenfalls gegen den Konvoi HX-233 operierten.)

14. Technische Daten von U-175 (Typ IX C)

Bauwerft Deschimag, Bremen

Bewaffnung 1 10,5 cm vorne, max. Rohrerhöhung 50°
     1 3,7-cm-Flak, achtern
     1 2-cm-Flak hinterer Turm
     2 tragbare MG zur Luftabwehr (7,9 mm)

Munition Etwa 100 Patronen, Spreng, Panzerbrech und Brand, je 25 Stück lagerten an jeder Seite des Maschinenraums und der Mannschaftswohnräume.

Torpedos 22–23 an Bord. Auf der 2. Feindfahrt 15 mit Elektroantrieb, 8 mit Pressluftantrieb; auf der dritten Feindfahrt je 14 und 8.

Auf zweiter Feindfahrt gestaut

6 E-Torpedos in den Rohren

4 E-Torpedos im vorderen Torpedoraum

2 E-Torpedos im vorderen Torpedoraum unter den Flurplatten

3 E-Torpedos im achteren Torpedoraum

8 Presslufttorpedos unter dem Hauptdeck

Torpedorohre 4 im Bug, 2 im Heck

Torpedozündpistolen G 7 H vierstrahlige Pi 1 und möglicherweise Pi 2, Sicherheitsabstand 150 m.

E-Torpedos Geschwindigkeit 30 Knoten, Tiefeneinstellung 0 bis 12 m, Motoren wurden alle 2–3 Tage von 24-Volt-Hilfsbatterien im Test gefahren. Jeder Torpedo besaß 56 Säurezellen aus Blei, parallel geschaltet, die einmal jede Woche mit 23 Ampere geladen und täglich entlüftet werden mussten. Der Torpedomechaniker war das einzige Besatzungsmitglied, das außer dem Kommandanten keine Wache zu gehen brauchte.

Antrieb Zwei 9-Zylinder-, Viertakt-Dieselmotoren vom Typ M9V, 400–460 PS mit Buch-Turboladern

Treibstoffverbrauch 3 bis 4 Tonnen täglich bei normaler Marschfahrt, es wurden 20 Knoten bei Testfahrten erreicht, niemals aber im Einsatz.

Treibstoffvorrat 230 Tonnen gesamt, davon 32 Tonnen in Trimmtanks.

E-Motoren Zwei 500 PS Siemens, Unterwasserhöchstfahrt 8 Knoten. Da U-175 sich unter Wasser als ein sehr lautes Boot erwies, konnte die Unterwasserschleichfahrt nur schwierig ermittelt werden. Schließlich wurde festgestellt, dass die besten Werte bei 90 Umdrehungen pro Minute oder »Langsamste voraus« lagen.

Druckkörper Dicke 2 cm, äußere Bootshülle 5 mm dick.

Bordelektrik Zwei Haupt- und zwei Hilfsschalttafeln, Nr. 1, 2, 2A und 3. Die Beleuchtung wurde aus Nr. 1 gespeist, die Funkgeneratoren von Nr. 2 und 2A; die Torpedobatterien wurden über Nr. 2A geladen, weiteres Licht wie Strom von Nr. 3 in der Zentrale gespeist. Die anderen befanden sich im Maschinenraum über den E-Motoren.

Fahrbatterie Zwei AFA-(Akkumulatorenfabrik Aachen) Einheiten mit je 62 Zellen. Gesamtkapazität 24 000 Amperestunden bei 2 Jahren Lebensdauer.

Kompressoren Ein Germania-Kompressor mit 110 Volt Elektromotor, der 400 Ampere Leistung erbrachte und als sehr zuverlässig galt; ein Junkers-Kompressor mit freien Kolben, der, wenn nicht sorgfältig gehandhabt, ständig Probleme bereitete.

Bilgenpumpen Für 100 m Tauchtiefe ausgelegt, versagten aber schon bei 80 m.

Frischwasser 3 2000 Liter in 4 Tanks.

Funkausrüstung Alle von Telefunken.

Sender: Ein 200 Watt Kurzwelle, ein 150 Watt Langwelle, ein 40/50 Watt Reserve.

Empfänger Ein Kurzwellenempfänger, ein Allwellenempfänger.

Radarwarngerät Deutscher Funksuchempfänger Metox R 600 GSR mit hölzerner »Kreuz des Südens«-Antenne (auch als »Biskaya-Kreuz« bekannt) auf zweiter Feindfahrt an Bord. Metox R 600 A, ein neuer verbesserter Satz mit neuer Antenne, »Drahtkorb« genannt, die rundum suchen konnte und beim Tauchen nicht abgebaut werden musste. Das Gerät war im aufgetauchten Zustand ständig besetzt. (Anmerkung: Das ist möglicherweise das Gerät, welches das Enterkommando der SPENCER gesehen und beschrieben hatte.)

Funkschlüsselbücher In einem verstärkten Würfel oder Safe mit drei Schlössern verwahrt.

Tarnung SPENCER und andere Beobachter meldeten, dass U-175 frischen Farbanstrich trug, der Turm in Hellgrau, der Rumpf in Dunkelgrau mit Schwarz an Oberdeck. Das konnte kaum überraschen, da das Boot gerade aus dem Dock kam und die Besatzung noch nicht einmal Zeit hatte, Bärte wachsen zu lassen.

Turmwappen Zwei Paragraphenzeichen nebeneinander, die auf den wohlbekannten Paragraphen 175 des deutschen Strafgesetzbuches über Homosexualität hinweisen.

Feldpostnummer M 41704.

15. Augenzeugenbericht über den Angriff auf den Hafen von Bridgetown am 11. September 1942 von Pfarrer Stanley R Haskell

Das deutsche U-Boot begann seinen Angriff auf die Schiffe im Hafen ungefähr um 17.45 Uhr Ortszeit. Ich war an diesem Nachmittag zu Hause, da die Schulen wegen der Osterferien geschlossen hatten. Mein Heim stand auf dem Grundstück der Schule, an der mein Vater unterrichtete, und ich befand mich zum Zeitpunkt des Angriffs auf dem Spielfeld an der Ostseite der Schulgebäude. Den Hafen selbst konnte ich nicht sehen; jedoch die aufsteigenden Wassersäulen, als ich die Torpedos treffen hörte. Die Torpedonetze und die Tonnen, an denen sie befestigt waren, wurden in die Luft geschleudert und segelten in großen Stücken wie Toilettenpapier herunter. Der Angriff fand bei Sonnenuntergang statt und konnte nicht länger als 20 Minuten gedauert haben.

Es dauerte nicht lange, da hatte sich eine große Menschenmenge am Ufer versammelt, darunter auch mein Onkel, der Arzt war. Es war wirklich ein Segen für sie, dass niemand getötet wurde, denn wären die Torpedos durch die Öffnungen in Netzen hindurchgelaufen und hätten die Felsen der Esplanada-Küstenlinie getroffen, hätte das sicher zu großen Verlusten an Menschen geführt. Zum Zeitpunkt des Angriffes kehrten auch die örtlichen Fischerboote nach einem Tag auf See zurück. Es wurde erzählt, dass das U-Boot am Sehrohr ein improvisiertes Segel gehisst hatte, um wie eines der heimkehrenden Fischerboote auszusehen.

Ich glaube, im Hafen lagen nur zwei Handelsschiffe, der kanadische Frachter CORNWALLIS und ein französischer Frachter. Der U-Bootkommandant muss einen Informanten auf der Insel gehabt haben, denn das einzige Torpedo-Schnellboot lag im Trockendock und das einzige Patrouillenflugzeug war nach St. Lucia gestartet. So war der Zeitpunkt zum Angriff im Sonnenuntergang gut ausgewählt.

Die CORNWALLIS war ein gutes Angriffsziel, da sie Stückgut auf die Insel brachte, die dann wiederum mit Schonern auf die Nachbarinseln verteilt wurde. Dabei handelte es sich hauptsächlich um Lebensmittel. Die Schoner transportierten von Trinidad auch Benzin in Metallfässern, die dann leer zurück verschifft werden mussten. Die Deutschen gaben sich keine Mühe, die Schoner mit den leeren Fässern an Bord anzugreifen, da sie nicht sanken und ihnen auf den Seewegen nur Probleme bereiteten, auch wenn sie von Zeit zu Zeit doch einige versenkten.

Weder die CORNWALLIS noch das französische Schiff wurden versenkt. Die CORNWALLIS war aber so schwer mittschiffs beschädigt, dass sie nach Notreparaturen in ein Dock auf Puerto Rico geleitet wurden. Ich weiß nicht, was weiter mit ihr geschah, nachdem sie Barbados verlassen hatte, möglicherweise wurde sie versenkt. Sie im Hafen zu versenken, hätte anderen Schiffen, welche die Insel anlaufen oder verlassen wollten, viel Ärger und Mühe bereitet. Die CORNWALLIS und der französische Frachter waren beide mit Geschützen gegen U-Boote ausgerüstet, mit denen sie das Feuer eröffneten, als der Angriff begann.

Der Naturhafen von Bridgetown öffnet sich wie ein Hufeisen. Eine Geschützbatterie befand sich am Südostende des Hafens, eine weitere damals, so glaube ich, auf der Pelikan-Insel am Nordwestende des Hafens auf dem Festland. Diese Insel ist jetzt Teil des Tiefwasserhafens, der den Naturhafen in der Carlisle-Bucht ersetzt. Von einer Geschützbatterie erstreckte sich das an großen Metalltonnen befestigte Torpedonetz quer durch den Hafen bis zur Batterie gegenüber. Darin waren Öffnungen, um ein- oder auslaufende Schiffe durchzulassen.

Die weißen Jugendlichen zogen schon bald nach dem Angriff los, um den oder die Torpedos zu suchen, und sie fanden einen. Er ist jetzt im Museum, das in der frühen Kolonialzeit als Militärgefängnis diente, zur Schau gestellt.

Begriffs-/Abkürzungsverzeichnis

Adressbuch: U-Boot-Schlüsselmittel, um im Funkverkehr die Planquadrate auf Seekarten zu tarnen.

A/S anti-submarine: U-Bootjagd

A/B able seaman: britischer Vollmatrose

ASDIC-Sonar: Schallentfernungsmessgerät (Abk. für: Allied Submarine Detection and Investigation Committee)

B-Dienst: Beobachtungsdienst (Deutsche Funk- und Schlüsselaufklärung)

BdU: Befehlshaber der U-Boote

BM: Bootsmannsmaat

Bold: Abkürzung für »Koboldstreich«, einen hinterhältigen, bösen Trick. Das U-Boot konnte Behälter von 15 cm Durchmesser ausstoßen, die eine Chemikalie enthielten. Sie ließ im Wasser dichte Wasserstoffblasen entstehen. Dadurch wurde dem Feindsonar ein sich bewegendes U-Boot vorgetäuscht, das dem echten U-Boot ein Entkommen ermöglichen sollte. Von den Alliierten als »U-Boot-Blasenziel« bezeichnet.

BR: Britisch

Capt: Kapitän zur See/Handelsschiffskapitän

Catalina: Hochseeflugboot zur Seeraumüberwachung, Typ PBY-5.

CBM: Chief Boatswain's Mate Schmadding oder Seemännische Nummer 1

Cdr: Commander Korvetten-/Fregattenkapitän oder Befehlshaber/Kommandeur

CINCWA: Oberster Befehlshaber der Westlichen Zugänge, RN.

CNO: US-Marineoberbefehlshaber

CO: Commanding Officer Kommandant

DD: Zerstörer.

DEMS: Handelsschiff mit Defensivbewaffnung.

D/F: Funkpeilung.

DR: Koppelposition.

DSM: Britischer Verdienstorden.

EG: Geleitgruppe.

FzS: Fähnrich zur See.

FK/FKpt: Fregattenkapitän.

Flying Officer: Leutnant, RAF

FuMB: Funkmessbeobachtungsgerät (Deutsches Radar)

Funker: Bediener der Funkgeräte, auch »Puster« genannt.

Gefechtsstation: Höchste Kampfbereitschaft

GMT: Standardzeit Greenwich

HF/DF: Kurzwellenfunkpeilung.

HMCS: Kanadisches Kriegsschiff.

HMNoS: Norwegisches Kriegsschiff.

HMS: Britisches Kriegsschiff.

HX: Bezeichnung der Geleitzüge von New York über Halifax nach England.

Ing.: Ingenieur.

IWM: Imperial War Museum.

I WO/ II WO: Erster-/Zweiter Wachoffizier.

KK/KKpt: Korvettenkapitän.

KptLt: Kapitänleutnant.

KTB: Kriegstagebuch (offizielles Einsatztagebuch aller Einheiten der Kriegsmarine).

Kurzsignal: Speziell verschlüsselte, komprimierte Funksprüche von/an den BdU, auch Positionsmeldung.

LtCdr: Lieutenant Commander/Korvettenkapitän/Kapitänleutnant

Lt jg: Lieutenant junior grade/Oberleutnant zur See – US-Marine

LV: Light vessel/Feuerschiff.

Mark VII: 200-kg-Wasserbombe, Standardbombe der USA, ähnlich **Mark VI**

Mark VI: 300-kg-Wasserbombe.

Mark VIII: 100-kg-Wasserbombe für Flugzeuge.

Mark X: 1.100-kg-Wasserbombe, aus Torpedorohren zu verschießen.

Marinequadrat: Ein deutsches System von auf den Seekarten aufgezeichneten Quadraten, die wie ein Netz die Positionen mit Buchstaben und Zahlen verschleiern konnten.

Metox: Deutsches elektronisches Radarwarngerät, ersetzte das frühere unhandliche und einfache »Biskaya-Kreuz«, welches Radar-Abstrahlungen nur im 10-cm-Band orten konnte.

M/S: Motorschiff.

M/V: Motorboot.

»Newfie John«: Spitzname für St. Johns, Neufundland.

NSDAP: Nationalsozialistische Deutsche Arbeiterpartei.

Obersteuermann: Navigationsmeister

OltzS: Oberleutnant zur See.

OS: Seemann.

Pour le Mérite: Höchste deutsche Tapferkeitsauszeichnung im Ersten Weltkrieg.

POW: Prisoner of War/Kriegsgefangener.

Q-Ship: U-Bootsfalle.

RAF: Britische Luftwaffe.

RDF: Radio Direction Finder, Funkpeiler.

RESD: Ritterkreuz mit Eichenlaub, Schwertern und Brillanten; höchste deutsche Tapferkeitsauszeichnung im Zweiten Weltkrieg

Ritterkreuz: Ritterkreuz zum Eisernen Kreuz

RNoN: Königlich Norwegische Marine.

Schussmeldung: Vorgeschriebene Meldung zu jedem Torpedoschuss eines deutschen Kriegsschiffes.

SOM: Sonarmann.

SONAR: Sound Navigation and Ranging: amerikanisch für ASDIC, aktive Schallortung.

Sperrbrecher: Schwerbewaffnetes, gegen Minen besonders geschütztes, umgebautes Handesschiff, das wegen der Minengefahr vor ein- und auslaufenden Kriegsschiffen herlief.

S/S: Dampfschiff.

TF: Task Force/Einsatzverband.

TG: Task Group/Einsatzgruppe.

T-Schu: Torpedo-Schussempfänger im vorderen und achteren Torpedoraum, gibt die Schussdaten über den Vorhaltrechner an die Torpedos.

TU: Task Unit/Kleinste Einsatzgruppe.

UAK: U-Bootabnahmekommando.

USCG: US Coastguard, US-Küstenwache.

USCGC: USCG-Kutter. Fahrzeuge bis Zerstörergröße.

USCGR: US-Küstenwache Reserve.

USMMA: US-Handelsmarineakademie.

USN: amerikanische Marine.

USS: amerikanisches Kriegsschiff.

VLRA: Flugzeug größter Reichweite.

Vorhaltrechner: Von Siemens gebauter Rechner in der Zentrale des U-Bootes, mit dem die Torpedokurse vor dem Abfeuern in die Steuereinheiten der Torpedos eingespeist wurden.

Wabos: Wasserbomben, Fasskörper aus Metall mit 100–1.000 kg Sprengstoff, die unter Wasser in bestimmten vorher einstellbaren Tiefen detonierten.

Westomp: Treffpunkt der Geleitzüge vor der Küste Nordamerikas.

WSA: US-Behörde zur Steuerung der Handelsschifffahrt im Krieg.

Quellen

Eine vollständige Liste aller Erst- und Zweitquellen befindet sich am Ende dieses Teils.

U-175

Das meiste Material basiert auf persönlichen Gesprächen mit Überlebenden von U-175 sowie auf folgenden Veröffentlichungen: *Interrogation of Survivors*, Naval Intelligence Division [NID] 03262/43; CB 04051(68) von Juni 43; Kriegstagebücher von U-628, U-262, U-226 und U-175; *Kriegstagebuch* des Befehlshabers der U-Boote Dezember 1942 bis Mai 1943; auf *The U-Boat War in the Caribbean* (Annapolis 1994); *The War at Sea*, Band 2 (London 1956); *Axis Submarine Successes 1939–1945* (Annapolis 1983); *Deutsche U-Boote 1906–1966* (Erlangen 1993); *British Vessels Lost at Sea 1939–45* (London 1945); *Chronology of the War at Sea 1939–1945* (Annapolis 1992); *Memoirs: Ten Years and Twenty Days* (London 1959); *German Warships of World War II* (London 1966); *U-Boats under the Swastika* (Exeter 1973); *Business in Great Waters: The U-Boat Wars 1916–1945* (London 1989); *The Submarine Commander's Handbook 1943* (Gettysburg 1989); *Bomber Command* (London 1979); und *U-Boot-Krieg* (München 1976).

Die Beschreibung der Ausbildungsphase von U-175 beruht auf persönlichen Gesprächen; dem KTB von *U-175*; dem KTB des BdU; *U-333* (London 1986); *Iron Coffins* (London 1970); dem KTB von U-628; *The Boat* (NY 1975); *U-Boot Krieg* (München 1976) und dem *Handbuch für U-Boot Kommandanten 1943*.

Um ihre Operationen in der Karibik und die erste Feindfahrt von U-175 in Art und Umfang im Detail zu verstehen, ist es unverzichtbar, *The Uboat War in the Caribbean* (Annapolis 1994) zu lesen, während Captain Roskills *War at Sea*, Band 2, auf den Seiten 96 bis 107 und die *Chronology of the War at Sea 1939–45* ab Seite 116 eine fast tägliche Beschreibung der Ereignisse liefern. Die deutschen Angriffe auf die US-Ostküste sind vorzüglich detailliert in dem hervorragenden Buch *Operation Drumbeat* (NY 1990) enthalten. Weiterhin erwiesen sich als wertvolle Forschungsquellen für diesen Abschnitt: US-Naval Operating Base 1943–45, Unit Returns Caribbean Theatre, Command History File, Royal Navy Anti-Submarine Summaries, War Diary Attack Reports on Merchant Ship Losses 1942–43 sowie *Battle of the Atlantic* (London 1961) von Donald Macintyre, Seiten 126–135.

Die Kriegstagebücher des BdU und von U-175 sowie die persönlichen Gespräche sind wichtige Quellen. Verluste von Schiffen, die unter US-Flagge fuhren, sind im Einzelnen in Captain Arthur R Moores ausgezeichneten und monumentalen *A Careless Word ... A Needless Sinking* (Kings Point 1984) mit detaillierter Beschreibung jedes einzelnen Verlustes enthalten. Alle Verluste unter britischer Flagge sind in *British Vessels Lost at Sea 1939–45* (HMSO 1947 London) aufgeführt. Schiffsverluste unter den Flaggen der Alliierten werden in einigem Detail in *The U-Boat War in the Caribbean* beschrieben. Darin werden auch Verfahren und der Angriff auf Barbados geschildert und durch Augenzeugenberichte belegt, während das »Handbuch für den U-Boot-Kommandanten (»U Kdt Hdb«) den Hintergrund zu den Einsätzen von U-175 darstellt. Einen unverzichtbaren Beitrag zu diesem Abschnitt lieferte Dr. Robert M Brownings ausgezeichnetes Werk *US*

Merchant Vessels War Casualities of World War II. Es listet viele Einzelheiten über Verluste unter US-Flagge aus einer Vielzahl offizieller Quellen auf und war eine unverzichtbare Quelle für diesen Abschnitt.

Die Beschreibungen des U-Bootstützpunktes in Lorient beruhen auf eigenem Beobachten sowie Gesprächen mit Überlebenden; auf »U-Boat Bases« in *After the Battle*, Nr. 55 (London 1987); *The War at Sea*, Band 2, Seiten 352–3; *Business in Great Waters*, Seiten 256–7, 670, 354–5, 516, 615 und 648–9; Dönitz *Erinnerungen*, Seiten 110, 112, 409 und 467; dem KTB von *U-175* und *Bomber Command*, Seiten 99, 100, 101, 193 und 195.

Die Beschreibung der zweiten Feindfahrt von U-175 beruht fast gänzlich auf persönlichen Gesprächen und den Kriegstagebüchern des BdU zu diesem Boot. Zusätzliche Einzelheiten über den Verlust der S/S *Benjamin Smith* stammen aus *A Careless Word ... A Needless Sinking*, Seiten 31–32, und aus *The Liberty Ships* (London 1970) auf Seite 104. Operationen vor Westafrika sind in *Chronology of the War at Sea 1939–45*, Seite 183 ff. beschrieben. Siehe auch dazu: *The War at Sea*, Band 1, Seiten 351–3, 463, 470 und Band 2, Seiten 92, 100, 108, 371; weiterhin in *Business in Great Waters*, Seiten 244, 344, 499, 593; Beschreibungen der Besatzungen und Offiziere stammen von Überlebenden und werden ergänzt durch »Narratives: History of U-175«, dem *Monthly Anti-Submarine Report*, May 1943, Abschnitt 4 (XC 21758), Naval Intelligence Division's »U-175: Interrogation of Survivors«, Juni 1943, NID 03262/43.

Die dritte und letzte Feindfahrt stützt sich auf die Kriegstagebücher des BdU; die Funkkladde der US-Marine über aufgefangene feindliche Funksprüche; *Narrative: History of* U-175; persönliche Befragungen; *U-Boat Commander's Handbook* und die Funkkladden des BdU. Besonders wertvoll für die Beschreibung des Geschehens auf U-175 waren bisher unveröffentlichte Darstellungen von Gustav Brückmann und Werner Bickel sowie die persönlichen Befragungen von weiteren überlebenden Besatzungsmitgliedern.

Zu den zahlreichen Quellen beider Seiten für das Kapitel über das eigentliche Gefecht gehören Augenzeugenberichte, Kriegstagebücher, Gefechtsberichte, Auszüge aus Logbüchern, Gefechtsdiagramme, Gefangenenverhöre, Fotografien und persönliche Beobachtung. Die Beschreibung der FORT RAMPART und ihres Verlustes stammt aus *Wartime Standard Ships, Band 2: The Oceans, the Forts and the Parks*, Seiten 7–19; *British Vessels Lost at Sea 1939–45*, Seite 47; *Axis Submarine Successes 1939–45*, Seite 163; *Chronology of the War at Sea 1939–1945*, Seite 207; *The War at Sea, Band 2*, Seiten 372, 380. Zusätzliche Einzelheiten sind in den verschiedenen Berichten der Kommandeure der Militärischen Wachen der US-Marine zu finden.

Die Schilderung des Untergangs von U-175 beruht auf persönlichen Gesprächen, Verhören von Gefangenen; das Dokument *Narrative: History of* U-175, lieferte Einzelheiten über die Geschehnisse während der Annäherung an den Konvoi und dem versuchten bzw. abgebrochenen Angriff. Das Entern des verlassenen Wracks wird im Gefechtsbericht und im Kriegstagebuch der USCG SPENCER vom 17. April 1943 beschrieben. Dort und in den Gefechtsdiagrammen sowie persönlichen Erinnerungen und der Geschichte der SPENCER sind weitere Details ihres Angriffs auf U-175 enthalten. Die Listen der Gefangenen findet man in den Logbüchern von SPENCER und DUANE; die korrekten Daten aber in den

Verhörprotokollen aus NID-03262/43, den Quellen des britischen Nachrichtendienstes. Auch hier waren erneut bisher unveröffentlichte Darstellungen von Werner Bickel und Gustav Brückmann von unschätzbarem Wert.

Das Kapitel über U-Boot-Funksprüche, Funkaufklärung und Entschlüsselung basiert auf Hintergrundinformationen, die hauptsächlich aus *Business in Great Waters, The Critical Convoy Battles of March 1943* sowie »Translations of Intercepted Enemy Radio Traffic and the Uboat Collateral File« aus den Aufzeichnungen des US-Marineoberbefehlshabers stammen (R G 38). Diese beweisen überdeutlich, wie die Alliierten in den deutschen Funkverkehr eingeweiht waren.

Die alliierte Seite:

Die Schilderung vom Torpedieren der S/S FORT RAMPART fußt hauptsächlich auf dem Bericht des Schiffsführers, Captain W Stein, OBE, von der Schiffsverlustabteilung, Gefechtsberichten vom Kommandanten der HMS ARVIDA, meinem Briefwechsel mit dem früheren DEMS Kanonier, Herrn Charles Collis, dem DEMS Sekretär, der sich in New York auf FORT RAMPART einschiffte und später auf HMS PENN in der Südostasienzone C diente. Weitere Quellen waren Herr R J Dickerson, früher auf HMS IMPULSIVE, Herr Bill Robertson, früher auf HMS OFFA, alle in der 3. Unterstützungsgruppe, sowie Augenzeugenberichte von in der Nähe stehenden Schiffen des Geleitzugs. Die Ankunft der 3. Unterstützungsgruppe und ihre nachfolgenden Aktivitäten ergeben sich aus dem Einsatzbericht des dienstältesten Offiziers auf HMS OFFA, während man die letzte Torpedierung der FORT RAMPART aus *Axis Submarine Successes 1939–1945*, Seite 163, den Kriegstagebüchern von U-226 und U-628 und den Gefechtsberichten der Kommandanten von HMS PENN und PANTHER entnehmen kann.

Die Kollision der JAMES FENIMORE COOPER mit der LENA LUCKENBACH wird von den Kommandeuren der Militärischen Wachen der US-Marine an Bord dieser Schiffe beschrieben. Das Schicksal der LENA LUCKENBACH steht sowohl in *A Careless Word ... A Needless Sinking* als auch im Gefechtsbericht des Kommandanten der HMS DIANTHUS. Besonders hilfreich waren dabei T F J Rogers, Jim Morris, Peter Bowen und V A Whitley von HMS BERGAMOT bei der Beschreibung der Ereignisse während der Bergung der beschädigten und verlassenen LENA LUCKENBACH.

Das Kapitel über Luftunterstützung beruht im Wesentlichen auf den Kriegstagebüchern von SPENCER und DUANE, den Meldungen der Kommandeure der Militärischen Wachen der US-Marine, den Gefechtsberichten der Geleitkommandeure und dem Buch *The War at Sea, Band 2*.

Hintergrundinformationen zu den Unterstützungsgruppen findet man in *The War at Sea, Band 2, The Battle of the Atlantic* und *Business in Great Waters*, während die Aktivitäten der Unterstützungsgruppe am Konvoi HX-233 aus den Gefechtsberichten der vier beteiligten Zerstörer hervorgehen.

Hintergrundinformation über die amerikanische Seite der Geschichte findet sich in *Operation Drumbeat, The U-Boat War in the Caribbean, Track of the Grey Wolf, Memoirs, The War at Sea* und *Business in Great Waters* ebenso wie in der perönlichen Teilnahme des Autors und seinen Beobachtungen. Alliierte Ansichten sind auch in *North Atlantic Run* (Toronto 1985) und *The Battle of the Atlantic 1939–45*, Seite 129, enthalten.

Die Flucht der norwegischen Handelsschiffe von Göteborg, Schweden, wird in *The War at Sea, Band 1*, Seite 391, geschildert; die Schiffsbeschreibungen findet man in *Die Handelsflotten der Welt 1941* (München 1941). Die Aktionen von SPENCER und DUANE sind in Logbüchern, im *Kriegstagebuch*, den Gefechtsberichten sowie den offiziellen Darstellungen und den Beschreibungen beider Einheiten enthalten. Die Aktivitäten der S/S JAMES JACKSON stammen aus den Meldungen der Kommandeure der Militärischen Wachen und persönlichen Aufzeichnungen der ehemaligen Offiziersanwärter der Akademie der US-Handelsmarine. Wenn angezeigt, wurden die Berichte der Kommandeure der Militärischen Wachen wörtlich wiedergegeben. Die Darstellung der Ereignisse auf beiden Kuttern resultieren aus persönlichen Aussagen der Offiziere und Mannschaften sowie den persönlichen Gesprächen mit Überlebenden von U-175 und Fotografien aus der damaligen Zeit. Die Ankunft des Geleitzuges in England ist aus seiner Zusammensetzung, der Beladung und den Zielhäfen sowie aus dem Gefechtsbericht des Kommandanten von HMCS WETASKIWIN ersichtlich, der nach dem Abzug von SPENCER und DUANE die Aufgabe des dienstältesten Offiziers übernahm.

Unveröffentlichte Quellen/offizielle Dokumentationen:

(Rechtlich geschütztes Material aus dem Archiv Ihrer Majestät ist vom Aufsichtsbeamten freigegeben.)
Name/Titel:
Konvoidiagramm: HX-233, Reisebeginn 6.4.43, ADM 199/576
Formblatt zur Meldung U-Bootangriffen, ADM 199/576.
Formblatt zu Flugzeugsichtmeldungen ID Form AC:
(a) Angriffsbericht Kommodore Dawson.
(b) Untersuchungsberichte über LENA LUCKENBACH und JAMES FENIMORE COOPER (an die US-Marine)
(c) Liste der Nachzügler und Nichtfahrer.
(A) MOSLI (NOR)
(B) W R KEEVER (US)
(C) AXEL JOHNSON (SW)
(D) KAITUNA (BR)
(E) EGDA (NOR)
(F) YEMASSEE (PAN)
(G) CAPE HOWE (BR)
(H) HANNIBAL HAMLIN (US)
Kursdiagramm HMS DIANTHUS, HX-233, ADM 199/575 lief aus St. John am 12. April 1943 aus, um den Geleitzug einzuholen.
Auswertung der Unterstützungseinsätze, ADM 199/2060
Gruppen im Nordatlantik 14. April bis 11. Mai 1943 und Konvoi HX-233
(Monatlicher U-Jagdbericht Mai 1943, Teil 4).
Aufzeichnungen: Die Geschichte von *U-175*, ADM 199/2060). (Teil 4)
U-Boot-Zwischenfälle: Bericht No. 1309, ADM 199/2049
U-Jagd-Abteilung, Marinestab, 17. April 1943.
Meldung des Kommodore, Konvoi HX-233, ADM 199/576
O H Dawson, RNR.

(a) Mittagspositionen

(b) Meldung des Kapitäns der STIKLESTAD über das Sichten eines getauchten Objektes.

(c) Vermerke dazu (Bezug S. 352/6583)

Auswertung der Unterstützungsgruppen 14. April, ADM 199/2020

Schiffsverluste – Handelsabteilung, ADM 199/2145.

Bericht des Kapitäns der FORT RAMPART Captain W Stein (ebenso ADM 199/2145)

Dritte Unterstützungsgruppe (EG-3) ADM 199/575

Zweiter Gefechtsbericht des dienstältesten Offiziers der Geleitzüge HX-233 und SC-126 für den Zeitraum 13.4.43 bis 25.4.43

(a) HMS OFFA, Dienstältester Offizier (A/sw 1467/43)

(b) HMS IMPULSIVE

(c) HMS PENN (Anmerkung: mit dem Fangschuss auf FORT RAMPART)

(d) HMS PANTHER

HMS BRYONY (Angriff auf ein U-Boot am 18.4.43 mit Stellungnahme von Captain Heineman

Logbuch USCGC SPENCER, April 1943

Logbuch USCGC DUANE, April 1943

Gefechtsberichte, HMCS ARVIDA, vom 21. April 1943

Gefechtsberichte, HMCS WETASKIWIN, 17.–20. April 1943

Gefechtsberichte, HMS BERGAMOT, 11.–18. April 1943

Gefechtsberichte, HMS DIANTHUS, 17.–21. April 1943

Gefechtsbericht Kommandant USCGC SPENCER

Kriegstagebuch Kommandeur Einsatzgruppe 24.1.3 vom April 1943 über die Konvois ON-175 und HX-233.(20) Kriegstagebuch USCGC SPENCER, 12. bis 20. April 1943

Gefechtsbericht, USCGC DUANE

HF/DF-Meldungen und Aufzeichnungen 11.–20. April 1943;

U-Boot-Funksprüche und Inhalte, HX-233

Funkkladde aller Marinefunksprüche.

Abschlussbericht, Captain P Heineman, USN, Geleitkommandeur, Konvoi HX-233 vom 21. April 1943; auch aus dem handgeschriebenen Entwurf

Entwurf des Berichtes über die Versenkung von U-175.

Liste aller am 10. Januar 1975 als »offen« eingestuften Dokumente einschließlich der Fotoliste

Liste der Kriegsgefangenen und ihres Besitzes auf USCGC SPENCER vom 19. April 1943

USCGC SPENCER, Fragebogen zu U-175.

US-Atlantikflotte, Geleitgruppe 24.1.3, USCG SPENCER, 11. April 1943, St. Johns: Operationsplan Nr. 5–43

(a) Organisation und Funksprüche

(b) Anhänge: Fernmeldeverkehr mit Anlage

(c) Geleitplanung mit Formationen und Diagrammen

Britischer Nachrichtdienst, NND 750122; Berichte CPM B, B 311-342 und CB 04051 (68):

U-175-Verhör der Überlebenden, Juni 1943, NID 03262/43 und Auszüge.

(a) NID-03262/43, britisch.

(b) Auszüge aus amerikanischen Quellen, hauptsächlich die Flugabwehr Ausbildung der U-Bootbesatzungen betreffend.

Kriegstagebuch U-92 ADM PG/30086/1-10/NID

Kriegstagebuch U-175, Indienststellung und die beiden ersten Feindfahrten: T 1022, # 4185, RG 242, US-Nationalarchiv

Kriegstagebuch U-226 ADM PG/30 213/1/NID

Kriegstagebuch U-628 T 1022 # 3385, US-Nationalarchiv

Kriegstagebuch U-262 ADM PG/30235/4/NID

Fahrtmeldungen (RG 38 Akten der Militärischen Wachen 1940-45 CNO)

    (a) Wachleiter auf S/S FENIMORE COOPER

    (b) Wachleiter auf S/S G HARRISON SMITH

    (c) Wachleiter auf S/S JAMES JACKSON

    (d) Wachleiter auf S/S LENA LUCKENBACH

    (e) Wachleiter auf S/S ALCOA CUTTER

    (f) Wachleiter auf S/S SUN

    (g) Wachleiter auf S/S ROGER WILLIAMS

    (h) Wachleiter auf S/S GEORGE HANDLEY

    (i) Wachleiter auf S/S JONATHAN WORTH

    (j) Wachleiter auf S/S WALLACE E PRATT

    (k) Wachleiter auf S/S WILLIAM D PENDER

Funkspruch-Sammlung der US-Marine von der Kolliosion der S/S JAMES FENIMORE COOPER und LENA LUCKENBACH, 20. bis 23. April 1943

Akte der Funkerfassung der US-Marine. KptLt Heinrich Bruns, Kommandant U-175, 3. Januar–25. April 1943 (RG 38, Aufzeichnungen des CNO: Übersetzung aufgefangener feindlicher Funksprüche) 1943 vollständig

Informationen, erhalten von deutschen Marinekriegsgefangenen, amerikanische Zusammenfassung, betrifft die Flugabwehr-Ausbildung der U-Bootbesatzungen

    (a) Britische Quelle: Informationen, die in England vom 15. April bis 23. Mai 1943 und vom 22. April bis 1. Mai 1943 gewonnen wurden, Zusammenfassung von Colonel Catesby ap G Jones, G S C, Leiter der Abteilung für Kriegsgefangene

    (b) US-Nationalarchiv, R G 165, Eintrag 179. (B-314, 4. Juni 1943; B-319, 16. Juni 1943 und B-322, 5.–19. Mai 1943)

Lloyds Captain's Register (Guildhall MS 18.568/13b)

Marinefunksprüche, RCN Serial 38–8440 MOEF »A« (2) aus dem Marineführungsstab des kanadischen Verteidigungsministeriums, Ottawa, dankenswerterweise vom Geschichtsreferat, Kanada, verfügbar gemacht

Tätigkeitsberichte an den Verteidigungsrat (wöchentlich) Streng Geheim RCN NSS 1000-5-19 V 3, CSC 190 Marineführungsstab, wöchentliche Zusammenfassung der Informationen über Aktivitäten dieser Abteilung, Nr. 181, Meldung Nr. 119, Ottawa, 23. April 1943; (Ottawa) dankenswerterweise vom Geschichtsreferat, Kanada, verfügbar gemacht

Verluste auf Handelsschiffen, Bericht Nr. 16 für die Woche bis zum 19. April 1943, RCN NS 1048-47-5; geheime Angriffe auf Transatlantik-Geleitzüge in den letzten vier Wochen im April 17 HX-233, FORT RAMPART (Ottawa) in dankenswerterweise vom Geschichtsreferat, Kanada, verfügbar gemacht

Kurzer Lebenslauf der HMCS SKEENA; 8000 Geschichtsreferat, Ottawa, Kanada NA Konvoioperationen 1650-239/15 vor 1944: Zusammenfassung der Handelsabteilung April bis Mai 1943; RCN Leitung der Konvois. Handelsschifffahrt & Handel, Zusammenfassungen von 1943, in dankenswerterweise vom Geschichtsreferat, Ottawa, Kanada, verfügbar gemacht

RCN NA, Auswertung der Einsätze der Unterstützungsgruppen bei Konvoi Operationen Geheim, U-Jagd-Abteilung, Admiralität 1. Unterstützungsgruppen 14. April–11. Mai 1943, Geschichtsreferat, Ottawa, Kanada

Literaturverzeichnis

Bagnasco, Ermino, *Submarines of World War II* (Annapolis 1978)

Bekker, Cajus, *Verdammte See* (Oldenburg 1971)

Bickel, Werner, *Meine Erlebnisse im 2. Weltkrieg* (1996 unveröffenlicht)

British Vessel Lost at Sea 1939–1945 (Cambridge 1980)

Brown, David, *Warship Losses of World War Two* (Annapolis 1995)

Browning, Robert M, *US-Merchant Vessels War Casualities of World War II* (Annapolis 1996)

Brückmann, Gustav, *U-Boot Historie.* Überarbeitet 1994 (unveröffentlicht)

Breyer, Siegfried, und Koop, Gerhard, *Die deutsche Kriegsmarine 1935–1945,* Band 3 (Friedberg 1987)

Buchheim, Lothar-Günther, *The Boat* (New York 1976)

Bunker, John G, *The Liberty Ships* (Annapolis 1972), (Konvoi-Nummer falsch) und *Heroes in Dungarees* (Annapolis 1995), (U-175 nicht durch »Geschützfeuer« versenkt)

Colledge, J J, *Ships of the Royal Navy,* Band I (Newton Abbot 1969)

Costello, John, und Hughes, Terry, *The Battle of the Atlantic* (London 1987) (meldet fälschlicherweise einen »Nachzügler« als versenkt)

Cremer, Peter, *U-333* (London 1984)

Delshall, Gaylord T M, *The U-Boat War in the Caribbean* (Annapolis 1994)

Dönitz, Admiral Karl, *Memoirs: Ten Years and Twenty Days* (London 1959) (S. 335–6, U-Bootnummer falsch)

Fahey, James C, *Ships and Aircraft of the US-Fleet* (New York 1946)

Franke, FKpt a.D. Heinz, Ritterkreuzträger, *Sonderunternehmung in den St.Lorenz-Golf. Als Kommandant mit U-262 in den St. Lorenz Strom!* (unveröffentlicht)

Gasaway, E B, *Grey Wolf, Grey Sea* (London 1972)

Gentile, Gary, *Track of the Gray Wolf* (New York 1989)

Gröner, Erich, *Die Handelsflotten der Welt: 1941* (Berlin 1941) und *Die Deutschen Kriegsschiffe 1815–1945, Band 2* (Koblenz 1983)

Hadley, Michael L, *U-Boats against Canada* (Montreal und Kingston 1985)

Halpern, Prof. Paul G, *A Naval History of World War I* (London 1994)

Handbook on German Military Forces: War Department Technical Manual TM-E 30–451 (Washington 1945)

Haskell, W.A. Battle of the Atlantic – Turning Point and Climax, March–April 1943. *Island Ad-Vantages,* COMPASS, 29. April 1993 und Eyewitness Account of the Loss of U-175, 17. April 1943. *U-Boat War: International Journal of Submarine Warfare 1914–1945,* Band 1 Nr. 5, Frühjahr 1992.

Hastings, Max, *Bomber Command* (London 1979)

Herzog, Bodo, *Deutsche U-Boote 1906–1966* (Erlangen 1993)

Hessler, FKpt Günther F, Hoschatt, KKpt Alfred; und Rohwer, LtzS Jürgen, *The U-Boat War in the Atlantic 1939–1945* (HMSO 1989, drei Bände in einem, geschrieben für die britische Admiralität und die US-Marine, Hauptautor Hessler war der Schwiegersohn von Großadmiral Dönitz, Kommandant von U-107 1940–41 und dann Operationsstabsoffizier beim BdU)

Högel, Georg, *Embleme, Wappen, Malings deutscher U-Boote 1939–1945* (Hamburg 1996)

Kelshall, Gaylord T M, *The U-Boat War in the Caribbean* (Annapolis 1994) (die Gesamtanzahl der von U-175 versenkten Schiffe ist falsch)

Kerr, J Lennox, *Touching the ADVENTURES of Merchantmen in the Second World War* (London 1959)

Lenton, H T & Colledge, J J, *Warships of World War II* (Shepperton 1980)

Macintyre, Donald, *The Battle of the Atlantic* (London, 1961) (S. 169–70, falsche Nummer des U-Boots)

Masters, David, *In Peril on the Sea* (London 1960)

Merchant Navy at War (HMSO London 1944)

Middlebrook, Martin, *Convoi* (New York 1976) (ausgezeichnete Berichte von den Geleitzügen SC-122 und HX-229)

Milner, Marc, *North Atlantic Run: The Royal Canadian Navy and the Battle for the Convoys* (Toronto 1985) (Anmerkung: meldet acht U-Boote mit vier Angriffen) und *The U-Boat Hunters: The Royal Canadian Navy and the Offensive against Germany's Submarines* (Annapolis 1994)

Mitchell, W H und Sawyer, L A, *The Oceans, the Forts & the Parks: Wartime Standard Ships, Vol II* (Stockport 1966)

Moore, Captain Arthur R, *A Careless Word… A Needless Sinking* (Farmington 1984)

Morison, Samuel E, »Battle of the Atlantic«, *History of US Naval Operations in WW II*, Band I (New York 1962) (Anmerkung: angeblich die offizielle Geschichte der US-Marine, hatte Zugang zu offiziellen Akten und Aufzeichnungen; viele Fehler) und »The Atlantic Battle Won«, *History of US Naval Operations in WW II*, Band X (New York 1962) und *Two Ocean War* (Boston 1963)

Mulligan, Timothy P, *The Life and Death of U-Boat Ace Werner Henke* (Norman 1995)

Noble, Dennis L, »CGC SPENCER Rams, Sinks Nazi U-Boat«, *Commandants Bulletin,* April 1993 (SPENCER hatte U-175 nicht »gerammt«)

Pallud, Jean Paul, »U-Boat Bases« *After the Battle,* No. 55 (London 1987)

Pitt, Barrie, *Die Schlacht im Atlantik* (Eltville 1994) (S. 84–93, falscher Befehlshaber)

Price, Scott T, »*Spencer* Sinks the U-175«, *The Coast Guard and the North Atlantic Campaign*, Bulletin des Kommandanten eingefügt, November 1984

Rohwer, Dr. Jürgen, und Hümmelchen, Gerhard, *Chronology of the War at Sea 1939–1945* (Annapolis 1992)

Rohwer, Dr. Jürgen, *Axis Submarine Successes 1939–1945* (Annapolis 1983) und *The Critical Convoy Battles of March 1943* (Annapolis 1977) (ausgezeichnete Abhandlung der Konvoilenkung und U-Booteinsätze, ergänzt Martin Middlebrooks »Convoy«)

Roskill, Captain Steven E, DSC, RN, *The War at Sea 1939–1945*, Band II (London 1956)

Ruegg, Bob, und Hague, Arnold, *Convoys to Russia 1941–45* (Kendall 1992)

Sawyer, L A, und Mitchell, W H, *The Liberty Ships* (London 1970)

Scheina, Robert L, *US Coast Guard Cutters & Craft of World War II* (Annapolis 1982) und *US Coast Guard Cutters and Craft 1946-1990* (Annapolis 1990)

Seidl, Edward H, »Cameraman's Jackpot«, *Coast Guard Magazine* (Datum unbekannt)

Sellwood, A V, *The Warring Seas* (London 1956)

Showell, Jak P Mallmann, *U-Boat Command and the Battle of the Atlantic* (London 1989) und *U-Boats under the Swastika* (Exeter 1973)

Silverstone, Paul H, *US Warships of World War II* (Sheperton 1968)

Slader, John, *The Fourth Service- Merchantmen at War 1939–45* (Corfe Mullen 1995) »SPENCER and DUANE vs. German U-Boat: What Really Happened«, *The Bulletin, US Coast Guard Academy Alumni Association*, Band 13, Nr. 2, März–April 1981

Standard Oil Company of NJ, *Ships of the Esso Fleet in World War II* (1946)

Stern, Robert, *Type VIIC U-Boats* (Annapolis 1991)

Strobridge, Truman R, und Noble, Dennis L, »Deep Sea Duel«, *Sea* Classics: special issue*, US Coast Guard at War,* Band 1 1995.

Tarrant, V E, *U-Boat Offensive 1914–1945* (Annapolis 1989)

Taylor, J C, *German Warships of World War II* (London 1966)

Terraine, John, *Business in Great Waters – The U-Boat Wars 1916–1945* (London 1989) (meldet fünf U-Boote am Konvoi HX-233 während des Angriffs)

The Battle of the Atlantic: The Official Account of the Fight Against the U-Boats 1939–1945 (London HMSO 1946) (und die deutsche Übersetzung durch KKpt d. R. Hans Köberling mit beigefügten relevanten deutschen Berichten)

The Submarine Commander's Handbook (Befehlshaber der Unterseeboote) U Kdt Hdb, 1943 mit Ergänzungen Nr. 3, 1–11

The United States Merchant Marine at War. WSA (Washington 1946)

U-Bootsmuseum U-995; Laboe, Deutscher Marinebund (Führer durch das U-Boot U-995 vom Deutschen Marinebund)

US Naval Intelligence, *Uniforms & Insignia of the Navies of the World* (Washington 1942)

Vause, Jordan, *U-Boat Ace: The Story of Wolfgang Lüth* (Annapolis 1990)

Waters, Captain John M, USCG, *Bloody Winter* (Annapolis 1967) (mehrere Fehler, z. B. wurden die Gefangenen nicht in Irland ausgeschifft)

Wells, Donald A, *The Laws of Land Warfare:* London, ohne Datum, Beiträge zu militärischen Studien, Nummer 132, Seiten 133–141, »The Care of Prisoners« (of war)

Werner, Herbert A, *Iron Coffins* (London 1975)

Williamson, Gordon, *Aces of the Reich* (London 1989)

Willoughby, Malcolm F, *The US Coast Guard in World War II* (Annapolis 1989) und *U-Boot Krieg* (München 1976)

Register

Mit Ausnahme des Geleitzuges HX-233, der SPENCER, der DUANE und U-175 umfasst das Register sämtliche Namen der Schiffe und Personen, die im Text erwähnt werden. Einzelne Geleitzüge und U-Boote sind unter den Einträgen »Geleitzüge« und »U-Boote« zusammengefasst.